宽 容

[美国] 房龙 著

张蕾芳 译

译林出版社

图书在版编目（CIP）数据

宽容／（美）房龙（Hendrik Willem Van Loon）著；张蕾芳译. —南京：译林出版社，2023.9
ISBN 978-7-5447-9680-4

Ⅰ.①宽…　Ⅱ.①房…　②张…　Ⅲ.①思想史–世界　Ⅳ.①B1

中国国家版本馆 CIP 数据核字（2023）第 088199 号

宽容 ［美国］房龙／著　张蕾芳／译

责任编辑　王瑞琪
装帧设计　胡　苊
责任印制　董　虎

出版发行　译林出版社
地　　址　南京市湖南路 1 号 A 楼
邮　　箱　yilin@yilin.com
网　　址　www.yilin.com
市场热线　025–86633278
排　　版　南京展望文化发展有限公司
印　　刷　江苏凤凰扬州鑫华印刷有限公司
开　　本　880 毫米 ×1240 毫米　1/32
印　　张　9.125
版　　次　2023 年 9 月第 1 版
印　　次　2023 年 9 月第 1 次印刷
书　　号　ISBN 978–7–5447–9680–4
定　　价　69.00 元

目　录

我的宽容和不宽容

沈昌文

二十多年前在中国出版房龙的《宽容》中译本,是我个人出版活动史上一件值得一提的事。

上世纪八十年代之初,阴差阳错,我受命主持三联书店编辑部。那时,三联书店还没独立,只是人民出版社的一个编辑室。但是,随着《读书》杂志的创办,三联书店的名声显然逐渐彰显。一些前辈也正在筹备三联书店独立的事宜。德高望重的胡绳同志就为此多次说过意见。

在改革开放的一片新的举措中,我不大着意出版中国学人的个人专著和论集。不是不重视,而是由于范用同志当时是人民出版社领导班子中分管三联编辑部的社领导,他团结了一大批专家、学者,从《傅雷家书》到李洪林、王若水等的文集,全由他一手张罗,我们凑现成就是。我要做的是,设法出一些翻译书。

出翻译书,一直是我兴趣所在。我当时接触多的前辈,也喜欢同我谈这方面的事。陈原同志最关心我的工作,他总是主张用外国人的口来讲中国改革开放中应该说的话。外国人中当然首先是马恩的故事,如他再三要我学习和宣传马克思的《评普鲁士最近的书报检查令》。李慎之同志也愿意同我聊外国的事情。他在出版翻译书方面的主张很明确:要向后看。他认为,中国只是一个发展中国家,离西方发达国家还有一定距离。因此,他鼓励我从二战前后的西方书籍中去找寻选题。还有一位董乐山同志,我们也常聊天。他更明确地主张"借题发挥"。他当年主译《第三帝国的兴亡》,是我经手的"灰皮书"的第一本,那时就十分清楚他的用意所在了。

我当然要把这些想法向范用同志报告。他很赞成这些看法,并提出一个具体意见:要我发掘一下上海在四十年代出过的翻译书,因为他记得他们当年的思路就同这接近的。

这样,我终于找到了房龙。凭我的英文直接读房龙那些原文书是很艰难的,我找到的是房龙的旧译本。这一下子打开了思路,赶紧找原书,物色译者。暂时没找到译者,就由编辑部自己来翻。于是,《宽容》中译本就在三联书店独立前夕出版了。出版以后学术界影响很大,我记得吕叔湘老人就专门对我说起这书,表彰这题材选得好,同时也指出当年译本中的若干缺失之处。

尽管有那么多"后台",可是说实话,我当年出这书还是胆战心惊的。三联书店在此前二十来年出过《胡适思想批判》八大本,我不是责任编辑,但深知其中经过。《胡适思想批判》起初决定用人民出版社名义出,领导机关临时改变,用三联书店名义出。打这以后,我的心眼里就把三联书店同胡适划清了界线。那么,现在来讲宽容是不是会宣扬了胡适?我当时心中没底。无奈,我还是老办法:用不宽容的办法做出版。这是我出版生涯中学来的重要的一招:不宽容作者多说多话,尤其是不让外国作者多说不得体的话。于是,中译本中讲宽容过于明白的地方,我都在决不容许外国人乱说乱话的不宽容思想指导下,一一设法删去。记得特别要删的是房龙批评前苏联不宽容之处。

尽管这样,在二十多年前,中译本还是销得很好。因为我们在这以前的年头里实在被"不宽容"统治得太久了。

作为一个过来人，特别感谢现在的出版社能在真正宽容的思想指导下，出版了《宽容》新译本。这是我这年近八十的老迈之徒赎罪的好办法。

二零零九年五月

序　言

　　人类在宁静的无知之谷幸福地生活着。

　　永恒之山朝北、朝南、朝西、朝东绵亘延伸。

　　知识的小溪在深壑中缓缓流淌。

　　小溪源于过去之山。

　　小溪消失在未来之泽地。

　　小溪不成河，但足以满足村民们微薄的需要。

　　入夜，村民给牲口喂足了水，给木桶汲满了水，便坐下来有滋有味地享受生活。

　　白天，知识长老们在阴凉的角落对着古书神秘的篇章苦思冥想；

　　现在，他们走出来，向孙辈唠叨一些莫名其妙的话，孩子们却宁可把玩远处而来的漂亮石子。

　　这些话往往叫人茫然不解。

　　但这是一千年前一个被遗忘的民族留下来的。因此，它们很神圣。

　　在无知之谷，凡是古老的，都是备受推崇的。

　　那些胆敢否认祖先智慧的人只会遭到体面人的唾弃。

　　他们就这样相安无事地生活着。

　　恐惧从未离开过他们。万一分不到公共园子里的果实怎么办？

隐隐约约有一些传闻,黑夜里从小镇窄巷里传出,好像是有关一些男人、女人胆敢发问的事儿。

那些人出走了,从此销声匿迹。

有几个试图攀越遮蔽天日的万仞高墙。

他们的森森白骨横列在峭壁脚下。

时间一年又一年地流逝。

人类幸福地住在宁静的无知之谷。

*　*　*　*　*　*

黑暗里爬出一个人。

他的指甲破碎不堪。

脚裹着血迹斑斑的破布,那是长途跋涉留下的伤。

他跟跄地走向离他最近的茅屋,敲门。

然后他便晕倒在地,跟着战战兢兢的烛光,他被抬到吊床上。

早晨,整村人都知道了:"他回来了。"

邻居们围拢来,摇着头,都早就知道没个好结果。

那些胆敢离开山谷的人不是惨败就是屈服。

在村里的一角,知识长老摇摇头,低声诅咒。

他们不想心狠手辣,但律法就是律法。这个人因违背智者的意愿而有罪。

他的伤一好,就得接受审判。

他们愿意宽大处理。

他们想起他母亲那双奇特而火辣辣的眼睛,他们记得他父亲三十年前在沙漠里走失的悲剧。

但律法就是律法,律法必须遵守。

知识长老必须确保这一点。

*　*　*　*　*　*

他们把浪人带到市场,大家在一片静默中聚拢过来。

2

由于饥饿和干渴,他仍然很虚弱。长老们示意他坐下。

他没坐。

他们命令他保持安静。

他不愿。

他转身背对长老,眼睛却在捕捉刚才还是他的同志的那些人。

"听我说,"他恳求道,"听我说,为之欢呼吧。我从山那边来,我的脚踏过陌生的土地,我的手碰过陌生的民族,我的眼见过了不起的奇迹。

"小时候,父亲的园子就是我的世界,朝西、朝东、朝南、朝北全是创世以来就存在的山脉。

"我问爸妈山里藏着什么,回答是沉默和急切的摇头。我要是不依不饶,他们就把我领到崖边,指给我看磷磷白骨,说这就是胆敢蔑视神的人的下场。

"我大叫起来说,'这是谎言!神爱勇敢的人!'智者走过来给我读圣书,他们说律法决定天地万物,山谷是属于我们的,动物、花果、鱼都是我们的,我们可以随心所欲地支配。但山是神的,山那边究竟有什么要到世界末日才知道。

"他们那样说,都是谎言,他们对我撒谎,就像对你们撒谎一样。其实山那边有牧场,牧草也一样丰茂,有跟我们同样血肉的男人、女人,有上千年劳作成就的气势恢宏的城市。

"我已经找到通往美好家园的路,我已经看到幸福生活的希望。跟我来吧,我带你们去。神的微笑在那儿和在这儿、在任何地方都是一样的。"

* * * * * *

他刚住口,周围顿起一片恐怖的喊叫。

"亵渎!"长老们叫道,"这是亵渎、这是渎圣罪!他该受罚!他昏了头,胆敢嘲弄一千年前写成的律法,他罪该万死!"

他们拾起大石块。

他们结果了他。

他们把他的尸体扔到崖脚下,对那些质疑老祖宗智慧的家伙以儆效尤。

＊　＊　＊　＊　＊　＊

可不久,大旱降临。知识小溪干涸了,牲口渴死了,地里的庄稼枯死了,无知之谷闹起了饥荒。

知识长老毫不气馁,他们预言最终一切都会好起来,这在圣书篇章里已写明。

再说,他们已老得吃不下多少东西。

＊　＊　＊　＊　＊　＊

冬日来临。

村庄荒了。

一半以上的人纯因穷困而死亡。

对活着的人来说,唯一的希望在山那边。

但律法说:"不行!"

律法必须遵守。

＊　＊　＊　＊　＊　＊

一天夜里,人们终于揭竿而起。

绝望让那些因恐惧而沉默的人们获得了勇气。

长老们无力地抗议着。

他们被推搡到一旁,抱怨命运不济,诅咒晚辈忘恩负义。待最后一辆车要驶出村庄时,他们拦住车夫,强迫他带他们一起走。

逃往未知之地的旅程开始了。

＊　＊　＊　＊　＊　＊

自打浪人回来已过去多年,要找到他开辟的道路非常不容易。

在找到第一个石子堆起的路标之前,许多人已饥渴交迫而倒毙。

路标找到后,行程就顺利多了。

考虑周到的拓荒者在林子里和没有尽头的乱石堆上用火烧出一条小道。

他们顺着小道轻而易举地找到新土地的绿色牧场。

人们面面相觑。

"原来他是对的,"他们说,"他是对的,长老们错了……

"他说的是真话,长老们说的是假话……

"他的尸骨在崖脚下腐烂,长老们却坐在我们的车上哼着老歌……

"他救了我们,我们却杀了他……

"我们对所发生的一切感到很难过,但是当然,如果当初我们早知道……"

于是,他们给马、牛卸了鞍,把奶牛和山羊赶进牧场,盖了房,开荒种了地,从此好长时间都幸福无忧。

* * * * * *

几年后,人们想把那位勇敢的拓荒者埋在已成为智慧长老家园的华宇里。

庄严肃穆的一队人回到现已荒芜的村庄,等到了抛尸的地方,发现尸骨已荡然无存。

饥饿的豺狗把他拖进洞穴。

于是一块小石碑竖立在小道的尽头(现在已是一条通衢)。这块石碑铭刻着他的名字——他第一个蔑视无知造成的黑暗恐怖,人们因而可以被领入新的自由天地。

铭文还说是感恩戴德的后辈为他竖的碑。

* * * * * *

最初如此,现在如此,到将来的某一天(我们希望),不会再发生此类事情。

第一章　无知的暴虐

公元 527 年，查士丁尼①成为东罗马帝国的统治者。

这个塞尔维亚农民（他来自于斯屈布，上次大战里富有争议的铁路枢纽）觉得"书本知识"派不上用场。拜他的命令所赐，古老的雅典哲学院终于关闭；也正是他关闭了唯一的埃及神庙，只有这座神庙在尼罗河谷遭到新基督教传教士入侵数世纪后，仍香火不绝。

神庙伫立在一个叫菲莱的小岛上，距离尼罗河大瀑布不远。自从有历史记载以来，这块地方就用来敬拜伊希斯②，出于某种不明原因，在她的所有埃及和希腊匹敌者都悲惨淘汰后，这位女神仍被供奉着。最后直到六世纪，只有这个岛上仍有人能看懂古老而神圣的象形文字，几个为数不多的祭司仍干着在基奥普斯③国土其余地方早已被遗忘的营生。

可是，在一个农夫文盲的命令，美其名曰皇帝诏书之下，神庙和

---

① 查士丁尼一世（Justinian，483—565），拜占庭皇帝，主持编纂《查士丁尼法典》，征战波斯，征服北非及意大利等地。——译注

② 伊希斯（Isis），古埃及司生育和繁殖的女神，Osiris 之妹和妻，Horus 之母，其形象是一个给圣婴哺乳的圣母。——译注

③ 基奥普斯（Cheops，公元前 2590—前 2567），即胡夫，埃及第四王朝第二代国王，因下令建造吉萨的大金字塔而著名。——编注

毗邻的学院都被收为国家财产,雕像和塑像被运往君士坦丁堡博物馆,祭司和书法家被投进监狱,等他们中的最后一个死于饥饿和无人过问,古老的象形文字制作行当就彻底失传了。

真叫人扼腕叹息啊。

要是查士丁尼(不得好死的!)做得不那么彻底,在文学诺亚方舟里还保留了几位古老的象形文字专家,可以给历史学家省掉多少麻烦啊。虽然(多亏天才商博良)我们又能琢磨拼读出奇异的埃及文字,但要理解它们传递给后辈的内在信息却是难上加难。

古代世界的其他国家也不例外。

那些蓄着奇怪胡子的巴比伦人给我们留下了满满几砖场的宗教文字,当他们虔诚地疾呼"谁能理解天神的忠告?"时,脑子里究竟在想什么? 他们不断祈求神灵,费力去理解神的律法,把神谕刻在圣城花岗岩柱碑上,他们对那些神灵究竟有什么体验? 为什么他们可以是最心胸开阔的人,鼓励他们的祭司钻研天文,探索陆地和海洋,同时又是最残酷的刽子手,对违犯圣礼的邻居施以重典(而那些事放在当今根本无人注意)?

直到最近我们才有所了解。

我们派遣考察团到尼尼微,在西奈的沙子里掏洞,破译数英里的楔形文字书版。在美索不达米亚和埃及,我们到处尽力寻找钥匙,以期打开神秘的智慧石屋的前门锁。

谁知我们突然意外地发现,后门一直大大地敞开着,可以随意走进房子。

只是那扇小小的方便之门没有安在阿卡得或孟斐斯地区。

它被安在丛林深处。

几乎被异教神庙的木梁遮蔽了。

* * * * * *

我们的祖先在寻找不劳而获的财物过程中,撞见了他们爱称为

7

"野人"或"野蛮人"的人。

这次碰头会不尽如人意。

可怜的异教徒,搞不清白人的意图,箭矛齐发,权当欢迎。

来访者也用大口径手枪予以回敬。

这以后就不再可能心平气和而不带偏见地交换意见。

野蛮人无一例外地被描述成肮脏、懒惰、崇拜鳄鱼和死树、一无是处的浪荡子。活该他们倒霉。

接着,十八世纪的潮流出现了。让·雅克·卢梭开始泪眼婆娑地思忖这个世界,惹得跟他同时代的人也掏出手帕,加入啜泣的行列。

蒙昧的异教徒是他们心爱的话题,在他们眼里(虽然他们不曾见过一个异教徒),异教徒不幸沦为环境的牺牲品,也成为各种美德的真实代言人,而人类在腐朽的三千年文明制度中,已失去了这些美德。

今天至少在这个特殊的调查领域里,我们了解得更好。

我们研究原始人就像研究高度驯化的家畜,通常来说两者相去并不太远。

大多数情况下我们劳有所获。要不是靠神的恩典,野蛮人就是恶劣条件下的我们自己。仔细研究他,我们开始理解尼罗河谷和美索不达米亚半岛的早期人类社会;彻底了解他,我们对许多奇怪的、隐秘的本能有了一鳞半爪的知识,这些本能深深地隐藏在礼貌和习俗的薄壳下,我们这种哺乳动物在五千年的进化中才获得了这么一层薄壳。

对野蛮人的剖析并不总能满足我们的虚荣。但另一方面,认识到我们所脱离的条件,加上对许多所取得的成就的欣赏,只可能给我们手头的工作增添勇气,如果还有别的什么,那就是让我们对没跟上趟儿的远亲多了一份宽容。

这不是人类学手册。

这是一卷有关宽容的书。

但宽容是一个宽泛的命题。

跑题的诱惑很大，我们一旦脱轨，只有天知道我们会在哪儿落脚。

所以，我建议拿出半页准确而具体地说明一下我对宽容的理解。

语言是人类最富有欺骗性的发明，所有定义势必都是武断的。一个谦卑的学者有必要求教于一种终极权威，这种权威必须是说本书所用语言的大多数人都认可的。

我指的是《大英百科全书》。

在第 26 卷的 1052 页上这样写道："宽容（来自拉丁语 tolerare，忍耐）——允许他人自由行动和自由评议，耐心并不带偏见地容忍与本人或公共舆论相左的意见。"

也许还会有其他定义，但出于本书的考虑，我不妨采纳《大英百科全书》的定义。

不论好坏，既然已为自己制定好明确的方针政策，我要回到我的野蛮人那里，跟你讲我在有记载的最早期社会所发现的宽容情形。

* * * * * *

大家仍然公认原始社会是非常简单的，原始语言只由简单的咕哝声组成，原始人拥有的自由度只有在世界变得"复杂"时才丧失殆尽。

近五十年来，探险家、传教士和医生在中非、北极地区、波利尼西亚的土著人中进行了一些调查研究，其结果与公认的想法正好相反。原始社会极其复杂，原始语言比俄语或阿拉伯语有更多的词形、时态和变格，原始人不仅是现在的奴隶，而且还是过去和将来的奴隶。一句话，是一个生活在恐惧中、死在恐惧中的可怜虫。

而公众的印象是勇敢的红种人欢快地在草原上游荡，寻找野牛和战利品,这与调查结果相去甚远,而后者却更接近事实。

怎么可能有另外一种解释呢?

我读过许多奇迹。

但有一个奇迹没读到:人类生存的奇迹。

哺乳动物中最柔弱的种类究竟如何、为何就能抵御细菌、乳齿象、冰冻、炎热,并且最终成为世界的主人? 这个问题我不想在这一章里阐述。

然而,有一点是肯定的。他绝不可能独自一人做到这一切。

为了取得成功,他不得不把个性溶入部落的统一性格中。

* * * * * *

因此,控制原始社会的只有一个信念,那就是压倒一切的生存欲望。

生存很难。

于是,所有其他考虑都让位于一个至高无上的要求——活着。

个人毫无价值,整个团体才是价值所在,部落成为移动堡垒,靠自己,为自己,属于它自己,只有排除异己才能安全无虞。

可是,问题比最初表现出的更复杂。我刚才所说的只适用于有形世界,在人类的早期时代,有形世界与无形世界相比,不足挂齿。

为了充分理解这一点,我们不要忘了原始人有别于我们,他们不明白因果律。

假如我坐到毒藤上,我会咒骂自己不小心,找医生来,告诫我的小儿子尽快除去那玩意儿。判断因果的能力让我了解毒藤会引发皮疹,医生能给我一些药止住瘙痒,把毒藤挪走可以不再痛苦地重蹈覆辙。

真正的野蛮人就不同了,他不会把皮疹跟毒藤联系起来,他生活在过去、现在、未来交织缠绕在一起的世界里,他死去的领袖像神一样活着,死去的邻居像幽灵一样活着,他们都是家族的隐形成员,家里的活人走到哪儿,他们跟到哪儿。他们陪他吃饭、睡觉,站在门口注视着他。他有义务敬而远之或赢得他们的友谊。假如他做不到,马上就会遭到报应。因为他无法知道如何能一直讨好所有那些幽灵,他就会生活在无边的恐惧中:神的复仇将以厄运的形式降临。

于是,他把任何不正常的状况不是归于本质原因,而是归于隐形精灵的捣乱。发现胳膊上的皮疹后,他不是说:"该死的毒藤!"而是嘟囔道:"我得罪了神,神惩罚我了。"他跑去找药师,不是要解药,而是要一种符,力量可超过发怒的神对他施的魔法(而不是毒藤)。

至于那株毒藤,也就是造成他痛苦的罪魁祸首,他还是任其生长。间或来了一个白人,浇了一桶煤油,把毒藤烧个干净,他会诅咒他的。

也就是说,一个社会如果把所有事件都归结为隐形神灵直接干预的结果,那么这个社会的生存就得依赖严格遵守能够平息神灵怒气的律法。

在野蛮人看来,这种律法是存在的。他的祖先创立了它,并传给了他,他的神圣使命就是原封不动、完美无缺地把它传给自己的孩子们。

这在我们看来似乎不可思议,我们相信进步,相信发展,相信持续不断的改善。

然而,"进步"只是近年来形成的概念,低级社会形式典型的表现是,人们不觉得有必要改善(他们认为)已是最佳的世界,因为他们没有别的可比较。

* * * * * *

如果这一切都是事实,人们又如何去阻止律法和现存社会的变化呢?

答案很简单。

那些拒绝承认公共法规为神圣意志的人将遭到即时的惩罚,通俗地说,用一种苛严的不宽容制度来阻止变化。

* * * * * *

如果我由此断定野蛮人是最不宽容的人类,我没有侮辱他的意思,我得赶紧补充一句,在他生活的那种条件下,不宽容是他的责任。假如他允许别人干预他的部落赖以保证安全和心灵平静的无数规定,部落生活就会陷入危境,而这可是罪大恶极的事情。

可是(该问题值得一问),相对来说人数有限的一群人又如何能保证口头流传的、极其复杂的条例体系完好无损呢?要知道在今日,我们就是有上百万的士兵、上万的警察也难以确保几条普通的法律得以实施。

答案还是很简单。

野蛮人比我们聪明多了,无法用武力做到的就靠精明的盘算。

他发明了"禁忌"这个概念。

或许"发明"这个词不贴切。这类东西很少产生于突如其来的灵感,它们是长期发展和实践的结果。不管怎么说,非洲、波利尼西亚的野人设计出一套禁忌,因而省去不少麻烦。

禁忌(Taboo)这个词来源于澳洲,我们或多或少都知道它是什么意思。我们自己的世界就充满禁忌,一些我们决不能做或说的事情,比如在饭桌上提刚动过的手术,或把勺子留在咖啡杯里。但我们的禁忌都不严重,它们只是礼貌手册的一部分,很少干扰我们的个人幸福。

相反,对原始人来说,禁忌至关重要。

这意味着某些人或物要与整个世界"区别对待",这些人或物(用希伯来概念来说)是"神圣"的,提一下或碰一下都会当场死亡或遭受永久的折磨。这虽然是一道苛刻的命令,但胆敢违抗精神祖先意志者都会尝到苦果。

禁忌究竟是祭司发明的,还是发明了祭司来维护禁忌,这个问题一直悬而未决。由于传统比宗教古老得多，十分有可能早在人们听说巫术和巫师之前，禁忌就存在了。但巫术、巫师一出现，他们就成了禁忌这一概念坚定不移的支持者，他们对禁忌的精湛运用使得禁忌成为史前的"禁物"标志。

头次听到巴比伦和埃及的名称时，这些国家仍处在一种特定的发展阶段，禁忌占着至关重要的位置。这种禁忌不是后来在新西兰发现的那种粗糙而原始的东西，而是已庄严地改头换面，成为不能违逆的行为准则，也就是"你们不许"之类的条例，看看我们摩西十诫中的六条就清楚了。

不用说，在早期的那些国土中，宽容闻所未闻。

有时候我们误以为是宽容，实际上只是无知造成的无所谓。

但我们找不到任何迹象（哪怕是一点点）表明，国王或祭司愿意允许他人有行动自由或评论自由，或者"耐心而不带偏见地容忍与公共舆论相左的意见"，这只是我们这个现代世界的理想。

* * * * * *

因此，除非是从否定的角度，不然的话，这本书对史前历史或通称为"古代历史"的这段时期不感兴趣。

个性的价值被发现后才开始了为宽容而奋斗。

而这份功劳，这个现代世界里最伟大的启示，应归属于希腊人。

第二章　希腊人

一个偏于地中海一隅、岩石嶙峋的半岛，在不到两个世纪的时间就为我们当今的政治、文学、戏剧、雕刻、化学、物理以及天知道还有别的什么实践提供了完整的框架，这究竟是如何做到的？这个问题许多世纪以来一直困扰着许多人。每一位哲学家一生中不是在这个时间，就是在那个时间，都曾试图找到答案。

受人尊敬的历史学家与化学、物理、天文、医学同仁们不同，对煞费苦心地寻找称之为"历史规律"的做法，他们常常不加掩饰地表示轻蔑，在蝌蚪、细菌、流星领域说得通的事儿跟人类领域可搭不上界。

我或许搞错了，但在我看来，应该有规律可循。的确，迄今为止我们发现的不够多，但也是我们挖掘得不够努力。我们忙于积累事实，却没有时间从中蒸煮、液化、升华、提炼出智慧精髓，而这对我们这种奇特的哺乳动物来说才是真正有价值的。

我战战兢兢地走进这个新研究领域，从科学家的书里扯下两页，提出历史原则如下。

根据现代科学家的最佳知识，当物理、化学元素达到能产生第一个活细胞的最佳比率时，生命（活的存在，与无生命的存在不同）就开始了。

用历史术语说就是这样：

"当所有种族、气候、经济、政治条件以理想比率存在，或在这个不完美的世界里以近乎理想的状态和比率存在时，一种高级文明形式才会看似自发地喷薄而出。"

我用几个反面的观察结果来详细阐述。

只发展到洞穴人脑容量的民族即使在天堂里也兴盛不起来。

伦勃朗是作不出画的，巴赫写不出赋格曲，普拉克西特列斯也雕不成像——如果他们出生在乌佩纳维克附近的爱斯基摩人的圆顶冰屋里，大部分醒着的时间不得不在冰层上盯着一个海豹洞。

达尔文如果在兰开夏郡的棉纺厂谋生，对生物学不会有所贡献；亚历山大·格雷姆·贝尔如果是个没有人身自由的农奴，而且住在罗曼诺夫领地的偏僻村庄里，他也发明不了电话。

在第一种高级文明形式出现的埃及，气候是相当不错，不过，当地居民既不强壮也没有进取精神，政治和经济条件更是一塌糊涂，巴比伦和亚述也不例外。后来移居到底格里斯河与幼发拉底河之间谷地的闪语族既强壮又精力充沛，气候也无可厚非，但政治和经济环境却不尽如人意。

在巴勒斯坦，气候没什么好炫耀的，农业落后，而且除了亚非之间往返的商道外，几乎没有商业。再说，在巴勒斯坦，政治完全操纵在耶路撒冷神殿的祭司手里，个人冒险精神当然得不到鼓励。

在腓尼基，气候无足轻重，民族强壮，贸易条件也不错。然而，国家的经济体制极端不平衡，一小撮船主把持着所有财富，形成严格的商业垄断。蒂尔、西顿两地政府很早就落入首富的手中，穷人被剥夺了合理的谋生手段，变得麻木不仁。腓尼基最终遭受与迦太基同样的、毁灭性的命运，跟统治者的自私短视分不开。

总之，每一个早期文明中心总是缺乏某种必要的成功元素。

公元前五世纪，完美均衡的奇迹出现在希腊，但维持的时间不长。说来也怪，奇迹未发生在本土上，而是发生在爱琴海对面的殖民地。

在另一本书中，我描述了那些著名的岛屿桥梁，它们连接了亚洲大陆和欧洲，自古以来就是埃及、巴比伦、克里特岛商人去欧洲的必经之路。从亚洲向欧洲引进的商品和观念的主要登陆点，就在小亚细亚西岸一个被称为爱奥尼亚①的带状地区。

距离特洛伊战争几百年前，从大陆来的希腊部落征服了这块长九十英里、宽只有几英里的狭长山地，建立了好几个殖民城镇，其中最著名的有以弗所、福西亚、厄立特利亚、米利都。就是在这些城镇里，成功的条件终于以完美的比率呈现，促使文明达到如此的高度——在历史上即使是有时被持平，却还从未被超越。

首先，生活在这些殖民地的人是十多个民族中最活跃、最富有冒险精神的精英。

其次，民众从旧世界到新世界，从欧洲到亚洲的来往贸易中获得大量财富。

再者，殖民地政府对大多数自由民实施人尽其才的政策。

我不提气候，是因为纯商业国家里，气候无关紧要。不论日晒雨淋，船照建，货照卸。只要不冷得使港口上冻，湿得让城市发大水，居民们对日常天气预报没多大兴趣。

除此以外，爱奥尼亚的气候对孕育知识阶层十分有利。书和图书馆未出现之前，知识是口头相传，城镇的取水处就成了最早的社交中心和最古老的大学。

在米利都，一年365天中有350天可逗留在取水处，早期爱奥尼亚的教授们把气候优势发挥到极致，使得他们成为所有未来科学发展的先驱。

---

① 爱奥尼亚(Ionia)，古希腊工商业、文化中心。爱奥尼亚的海港从公元前八世纪开始繁荣起来，直到公元十五世纪土耳其人的征服。——译注

我们有记录的第一位教授——真正的现代科学的奠定者，是一个来历不明的人。不是说他是银行劫匪或弑亲凶手，从不知名的地方逃到米利都的，只是没人知道他的祖宗是谁。他是皮奥夏人或腓尼基人、北欧日耳曼人（用地道的种族专家的术语来说），还是闪语族人？

这也说明这个米安德河口的古老小城体现了那个时代的国际城市的特点。城市人口（像今天的纽约）缤纷杂陈，人们只以相貌识人，很少追根溯源。

既然这不是数学史或哲学手册，泰利斯①的思想就无需在此赘叙，只应提一下的是，他的思想体现了爱奥尼亚对于新思想的容忍。而当时罗马不过是偏僻地区泥泞河道旁的一个贸易小镇，犹太人还囚禁在亚述人领土上，北欧和西欧只是一片狼嗥充斥的旷野。

为了便于了解这段发展如何成为可能，我们必须知道所发生的变化，那是自希腊酋长越过爱琴海，意欲劫掠特洛伊这个富庶城堡后开始的。这些遐迩闻名的英雄仍只是极度原始的文明形式的产物。他们是一群生长过快的孩子，把生活看作一场漫长而荣耀的打闹，充满了兴奋、角斗、赛跑。我们假使不必为赚取面包和香蕉而被迫干着按部就班的工作，也会爱死了那些玩意儿。

这些喧闹的武士与他们的神的关系简单而直接，他们对日常生活中的严肃问题也是这副态度。因为公元前十世纪统治古希腊世界的奥林匹斯山居民带有朴实的人间烟火气。人究竟在何处、何时，又是如何与神分道扬镳的，不得而知。但即便如此，那住在云层后面的列位对匍匐在地面上的臣民的友情也不曾中断过，并且始终沾染了个人亲密的色彩，为希腊宗教注入了独特的魅力。

---

① 泰利斯（Thales，公元前六世纪），古希腊哲学家、数学家、天文学家，"希腊七贤"之一。——译注

当然,所有希腊的乖宝宝都被不失时机地告知宙斯是一个威严无比、法力无边的长胡子统治者,有时他会愤怒地挥舞他的闪电和霹雳,让人们觉得到了世界末日。等长大一点,他们自己能看懂古老传说后,便开始意识到那些自幼就耳熟能详的可怕角色的局限性,后者就像在快乐的大家庭里——老是互相恶搞,把凡间朋友的政治纠纷视为自己的事儿,以至于希腊一有争执,天国诸神就斗个不休。

当然,尽管宙斯有这样那样人性的弱点,他仍是最伟大的神,最强有力的统治者,一个得罪不起的角色。但他挺"通情达理"的,这个词的内涵就像华盛顿的院外集团的说客们所熟知的那样。他既然通情达理,只要路子对头,接近他包管没事儿。最精彩的是,他有幽默感,不把他自己或他的世界太当真。

这或许不是神的最高境界,但有着显而易见的好处。古希腊人从未有过清规戒律限定什么是真理,什么是谬误。因为没有现代意义上的"信条",没有苛严的教理,没有一帮职业祭司倚靠世俗的断头台来强制执行它们,这个国家不同地区的人就可以根据个人喜好来重塑宗教思想和伦理观念。

塞萨利人住在离奥林匹斯山近在咫尺的地方,而阿索皮恩人住在拉哥尼亚湾遥远的村庄里,塞萨利人对那些崇高的邻居自然不像阿索皮恩人那样恭敬有加;雅典人觉得可以直接得到庇护神雅典娜的保护,跟女神的父亲态度随便点没多大关系;阿卡狄亚人的山谷远离主要商道,他们坚定不移地执着于淳朴的信仰,对严肃的宗教持轻浮态度是他们的大忌;至于说福基斯居民,他们靠去特尔斐村朝圣的人养活,毫不犹豫地相信阿波罗(在有利可图的圣地供奉着)是最伟大的神,理应得到不远万里而来,腰包里尚有几个子儿的朝圣者的特别崇拜。

犹太人信奉一神教,这在不久之后使他们独立于民族之林。一神教能够成为可能,那是因为犹太人的生活集中以一个城市为中心,这座城市的强大足以摧毁与之竞争的其他朝圣地，并且几乎连续十个世纪保持着无以匹敌的宗教垄断。

这个条件在希腊不成立。雅典人也罢，斯巴达人也罢，都成不了希腊联邦国家的首都，他们朝这方面的努力只是导致劳民伤财的长期内战。

难怪，一个由这般卓越个体组成的民族能为独立思考精神提供广阔的发展前景。

《伊利亚特》《奥德赛》有时被认为是希腊人的圣经，其实根本不是那么回事儿，它们只是书而已，不是一整套"圣经"。书中讲述的是某些大英雄的冒险经历，人们认为这些英雄是活着的这一代人的直系祖先。这些书顺带也捎上一些宗教信息，因为神无一例外地总爱在人的争吵中插一杠子，别的事儿可以不做，但观看他们境内少有的拳击赛这种乐趣不能少。

然而，荷马的书也许直接或间接地受过宙斯、密涅瓦①或阿波罗的启示，这种事儿希腊人没想过。这些不过是文学作品，是消磨漫长冬夜的美好读物，还可以让孩子们为自己的种族而感到骄傲。

仅此而已。

这是一个知识、精神自由的环境，来自世界各地的船只散发的刺鼻气味弥漫在空气中，东方花团锦簇的织物比比皆是，老百姓吃喝不愁、知足常乐，泰利斯就在这种氛围里诞生了。他在这样的一座城市里工作、教学，最后在这样的城市里死去。如果他得出的结论大大异于他的大部分邻居，别忘了他的理论从未超出一个很有限的圈子。米利都普通市民对泰利斯的了解正如普通纽约市民对爱因斯坦的了解，爱因斯坦吗，就是那个长头发、抽着烟斗、会拉小提琴的家伙，写了什么一个人穿过一列火车的事儿，周末报上有一篇文章提到过。

---

① 密涅瓦（Minerva），罗马神话中掌管智慧、艺术、发明和武艺的女神。——译注

这个抽着烟斗、拉着小提琴的怪人掌握着一点真理的火花，最终将推翻（至少是大幅度地修改）上六十个世纪的科学结论，这一点对上百万嘻嘻哈哈的市民来说没多大意义，这些人对数学的兴趣不过是在他们心爱的击球手想颠覆万有引力时的矛盾冲突而已。

古代历史教科书通常印上"米利都的泰利斯（公元前 640—前 546 年），现代科学之父"来回避这个困难。我们几乎可以看到"米利都报"上这样的头版头条："本地研究生发现真正科学奥秘。"

可是，泰利斯究竟是怎样、何时、何地脱离常轨、另辟蹊径的，我无从告知。有一点可以肯定，他不会生活在知识真空里，不会光从内心感受培养出他的智慧。公元前七世纪，科学领域的许多前沿工作已经做出，已具备大量的数学、物理、天文知识供这些方面的人才使用。

巴比伦的占星师已探索过天空。

埃及的建筑师在金字塔里的小墓室顶上堆放了上百万吨花岗岩，在胆敢这样做之前他们已作了充分的计算。

尼罗河谷的数学家认真地研究过太阳的运行，因而可以预测雨旱两季，为农民提供调节农业生产的日历。

然而，解决了所有这些问题的人们，仍然相信自然的力量是某些神的个人意志的直接表现，相信这些无形的神掌管着四季、星球的轨迹和海洋的潮汐，就跟总统内阁管理着农业部、邮政部或财政部一样。

泰利斯可没把那些神当回事儿。然而，正像当时大部分受过良好教育的人一样，他不屑公开谈论此事。假使水边的水果贩子在出现日食时匍匐在地，因害怕这种不同寻常的景观而乞灵于宙斯，干他甚事，他才不会想法子去说服人家：任何一个具备初浅天体运行知识的学生都能预告在公元前 585 年 5 月 25 日的某一刻，月亮拦在地球和太阳之间，米利都会有几分钟完全陷入黑暗之中。

就在那个著名日食产生的下午,有可能发生了(确有可能)波斯人与吕底亚人的战役,他们彼此因缺乏光亮而停止杀戮,即便如此,他也不相信吕底亚诸神能施魔法突然关闭天光,为了让他们所喜欢的人获胜(此事有先例可循,那就是几年前在阿迦隆山谷进行的某个战役)。

泰利斯已经达到这样的境界(这是他最大的长处),胆敢认为所有的自然现象都是一个永恒意志的表现,屈从于一个永恒规律,完全是神所鞭长莫及的,而那些神永远只是人按照自己形象造出来的罢了。他认为那天下午即使没什么大事,只在以弗所街上有狗咬狗或在哈利卡那苏斯有一场婚宴,日食也在所难免。

他对自己的科学观察进行逻辑性的归纳总结后,为所有受造物定下来一条不可避免的通律,猜测(某种程度上他的猜测是正确的)万物起始于从四面八方包围世界的水,水多半在时间之初就已存在。

可惜我们手里没有任何泰利斯的著作。他有可能把观点写下来了(因为希腊人当时已经从腓尼基人那里学会了字母表),可直接出自于他的文字如今已一页不存。我们对他的了解来源于他同时代人书中一星半点的信息,这些信息表明他私下里是个商人,在地中海各个地区有着广泛的联系。顺便说一句,这在早期哲学家里面司空见惯。他们是"智慧的倾慕者",但从不对现实视而不见,知道生活的秘密只存在于生活者中,"为智慧而智慧"就跟"为艺术而艺术"或为吃而吃一样危险。

在他们看来,带有好的、坏的、不好不坏的品质的人类就是所有事物的最高衡量尺度。因此,他们利用闲暇耐心研究人这种奇特生物,按照人的本来面目来研究,而不是按照他们认可的模式来研究。

这使得他们能跟同胞们和睦相处,正因如此,比起向人宣扬大同世界之捷径而言更具影响力。

他们很少制定苛严而不容置疑的行为准则。

但他们以身作则，向世人表明对自然力的真正理解必然能换来心灵的平静，而后者则是一切真正的幸福之源。他们用这种方式赢得了人们的好感，因而得到研究、探索和调查的充分自由，甚至被允许在公认是神灵专有的领域里遨游。在泰利斯弥足珍贵的漫长生涯里，一直致力于做这个新福音的先驱。

虽说他把希腊人的世界扯个稀巴烂，把碎片单个儿拿起来研究，虽说他对大多数人自古以来就信以为真的事情表示怀疑，但他仍旧能寿终正寝，至少我们未看到任何记录指责他散布异端邪说。

他开了先例，其余人纷纷效而仿之。

比如克拉佐蒙纳的阿那克萨哥拉就是一个例子。他三十六岁从小亚细亚来到雅典，随后以"诡辩家"或私人教师的身份在不同的希腊城市里生活。他的专业是天文学，教学生太阳不是大家普遍认为的、由神驾驶的天堂马车，而是一个比希腊大千万倍的红色火球。

他发现自己安然无恙，鲁莽没有招来雷劈，于是又进一步大胆阐述月亮表面覆盖了山脉和山谷，最后还暗示有一种"原物质"，自古以来就存在，是所有物质的起始和终结。

不过，说到这个分上，就像后来其他许多科学家将会发现的那样，他踏进了雷区，因为他在讲大家熟悉的东西。太阳和月亮是遥远的天体，普通希腊人才懒得管哲学家想给它们安什么名称呢。但当这位教书先生认为所有物体都是从一种称之为"原物质"的模糊物质发展而来的——他未免走得太远了。这种观点完全与丢卡利翁、皮拉的传说背道而驰，这两位可是在大洪水后把石子变成男人女人而使世界重新住满人类的呀。这个神圣的故事是所有希腊男孩、女孩在幼小的年龄就被告知的，否认它的真实性会对现存社会治安构成巨大威胁，使孩子们对先人的智慧产生怀疑，这是绝对不允许发生的。于是，阿那克萨哥拉成了雅典家长联盟的众矢之的。

在君主制期间和共和国早期，城市的统治者足可以保护一位宣扬不受欢迎的信条的教师，使他免遭阿提卡的文盲农夫的攻击。然而，这段时间的雅典已是一个民主制度十分成熟的城邦，个人自由今非昔比。再说，伯里克利①当时在大多数人心目中已经威信扫地，偏偏他又是这个伟大的天文学家的心爱弟子，这下子对阿那克萨哥拉的起诉就成了大受欢迎的、反城邦独裁者的政治运动。

一个名叫狄奥菲特斯的祭司，同时又是人口稠密郊区的行政长官，促成了一项法律的通过，那就是"立即打击那些不信现存宗教或对神圣事物坚持自己看法的人"。根据这条法律，阿那克萨哥拉被投进监狱。不过，最终城市开明的一面占了上风，他在交了一小笔罚金后被允许出狱，移居小亚细亚的兰普萨科斯，在公元前428年，于德高望重的耄耋之年辞世。

这一案例表明对科学理论实施官方压制收效甚微。阿那克萨哥拉虽说被迫离开雅典，但他的思想留下来了，两个世纪后引起一个叫亚里士多德的人的注意，并被后者用作自己许多科学推断的基础。亚里士多德让这些思想快乐地穿越千年黑暗，传授给一个叫阿布勒—瓦利得·穆罕默德·伊本—阿麻德（通常称阿威罗伊②）的人，这位阿拉伯医生把它们拿到南西班牙摩尔大学的学生中普及化，再连同自己的观察，记录在数本书中。这些书适时地翻越比利牛斯山脉，抵达巴黎和布伦大学，在那里被翻译成拉丁语、法语、英语。西欧人和北欧人对它们接受得如此彻底，以至于到今日，它们都成了科学入门书的必要组成部分，被看作跟乘法口诀表一样无害。

还是回到阿那克萨哥拉吧，在他接受审判后出生的那一代人里，

---

① 伯里克利（公元前495—前429），古雅典政治家，民主派领导人，其统治时期成为雅典文化和军事上的全盛时期。——译注

② 阿威罗伊（1126—1198），伊斯兰哲学家，将伊斯兰传统学说和希腊哲学融为一体，认为物质和运动永恒存在，不为真主所创造。他还评注过亚里士多德的作品和柏拉图的《共和国》。——译注

希腊科学家被允许传授与公众信仰有分歧的教义,到公元前五世纪最后几年里,第二个案子发生了。

这回的受害者是个叫普罗泰哥拉①的人,来自于阿卜德拉村的流动教师。阿卜德拉村是希腊北部的爱奥尼亚的殖民地,因为是德谟克利特的出生地而名声欠佳,而德谟克利特则被称为"笑嘻嘻的哲学家",提出过这样的定律:"一个社会只有以最小的代价为最大数量的人群谋取到最大程度的幸福才是有价值的社会",因此被视为激进分子,必须始终置于警察的监视之下。

普罗泰哥拉深深地浸淫在这种信条里。他去了雅典,经过多年的研究,提出人是万物的尺度,生命过于短暂,不应把宝贵的时间花在探索不一定存在的神灵上面,应集中能量致力于创建美好而愉悦的生存形式。

这个观点触及到事物的根本,绝对比其他人所说、所写的更能震撼教徒们。再说,那时正是雅典和斯巴达交战的危机时期,长时间的战败和疾病使人们陷入彻底的绝望之中。很显然这时对神的超自然力量提出质疑而触怒他们是不合适的。普罗泰哥拉遭到指控,说他是无神论者,"不信神",责令他向法庭上交所有的教义。

本来伯里克利可以保护他,可伯里克利已经死了,普罗泰哥拉虽说是个科学家,但对当烈士没兴趣。

他逃了。

不幸的是,在去西西里的路上,他的船出事了,可能溺水而亡,从此再也没有他的音讯。

至于说到雅典暴政的另一个牺牲品——狄亚哥拉斯,他压根儿

---

① 普罗泰哥拉(公元前490?—前420?),古希腊哲学家,智者派的主要代表人物,提出相对主义的著名命题"人是万物的尺度",著有《论神》等,因被控以不信神之罪,著作被焚。——译注

24

就不是哲学家,而是一个对神怀有私仇的年轻作家,因为神在一件诉讼案里没有帮助他。他对想象出来的冤情耿耿于怀、无以自拔,最后变得疯疯癫癫,到处发表不敬之辞攻击神圣的奥秘,而那在当时正大大受到北部希腊人的欢迎。他因为这种大逆不道的行为而被判死刑。但行刑前,这个可怜鬼获得机会脱逃了,跑到科林斯①,继续谩骂住在奥林匹斯山的仇人,最后平安地死于自己的坏脾气。

终于可以讲希腊历史上有记载的、最臭名昭著的不宽容事件了,那就是对苏格拉底的死刑判决。

只要说起这个世界没啥变化,说起雅典人不见得比后人心胸更开阔,苏格拉底的名字就会作为希腊人不厚道的例子被拽进辩论中。但如今通过对这个案子的详细研究,我们了解得更清楚了,这位才华横溢却惹人讨厌的街头演说家的生涯漫长而不受干扰,这本身就是对公元前五世纪古希腊思想自由气氛的一个直接称颂。

因为,在普通人仍然坚定地相信诸神存在的时候,苏格拉底就已经预言只有一个上帝了。雅典人虽然在他提到他的"守护神"(一个发自内心的、教他如何做如何说的圣灵的声音)时搞不懂他的意思,但非常清楚他对别人顶礼膜拜的偶像不屑一顾,对现存秩序倨傲不敬。不过最后是政治杀了这位老人,而宗教(尽管考虑到大众的利益被拽了进来)与审判结果没多大关系。

苏格拉底是石匠的儿子,石匠家里孩子多,钱很少,所以苏格拉底根本交不起正常大学课程的学费。当时的哲学家都很现实,常常一门课程要价高达两千元。再说,对年轻的苏格拉底来说,纯知识和无实用性的科学是浪费时间和精力。他认为,假如一个人有良知,不懂几何也没关系,彗星、行星的本质特征对灵魂的拯救无益。

他是个衣袍破旧、相貌平平、个头矮小、塌鼻子的家伙,白天混迹

---

① 科林斯,古希腊奴隶制城邦,以淫靡奢华成风闻名。——译注

于街角跟游手好闲者拌嘴,晚上回家挨老婆的训(老婆不得不靠给人洗衣来养活一大家子,因为丈夫把谋生当作无聊琐事而不闻不问);他还是多次参加战役和远征的、受人尊敬的老兵,雅典市政议会的前议员。偏偏就是这么一个人在他那个时代的众多教师中被单挑出来为自己的理念受死。

苏格拉底以痛苦的代价为人类的知识和进步做出巨大贡献,为了理解他为此而死的原因,我们必须知道那个时代雅典的政治气候。

苏格拉底在漫长的一生中(他被处死时已年逾七十)都在试图告诉周围人他们在浪费机会,他们的生活空虚而浅薄,他们把太多的时间花在虚无的快乐和过眼烟云的胜利上,他们总是为了寥寥数小时的虚荣和自我满足把伟大神秘上帝赋予他们的神圣天赋糟蹋掉。他对人类的高贵命运深信不疑,不惜打破所有古老哲学的桎梏,甚至比普罗泰哥拉走得更远。后者宣称"人是万物的尺度",而苏格拉底则宣扬"人类无形的良知是(应该是)万物的终极尺度,命运不是神而是人自己塑造的"。

苏格拉底在决定他命运的法官(精确地说共有五百人,由他的敌人精心挑选出来的,其中还有能读会写的人)面前发表的演说,不论是对同情他的,还是反感他的听众来说都极为轻松愉快而通情达理。

"世上没有人,"这位哲学家争辩道,"有权利告诉别人该信什么,或剥夺别人按自己心愿思考的权利,"他继续道,"一个人只要对得起自己的良心,他所做的一切无需得到朋友的赞同,他无需有钱,有家庭,甚至无需有住的地方。但是,不对一个问题的正反两面进行深入全面的研究是无法得出正确结论的,因此,人们应该有机会完全自由地、不受当局干扰地探讨所有问题。"

对被告来说不幸的是,这恰恰是在错误的时机发表的错误言论。自伯罗奔尼撒战争以来,在雅典的贫富之间、劳资之间出现了尖锐的矛盾。苏格拉底属于"温和派"——一个对政府的两种制度的利弊看得很清楚的开明人士,想找到一种叫所有理性人士都满意的折衷方法。这当然让他两头都不讨好,只是双方正斗到胶合状态,无暇腾出手来整他。

等到了公元前403年,民主党大获全胜,完全掌控了政府,赶跑了贵族党,苏格拉底离死期也就不远了。

他的朋友知道这点,劝他趁早离开城市,不失为一个很明智的做法。

对苏格拉底来说,敌人和朋友一样多。大半个世纪里,他一直是个口头"评论员",一个聪明绝顶、忙个不停的家伙,其最大嗜好就是揭穿一些人的伪装和思想骗局,而这些人一向把自己看成雅典社会的中流砥柱。结果是人人都知道他,他的名字在希腊东部家喻户晓,他早上说了什么有趣的事儿,到晚上全城人都知道。有人把他写进了剧本,在他被捕入狱后,阿提卡所有的居民都对他一生的所有细节了如指掌。

那些主要审判官(像令人尊敬的谷物商人,尽管是个文盲,但对诸神的意志却一点不含糊,因此在控诉他时叫嚣得最凶)坚定不移地相信把这个高度危险的所谓"知识分子"消灭掉,那是对社会做的大好事,这种人的说教只会在奴隶中产生懒惰、犯罪和不满。

有趣的是,即使在这种处境下,苏格拉底仍以精彩绝伦的口才为自己作了辩护,以至于大多数陪审员都愿意放他一马,并建议只要他不再争论不休、评头论足,让人家耳根清净,不再揪住人家的偏好不放,不再处处怀疑,他就能得到赦免。

可苏格拉底置若罔闻。

"做不到,"他叫道,"只要我的良心还在,只要我内心那个小声音还在命令我继续告诉人们通往理性的真正道路,我就抓住我碰到的每一个人,把我心中所想的告诉他,不管我会遇到什么后果。"

到这个分上,人们别无他法,只能判他死刑。

苏格拉底有三十天的缓期。一年一度去得洛斯岛朝圣的圣船还未返航，按照雅典的法律，这期间不能行刑。在整整的一个月中老人安静地呆在囚室里，尽力完善自己的逻辑体系。他有多次机会逃走，但都拒绝了。他活够了，已完成自己的使命。他累了，已做好离世的准备。直到死刑的前一刻，他还在跟朋友聊天，试图传授他所坚持的真理，要求他们把心思从物质世界转向精神世界。

然后他饮下毒鸩，睡在卧榻上，用长眠来结束以后的辩论。

他的门徒因害怕公众的愤怒，觉得最好停止以前的活动。这段时间持续并不长。

结果一切都那么风平浪静，他们又返回故里，重操公开讲学的旧业，在那位老哲学家死去十几年后，他的学说反而比过去更普及流行。

当时，这座城市也经历过了最困难的时期。争夺希腊半岛领导权的战争已经结束五年了，战争以雅典惨败、斯巴达全胜而告终。典型的肌肉战胜头脑。不用说，这也长久不了，斯巴达人没写过一行值得纪念的文字，没为人类知识贡献过一条理论思想（除了某些战术还运用在现代足球以外），他们认为把对手的城墙推倒，把雅典舰队打得只剩十几条船，就算万事大吉了。但雅典人一直未失去聪颖敏锐的头脑，伯罗奔尼撒战争结束十年后，古老的比雷埃夫斯港又云集了来自世界各地的船只，雅典的将军们又成为希腊联合舰队司令在战场上冲锋陷阵。

另外，尽管伯里克利未得到同时代人的赏识，但正是他的努力把这座城市变成世界知识文化之都，基督诞生之前四世纪的巴黎。无论你在哪儿，罗马、西班牙还是非洲，只要花得起让儿子接受时髦教育的钱，即使儿子被允许到卫城周围的学校走访一趟，那也是极露脸的事儿。

因为这个我们现代人很难真正理解的古老世界把生存看成严肃

的事情。

在早期基督教敌视异教文化的因素影响下，人们的普遍印象是罗马或希腊的普通民众道德沦丧，崇拜乱七八糟的神，除此之外，醒着的时间就是举行豪宴，喝大桶的萨勒诺酒，听埃及舞女温言软语，有时为了打打岔儿而奔赴战场屠杀无辜的日耳曼人、法兰克人和达契亚人，把嗜血当作乐趣。

当然，在希腊，更多是在罗马，确有很多商人和战争贩子大肆敛财，根本不把苏格拉底在法官面前表明的伦理思想放在眼里。这些人因为家财万贯，人们不得不容忍他们肆意妄为。但这并不意味着他们就能得到社会的尊敬，或被看作那个时代文明的可敬化身。

我们挖掘出埃帕弗洛狄特斯的豪宅，这家伙是帮助尼禄①劫掠罗马及其殖民地的那伙人中的一个，他聚敛了数以百万的财产。当我们参观这个老奸商的住宅的废墟时，面对这用不义之财修筑的四十个房间的宫殿，只会摇头感叹："太堕落了！"

于是我们坐下来阅读爱比克泰德②的著作，他是那个老恶棍的家奴，我们发现阅读带给我们的是一颗无比高贵、深远的灵魂。

我知道对他人和别国妄下定语是最平常不过的室内消遣，但不要忘了哲学家爱比克泰德，他跟皇帝的马屁精埃帕弗洛狄特斯一样也是那个时代的代表，那个时代对神圣的追求跟两千年后的今天一样强烈。

毫无疑问，他们的神圣与今天供奉的大相径庭，基本上是欧洲人想出来的，跟东方人没关系。但把这种神圣当作最高尚、最理想的东西来追求的"野蛮人"就是我们的祖先，他们逐步形成了一套生活哲

---

① 尼禄（Nero, 37—68），罗马皇帝。他的残酷与渎职引发了广泛的暴动。——编注

② 爱比克泰德(55？—135？)，古罗马新斯多葛派哲学家。——译注

学,如果我们同意清白的良知、简朴直白的生活、健康的身体、适度充足的收入是幸福与满足的最佳保证的话,那么,他们的生活哲学就是非常成功的。这些人对灵魂的未来没有太大兴趣,他们认为自己是特殊的哺乳动物,倚仗对智慧的运用,远远高于匍匐在这个世界上的其他生物。如果说他们也口不离"神",那就跟我们使用"原子"或"电子"或"乙醚"这些字眼差不多。万物的开端总得有个名称,但在爱比克泰德的口中,宙斯跟欧几里德数学题里的 x 或 y 一样,价值可大可小。

生活是这些人感兴趣的,接下来就是艺术。

他们研究的是各式各样、变化无穷的生活,运用苏格拉底创造并已普及的推理方法,研究取得了辉煌的成果。

在他们追求完美精神世界的过程中由于过分热心而陷入荒谬的极端,令人感到遗憾,但那也是人性使然。不过,柏拉图是所有古代教师中唯一一个为追求纯粹的完美世界而宣扬不宽容教义的人。

众所周知,这位年轻的雅典人是苏格拉底的心爱弟子,也就成了他的言论整理者。

凭借这种资格,他收集了所有苏格拉底的言论和思想,编成系列对话,真可谓《苏格拉底福音集》。

完工后,他开始诠释导师某些含混不清的教义,为此撰写了数篇才华横溢的论文,还开设了数门课程把雅典的公义观传播到阿提卡疆域之外。

这些事他做得如此投入、如此无私,简直跟圣保罗有得一比。但圣保罗的一生可以说是历经艰险,颠沛奔走四方才把上帝的福音带到地中海的各个角落;而柏拉图则没离开过自家花园舒服的靠椅,他等着世界上门来寻他。

他能做到这点,得益于出身的优越和独立拥有一笔财产。

首先,他是雅典公民,通过母亲能追溯到梭伦竟是他的先人。他一成年就继承了一笔财产,以他对生活的简单要求来看绰绰有余。

其次,他能言善辩,人们乐意千里迢迢来到爱琴海,只为了能在柏拉图学园听几次讲座。

别的方面,柏拉图也像他那个时代其他年轻人一样,参过军,但对军事没有特别的兴趣;从事过户外体育运动,是个不错的摔跤手,勉强还说得过去的跑步运动员,但在运动场上从未特别扬名;也像那个时代大多数年轻人一样,花大量时间到境外旅游,越过爱琴海,步他著名祖先梭伦的后尘对北埃及作了一次短期拜访。随后,他返回家乡,连续五十年安静地躲在快乐花园树荫遮蔽的角落里教授他的学说,这个花园坐落在雅典的郊区,凯斐萨斯河畔,被称作柏拉图学园。

他起先是研究数学的,后来逐步转向政治,在这个领域为我们现代政府理论奠定了基础。从心底里,他是个坚定的乐观派,相信人类会逐步进化。他传授道,人的生活会从低层次向高层次发展,世界从美丽的形体过渡到美丽的制度,从美丽的制度发展到美丽的思想。

这写在羊皮纸上倒是很赏心悦目,但当柏拉图想制定出他这个完美国家所依据的基本原则时,他对正义的热情和对公平的渴望太强烈了,导致他对其他考虑置若罔闻。他的共和国在那些纸上谈兵的乌托邦制造者看来是人类完美的最高境界,可实际上是一个奇怪的政治实体,精妙地体现了而且 直体现着退伍上校们的偏见,这些人享受着个人收入带来的舒适,喜欢混迹于政界,对底层人深深地不信任,唯恐后者忘了"他们的身份",也想分得一些本应由上层人士独享的特权。

不幸的是,柏拉图的著作在西欧中世纪学者那里大受推崇,借他们之手,这个著名的共和国成了向宽容开战的可怕武器。

这些饱学之士忘了一点,那就是柏拉图结论的前提与流行于十二、十三世纪的那些大相径庭。

比如，柏拉图从来不是基督教意义上的虔诚信徒。他从来瞧不起他祖宗的神，把他们当作从遥远的马其顿来的、没有教养的土包子。特洛伊战争史中叙述的种种神的丑事，他都深以为耻。但随着年龄增长，随着他在他那小小的橄榄园久坐不起，对故乡的各个小城邦之间的争论深感恼火，并目睹了古老民主理想的彻底失败后，他确信老百姓需要某种形式的宗教，不然的话，想象中的共和国就会蜕变到混乱的无政府状态。于是，他坚持他的模范社会的立法机构必须为所有公民制定固定的行为准则，不惜以死亡、流放或囚禁为惩罚来强迫自由民和奴隶遵守。这听上去绝对否定了博大的宽容精神和苏格拉底为之英勇奋斗的良知自由，而那正是它的意图。

态度改变的原因不难理解，苏格拉底毕竟生活在人群里，柏拉图则不食人间烟火，远远地逃离这个丑恶、不愉快的世界，躲入自己的白日梦里。他比谁都清楚他的理想实现的可能性完全没有。无论在现实还是在想象里，独立小城邦的日子一去不复返了。中央集权的时代开始了，整个希腊半岛很快并入辽阔的马其顿帝国，该帝国从马里查河岸一直延伸到印度河岸。

但在征服者的魔爪伸向古老半岛上那些不守约束的民主城邦之前，这个国家产生了世界上最伟大的文明贡献者，这使整个世界对现已衰落的希腊民族欠下了永久的人情。

我当然指的是亚里士多德，来自斯塔吉拉的神童，一个在他那个时代无所不通的人，为人类知识总量做出了如此丰富的贡献，以至于他的书成为知识的源泉，欧亚连续五十代人尽情盗取也未见那种纯学问矿脉枯竭。

十八岁的亚里士多德离开马其顿的故乡，去雅典柏拉图学园听讲。毕业后，他四处巡游讲学，直到公元前336年才回到雅典开办自己的学校，其学校所在的园子就在阿波罗神庙旁边，学校名称叫吕克昂学府，吸引了世界各地的学生慕名而来。

奇怪的是,雅典人并不热心在自己的城墙内增加学府的数量。这座城市终于开始丧失古老的商业重要性,她所有精力充沛的市民都搬到亚历山大城、马赛和南部、西部其他城市去了,留下不走的不是太穷就是太懒,他们保守而迂腐,是古老而混乱的自由民群体的残余分子,这些人是这个苦难深重的共和国的光荣,但也导致了共和国的毁灭。对柏拉图果园里的"鬼花样"他们没什么好感。若干年后柏拉图最著名的弟子回来教授更令人难以容忍的教义,阐述世界的起源和神的局限性,这些遗老遗少们一本正经地摇着头,嘟囔着发出阴沉的威胁,认为这家伙已把城市变成了自由思想和不信教的代名词。

假若他们有能耐,早把这家伙赶出去了。但他们很明智地缄默不语。因为这个近视而矮胖、以在书籍和服装上品味高雅而著称的绅士,在当时的政治生活中可不是一个无足轻重的因素,决不是那种雇几个打手就能打发出城的寒碜教授。他可是马其顿宫廷御医之子,跟皇子们一块长大,尤其是,他一完成学业就成了太子的老师,八年相伴在年轻的亚历山大身边。他享受着世界上最有权势的统治者的友谊和保护,掌管希腊诸省的摄政王在皇帝去印度前线的那段时间里小心地看护着他,生怕这位皇帝陛下的挚友有个三长两短。

然而,亚历山大逝世的消息一传来,亚里士多德的性命就岌岌可危了。他没忘记苏格拉底的遭遇,不想重蹈覆辙。他像柏拉图一样,小心翼翼地不把哲学和实用政治混为一谈。但他对民主政体的厌恶以及对民众自治能力的不信任人人皆知。就在雅典人在暴怒之下赶走马其顿卫戍部队的时候,亚里士多德越过埃维亚岛移居卡尔奇。马其顿重新收复雅典并惩治了叛乱的前几个月,亚里士多德撒手人寰。

事情发生的年代如此遥远,我们很难再发现指控亚里士多德不敬虔的确定依据,但在这个充斥着业余演说家的国度里,他的情况一如既往地,避免不了地跟政治纠葛在一起,他不得人心是因为他无视当地几个选区头儿的偏见,而不是发表了什么骇人听闻的异端邪说,给雅典招来了宙斯的报复。

这些都已变得无关紧要。

小独立共和国的灭亡指日可待。

不久,罗马人继承了亚历山大的欧洲遗产,希腊成为他们的行省之一。

口水战就此打住,罗马人在大部分事务上比黄金时代的希腊人更宽容,他们任凭臣民想其所想,条件是只要臣民不对某些政治上的权宜之计提出质疑,自古以来这些政治原则就是罗马帝国保国安邦、促进繁荣之本。

不过,微妙的区别仍然存在,激励西塞罗[①]同时代人的思想与伯里克利这种人的追随者奉为神圣的理想不可同日而语。古希腊领导人的宽容建立在经过数世纪认真实践和思索而形成的确切结论上,而罗马人则认为他们不需要预备性研究,他们压根儿不关心这类事,并以此为自豪。他们注重实际,是行动家,从骨子里瞧不起理论。

假如其他人愿意把下午时间花在老橄榄树下,讨论政体理论,或月亮对潮汐的影响,就让他们去吧。

假如这些人的知识有实用价值,那倒另当别论。要不然,就跟歌唱、舞蹈、烹饪、雕塑、科学一样,这种把什么都哲学化的勾当还是留给希腊人和其他外国人去做吧,朱庇特创造这些人那是慈悲心怀,一个真正罗马人不屑做的事情就可以交给他们去做了。

罗马人可以专注于对不断扩大的疆土进行管理,他们可以训练必要的外籍步兵和骑兵团保卫外省,勘测连接西班牙和保加利亚的道路,总之可以把精力投放到维持数百部落和国家之间和平的事业上去。

---

① 西塞罗(公元前106—前43),古罗马政治家、演说家、哲学家。——译注

让我们还是把荣誉称号冠给当之无愧者吧。

罗马人的这项工作做得太彻底了,以至于直到今日,他们建立的制度仍以这种或那种形式存在着,这本身就不是一项微不足道的成就。只要缴税及时并对罗马皇帝制定的几项行为准则保持表面上的敬意,臣属部落的自由度就相当大。他们爱信谁就信谁,崇拜一个神、一打神、满满一庙堂的神都行,无所谓。但无论选择信仰哪路神仙,世界帝国中这些五花八门的臣民要记住一点,罗马的和平依赖于开明运用一条原则,那就是"你活也得让人家活"。无论什么理由,他们不得干扰邻居或境内的外乡人。间或自己的神受到了侮辱,也不应该冲到地方行政长官那儿去讨个说法,"因为,"提比略皇帝①在一次值得纪念的场合说道,"如果神认为他们遭遇到不平之事,他们自己肯定会摆平的。"

寥寥几句宽慰的话就把类似的案件撤了,人们被要求到法庭外解决个人见解问题。

要是一群卡帕多西亚商人决定在哥罗西人中定居,他们有权带上自己的神,并在哥罗西城建自己的神殿;要是哥罗西人出于类似理由移居到卡帕多西亚人的地盘上,他们也应该有同样的特权,具有同等的敬拜自由。

有人说罗马人抱有这种高高在上的宽容态度是因为哥罗西人也罢,卡帕多西亚人也罢,以及其他生活在拉丁姆②之外的野蛮部落也罢,他们都不放在眼里。或许有道理,我不知道。但事实是五百年来,一种几乎完全的宗教宽容政策在广袤的欧、亚、非洲开化和半开化地区严格地执行着,罗马人开发了一项治国之策,以最小的摩擦产

---

① 提比略(Tiberius,公元前42—公元37),古罗马皇帝,被奥古斯都选作工位继承人,是一位多疑的暴君。——译注
② 拉丁姆(Latium),古意大利半岛中部一区域,古罗马发源地。——译注

生最大的实效。

在许多人眼里,这就是太平盛世,相互之间的忍耐状态将永恒不变。

可是,没有永恒不变的东西,尤其是靠武力建立的帝国更不可能。

罗马征服了世界,但在征服的同时也在毁灭自己。

年轻战士的白骨裸露在上千战场上。

几乎五百年来,精英头脑都耗在管理帝国殖民地的巨大工作上,这个帝国从爱尔兰海一直延伸到里海。

不良反应终于产生了。

罗马的身心都在这项不可能做到的工作上消耗殆尽:以一城之力统领整个世界。

可怕的事发生了。所有人活得腻味了,失去了生活热情。

他们拥有所有的乡间别墅、所有的城市住宅、所有游艇和马车,要多少有多少。

世界各地的奴隶他们也是应有尽有。

他们吃尽山珍海味,看遍世间所有,听够奇闻轶事。

他们尝遍人间美酒,走遍各地,玩遍从巴塞罗那到底比斯的所有女人,有文字记载的所有的书在他们的图书馆都能找到,绘画艺术上的至臻佳作都在他们墙上挂着呢,整个世界最出色的音乐家在他们席间献艺。小时候,他们受教于最好的老师,能教的都教给了他们。结果是美酒珍肴变得索然无味,所有书籍变得枯燥无聊,所有女人都魅力全无,生存本身已成为负担,一旦有说得过去的机会可利用,许多人就会毫不迟疑地把生命抛弃。

只有一件事可以给人带来慰藉,那就是对神秘而无形事物的冥思遐想。

可是古老的神多年前就消亡了。有点头脑的罗马人早不把愚蠢的、有关朱庇特和密涅瓦的童谣当回事儿。

虽然有一些哲学体系:伊壁鸠鲁学说、斯多葛派、犬儒主义,都在宣扬慈善、克己、无私而有用生活的美德。

但是,这些学说都很空洞。它们在芝诺、伊壁鸠鲁、爱比克泰德、普卢塔克的书中倒是阐述得头头是道的,这些书在任何一个街头小店的图书室里都能找到。

从长远来看,纯理性套餐缺乏必要的营养。罗马人开始叫嚣需要在他们的精神食粮中加入一些"情感"成分。

就这样,纯粹的哲学"宗教"(如果我们把宗教与对有用而高尚生活的向往相提并论的话,这确实可以称为宗教)只迎合了小部分人,这些人几乎都属于上层阶级,因为只有他们能享受到希腊名师的个别辅导。

对大多数老百姓而言,这些精心构思的哲学一无是处,他们也发展到一个阶段,认为古代神话大部分都是粗鲁而轻信的祖宗孩子气的杜撰,但他们不能像据说在智力上高于他们的理论家那样对所有神的存在都一概否定。

于是,他们像所有接受过半吊子教育的人在这种情形下所做的那样——对共和国官方的神阳奉阴违,然后从其他许多秘密仪式宗教中选一个,从中获取真正的宽慰和幸福,这些宗教在过去的两个世纪里在这个坐落在台伯河两岸的古城受到诚挚欢迎。

我前面用过的"秘密仪式(mystery)"这个词来自希腊。原义为"正式会员"的聚会,就是说入会的男男女女对只有真正会员才知道的神圣奥秘"守口如瓶",决不背叛。这种神圣奥秘像大学兄弟会的魔咒或海鼠独立会的符咒一样把人们凝聚在一起。

在公元一世纪,秘密仪式不过就是一种特别形式的崇拜、一种教派、一种教会。假如一个希腊人或罗马人(请原谅时间上有点对不上号)要离开长老制教会去基督教科学教会,他会告诉邻居他去了"另一个秘密仪式"。因为"教会"、"苏格兰教会"、"上帝之家"这些词在相对近代才出现,那个时代还不曾有。

如果你对这个议题尤其感兴趣，希望知道罗马所发生的一切，下周六去买一份纽约报纸吧，随便哪份报都行。你会发现四五个栏目都是有关新教派、新秘密仪式的通知，都是从印度、波斯、瑞典、中国和其他许多国家进口的，都允诺给人健康、财富和永生。

　　罗马跟我们自己的大都市非常相似，充斥着进口和地产宗教。这座城市的国际性特点使得这种现象成为必然。有从小亚细亚北部青藤覆盖的山坡上而来的西布莉教，弗里吉亚人尊西布莉为众神之母，崇拜仪式包括有不体面的狂欢喧闹。他们闹得太凶，罗马警察只得反复关闭西布莉神庙，后来干脆颁布苛严的法令，禁止扩大宣传那种鼓励公众酗酒乃至更恶劣行为的信仰。

　　矛盾重重、神秘莫测的古老国度埃及为罗马贡献了半打异教神祇。奥西里斯、塞拉皮斯、伊希斯①的名字对罗马人来说就跟阿波罗、得墨忒耳、赫耳墨斯②的名字一样耳熟能详。

　　至于说希腊人，早在数世纪之前就已给世界提供了抽象真理的初始体系和实用的行为准则，那是基于美德的。现在根据外乡人偏好烧香、崇拜偶像的特点，他们呈上遐迩闻名的阿提斯教、狄俄尼索斯教、奥菲斯教、阿多尼斯教③，所有这些教派从公共道德意义上来说都是经不住推敲的，但赢得了众人的热捧。

　　一千年来频繁光顾意大利海岸的腓尼基商人让罗马人见识了他

---

　　①　奥西里斯(Osiris)，古埃及的冥神和鬼判；塞拉皮斯(Serapis)，古埃及地下之神；伊希斯(Isis)，古埃及司生育和繁殖的女神。——译注
　　②　得墨忒耳(Demeter)，希腊神话中主农事和丰产的女神；赫耳墨斯(Hermes)，希腊神话中众神的使者，同时也是掌管商业、发明、灵巧之神。——译注
　　③　阿提斯(Attis)，西布莉的年轻配偶，他的死亡和重生与春天的节日密切相关；狄俄尼索斯(Dionysus)，希腊神话中的酒神；奥菲斯(Orpheus)，希腊神话中的诗人和歌手，善弹竖琴，弹奏时猛兽俯首，顽石点头；阿多尼斯(Adonis)，希腊神话中爱与美女神阿佛洛狄特所恋的美少年。——译注

们伟大的神巴力（耶和华的头号敌人）和他的妻子阿斯塔蒂①，为了这个奇特的女神，所罗门在晚年竟不顾他的忠实臣民之震惊，在耶路撒冷的中心修筑"高坛"。在长期争夺地中海霸主地位的过程中，这位可怕的女神一直被认为是迦太基城的官方庇护神，到后来所有她在亚洲、非洲的庙遭到了毁坏，她又返回欧洲——换上了庄严娴静的基督圣贤的形象。

但是，有一个神最重要，因为他在士兵中知名度很高，从莱茵河口到底格里斯河发源地，他破损的雕像在古罗马边境的任何废墟堆里都能找到。

这就是伟大的密特拉神。

据我们所知，密特拉是亚洲古老的光明、空气、真理之神，在里海低地平原受人崇拜，当时我们最早的祖先占领了那些丰饶肥美的牧草地，做好在山川河谷定居的准备，那些山川河谷就成了日后的欧洲。对当地居民来说，他是一切美好事物的恩赐者，他们相信世上统治者能够行使权力均出自他无所不能的意志。因此，他有时会赐给高官一缕那始终环绕他自己的天火，作为神恩的标志。虽说他如今消失了，早已被人遗忘，但中世纪那些顶着光环的善良圣贤让我们想起数千年前开始的古老传统，那时候教会还不知道在哪儿呢。

尽管他受推崇的时间漫长得不可思议，但很难准确地重构他的生活。理由很充足：早期基督教传教士对密特拉神话恨之入骨，远远超过对普通异教的仇恨。在内心深处，他们深知这个印度神是最大的竞争对手。因此，他们尽一切可能把提醒他存在的东西销毁，这项工作做得如此成功，人们再也找不到密特拉神庙，任何文字记载踪影全无，难以想象这个教派在罗马盛行了近五百年，就像如今在美国的

---

① 巴力（Baal），迦南人和腓尼基人所信奉的主神、太阳神、丰饶之神；阿斯塔蒂（Astarte），古闪米特人神话中主管生育和爱情的女神。——译注

长老制循道公会一样流行。

然而,幸亏当时还未发明火药,某些废墟尚未完全被摧毁,经过对这些废墟的仔细研究,并在来自亚洲的资料的帮助下,我们能够扫除原先的障碍,对这个有趣的神以及他所代表的东西有一个较准确的看法。

故事是这样说的,很久很久以前,密特拉神秘地从石头里出生。当他还在襁褓中的时候,几个牧羊人过来拜谒他,并带来让他高兴的礼物。

孩提时代的密特拉经历过各种奇特的冒险。许多冒险故事让我们想起让赫拉克勒斯大受希腊孩子们爱戴的那些事迹。不过,赫拉克勒斯往往很残忍,密特拉则总是行善。他曾经跟太阳摔跤,赢了太阳,对自己的胜利表现得不以为意,因而跟太阳成了兄弟,以至于别人老把二者混淆起来。

当邪神降下旱灾,威胁人类生存的时候,密特拉用弓箭射中岩石,看啊,涌泉冲向龟裂的田地;当阿里曼(这是头号恶敌的名字)想用可怕的洪水达到他的险恶目的时,密特拉听说了,通知了一个人,吩咐他造一条大船,带上亲属和牲畜,使人类免遭灭绝之灾。终于,在尽力争取把世界从愚蠢造成的后果中拯救出来后,他被带到天堂,永久性地管理公义者。

想加入密特拉教派的不得不完成一套复杂的入会仪式,必须吃掉仪式性的面包和酒,以纪念密特拉和他的朋友太阳吃的那顿著名的晚餐。接着,还得在圣水盆里洗礼,还要举行其他许多我们不是特别感兴趣的仪式——因为这个宗教早在一千五百多年前就已经绝迹了。

一旦进入教会,信徒们受到绝对平等的待遇,他们在同一个烛光祭坛前祈祷,一起唱圣歌,一起参加每年十二月二十五日的节日,庆祝密特拉的生日。另外,每星期的第一天大家都不工作,这一天我们甚至在今天也为了荣耀神而称为礼拜日。他们过世后，被整齐排放在墓地里，耐心地等待最后的复活日，到那一天，好人得到公正的回报，恶人被投进永恒不灭的烈火中。

不同秘密教派的成功，以及密特拉教在罗马军队里的广泛影响，都说明人们对宗教不是无动于衷。的确，帝国的头几百年是一个混乱动荡的时期，人们一直在探索满足大众情感需要的东西。

可是，在公元47年发生了一件事，一只小船离开腓尼基驶向帕加城，那里是通往欧洲的陆路交通的起点。小船上有两个没有太多行李之累的乘客。

他们的名字叫保罗和巴拿巴①。

他们是犹太人，但其中一个持有罗马护照，精通非犹太人的智慧。

这是一个值得纪念的旅程开端。

基督教开始征服世界。

---

① 巴拿巴(Barnabas)，随同圣保罗去塞浦路斯和小亚细亚传教的基督教徒和使者。——译注

第三章 束缚的开始

教会迅速征服了西方世界，人们有时拿这一点来作为基督教源自天界的铁证。是不是这么回事儿跟我不相干，但我认为，绝大多数罗马人被迫居住在极其恶劣的环境中，恐怕这跟早期传教士传达的充满人情味的信息一样，也是造成传教成功的因素。

到目前为止，我已向你描述的只是罗马人的一面——军人、政客、富有的制造商、科学家、幸运儿的世界，这些人潇洒豁达地居住在拉特兰山坡上，或坎帕尼亚的山丘河谷里，或那不勒斯湾旁。

但这仅仅是一个侧面。

在郊区拥挤的贫民窟里，看不到什么繁荣昌盛的迹象——那种激励诗人讴歌太平盛世，激发演说家把屋大维①比作朱庇特的繁荣昌盛。

绝大多数人住在一排排没有尽头的、过分拥挤臭烘烘的简陋出租屋里，对这拨人来说，生活不过是无止尽的饥饿、流汗和痛苦。这里的男人和女人却听到一个好神奇的故事，大海彼岸的一个小村庄里住着一位朴素的木匠，用自己双手的劳动换取日用的面包，他爱护

---

① 屋大维（Octavian，公元前63—公元14），被尊称为"奥古斯都"，是罗马帝国的开国君主。

穷人和受压迫者,因此遭到残酷而贪婪的敌人杀害,这故事多么逼真切实啊。当然,他们都听说过密特拉神、伊希斯和阿斯塔蒂。可这些神都死了,好多好多年前就死了,人们只能通过道听途说来了解他们,而故事的讲述者也死了好多好多年了。

可是,拿撒勒①的约书亚、基督、希腊传教士称为受膏者的那一位却不同,他刚刚来过这个世界,假如他碰巧在提比略皇帝统治时期到过南叙利亚,说不定许多活着的人还有可能认识他,听过他的宣讲呢。

还有其他人,街角的面包师、邻街的水果贩子,曾在亚壁古道的阴暗小花园里跟某个彼得聊过,就是那个迦百农村庄的渔夫,他确实在各各他山附近逗留过,而且就是在那一个可怕的下午,那位先知被罗马总督的士兵钉在了各各他山的十字架上。

要想知道这个新宗教为什么突然之间受到众人的欢迎,我们必须记住这些情形。

就是这种近在眼前、历历在目的感觉使得基督教比其他宗教更具得天独厚的条件,加上耶稣对所有民族中底层穷苦人表现出的无限爱意深深浸透在他的每一次宣讲中。至于他是否完全以追随者所用的语言表达出这一点并不重要,奴隶们有耳朵,听得懂。他们在这对辉煌未来的高尚承诺面前浑身颤抖,第一次看到了新的希望之光。

终于听到了能使他们获得自由的话语。

他们不再是贫穷而低贱的人,不再是这个世界的权贵眼里一道丑陋的风景线。

相反,他们是慈父的宠儿。

他们会拥有这个世界,丰丰满满地拥有。

——————————

① 拿撒勒(Nazareth),以色列北部一城镇,在《新约》中为耶稣童年的生长地。——编注

他们会分享到许多不可一世的达官贵人得不到的快乐，那些人当时仍深居在萨谟奈的高墙大院里。

这一切构成了这个新信仰的力量，基督教是第一个给普通人机遇的实实在在的宗教。

当然，我现在谈的基督教是一种心路历程——作为一种生活方式和思维方式。我想说明在一个充满腐朽奴隶制的世界里，喜讯如何快速并以激情澎湃的燎原大火之势蔓延开来。可是，历史少有对个人的精神历险表示关注，无论他们是自由人还是奴隶。除非这些可怜虫有效地组成国家、行会、教会、军队、兄弟会和联盟；除非他们开始听从一个领导人的指挥；除非他们积攒了足够缴税的财富，能够为征服他国的目的而被强征入伍。只有这样，编年史学家才会给予认真的关注。因此，我们对早期教会了解甚多，对教会真正的创立者却知之甚少。这的确是憾事，因为早期基督教发展是人类历史上最有趣的事件。

最终建立在古老帝国废墟上的教会是两种互为冲突的利益结合体。一方面它捍卫支持了基督教导的爱和仁慈的博大理想，但另一方面它根深蒂固地跟狭隘贫瘠的地方主义捆绑在一起，从一开始就拉开了耶稣的同胞与世界其他民族的距离。

简单地说，教会结合了罗马的效率和犹太人的不宽容，对人的思想构成一种行之有效但有悖情理的恐怖统治。

要了解这是如何发生的，我们必须回到保罗的时代和基督死后的五十年间，我们要牢牢抓住一个事实，那就是，基督教是从犹太教内部开始的改革运动，是纯粹的民族运动，一开始就对犹太人的统治者而不是别人构成威胁。

耶稣活着的时候恰好是法利赛人①当权，他们太明白是怎么回事

---

① 法利赛人（Pharisees），古犹太教的一派，标榜墨守传统礼仪。——译注

儿了,这场宣传鼓动咄咄逼人地向只建立在野蛮武力基础上的精神垄断挑战,他们自然非常害怕其最终结果。为了不被消灭,他们惊惶失措地行动起来,在罗马当局还没来得及干预并带走他们的敌人之前,赶紧把他送上绞架。

已经无法断定耶稣如果活着会做什么。他还未把信徒组织成特殊的宗派,还未给追随者留下任何文字材料告诉他们如何行事,就早已被杀害。

然而,这貌似灾患,实为福泽。

缺乏诉诸文字的规定,缺乏一整套固定的清规戒律,他的信徒可以自由地追随他话语的精神实质而不是一纸律法。假如他们受一册典籍约束,很可能就只会把毕生精力投放到诱人的逗号、冒号的神学探讨上。

假如真是那样的话,除了几个专职学者外,当然就没人会对新信仰表示丝毫的兴趣。基督教又会跟其他老宗教如出一辙,那些宗教从精心构思的书面计划开始,其结局是警察把那几个神叨叨的神学家扔到了街上。

事隔两千年,我们注意到基督教给罗马帝国造成了巨大的损害,真不知道罗马当局怎么几乎未采取任何措施来平息这场运动,要知道它对国家安全构成的危险不亚于匈奴人或哥特人的入侵。他们当然知道这位东方先知的命运在家奴中引起了巨大骚动,女人们争相告知天国之王将重现人间,还有不少老人郑重其事地预言世界将很快毁于一团大火。

但贫困阶层也不是第一次对新的宗教领袖大发歇斯底里,很有可能这也不是最后一次。警察只需保证这些两袖清风的宗教狂不扰乱社会治安即可。

仅此而已。

警察的确关注过,但没有机会下手。新宗教追随者的行为堪称楷模,他们不企图推翻政府。起初,有些奴隶还指望上帝给予的平等父爱、人与人之间兄弟般的关系暗示着旧有的主仆关系的终结,可使徒保罗急忙解释他所说的王国是看不见摸不着的灵界,世上的人们最好随遇而安,把希望寄托于来自天堂的终极恩典。

同样,许多做妻子的,不满罗马帝国制定的苛严的婚姻法对她们的束缚,匆忙得出结论说基督教与妇女解放和男女之间绝对平等是一致的,可保罗又一次站出来,用几封颇有策略的信恳求心爱的姊妹们不要有这些极端的念头,这会让保守的异教徒起疑心;说服她们继续保持半奴隶状态,因为自从亚当、夏娃被逐出伊甸园后,这是女人该守的本分。所有这些都表明基督教传教士对法律的尊重是值得称道的,因此,在当局看来,让他们随心所欲地周游各地、随心所欲地传教布道无伤大雅。

但历史常常如此,普通民众比起他们的统治者更缺乏宽容。仅仅因为穷,并不意味着他们就一定是有高尚情操的公民——那种人只要良心允许他们做出积累财富所必须做出的让步,就有可能富足快乐。

罗马的无产阶级已在数世纪的吃白食和免费观看拳击赛中堕落了,自然也脱不了这种俗套。神情肃穆的男女全神贯注地聆听有关一个神的荒唐故事,那个神竟然像普通罪犯一样丢脸地死在十字架上,而且这些男女竟然还为朝他们聚会扔石块泥沙的暴徒高声祈祷,竟然还当作自己义不容辞的事,起初见到这情景,老百姓感到一种粗俗的快意。

然而,罗马的祭司对这种新宗教的兴起可就做不到不闻不问。

帝国的宗教是国教,包括在某种指定场合进行某种庄严的献祭仪式,是要收费的,这些钱用来供养神庙的高级祭司。现在成千上万的人抛弃旧神庙去另一个教堂,什么费用都不要,这意味着祭司们面临着收入急剧减少的危险。他们当然高兴不起来了,很快就开始高声咒骂不信神的邪教徒,谴责他们竟然背叛祖先的神,向一个外国先知焚香顶礼膜拜。

城里还有一群人更有理由恨基督徒,就是那些苦行僧和托钵僧。他们是瑜伽信徒、伟大而独一无二的伊希斯教、伊师塔教①、巴力教、西布莉教和阿提斯教的解经大师,多年来一直倚靠轻信愚昧的罗马中产阶级过着优裕轻松的生活。如果基督教只是一个对手组织,为其独有的启示收取可观的费用,这个包括巫医、看手相师、巫师在内的行会也没什么好抱怨的,生意终归是生意,大家都吃预言这碗饭,分点生意给他人做也无妨。但这些基督徒竟然分文不取——遭天杀的愚蠢想法!不仅如此,他们还把属于自己的那一份拿出来接济饥民,把房子腾出来给无家可归的人住,还什么都不要!显然这太过分了,除非他们有什么秘密收入来源,不然根本就做不到,但这也无处可查。

这时候的罗马城不再是家道殷实的自由民的天下,而是帝国各处来的、成千上万被剥夺了财产的农民的临时居住地。这群暴民遵照那支配乌合之众行为的神秘法则,看不惯那些特立独行的人,对那些不为别的,只想过正派、节制生活的人不信任。至于见面就热情寒暄、喝喝酒,偶尔也替人埋单的人倒是不错的邻居、好人,但那种自命清高,不看圆型剧场的斗兽表演,见到战俘在卡匹托尔山大街被拖拽着示众也不欢呼喝彩的——那种人大煞风景,是整个社会的敌人。

公元64年,一场大火把罗马城的贫民区化为灰烬,成为第一场有组织的反基督徒暴行的导火线。

起初,谣传尼禄皇帝醉酒后异想天开,命令在首都燃起一把火,好让他摆脱贫民窟,再根据他的计划重建这座城市。可是,群众的眼睛是雪亮的,都是那些犹太人和基督徒的错,他们老是互相传告说幸

---

① 伊师塔(Ishtar),古代亚述和巴比伦的爱情、生育和战争女神。——编注

47

福的那一天就是从天堂降临大团烈焰，把恶人之家烧个干净。

这种说法一开始未受到阻力，后面就一发不可收拾。有个老妇人听到基督徒跟死人对话。另一个人说他知道基督徒偷小孩子，割破孩子的喉咙，把血涂抹在他们那怪怪的神的祭坛上。当然，没人真正看到他们干过这种丑恶勾当，但只是因为他们太狡猾了，贿赂了警察。这一次他们可跑不掉了，被抓个正着，他们要为这些卑鄙行径付出惨痛代价。

到底有多少信徒在这一次被处私刑而死，我们不得而知。似乎保罗和彼得都遇害了，因为从那以后，再未听到过他们的名字。

不消说，这次愚蠢的公众行动毫无意义。烈士们大义凛然地奔赴刑场，本身就是对新思想的最好宣传，每一个死去的基督徒后面都有十几个迫不及待要接替他位子的异教徒。当尼禄做出他短暂而无聊的生涯中唯一一件体面的事（他于公元68年自杀），很快，基督徒又回到他们常去的地方，一切如旧。

这回罗马当局有了一个巨大的发现，他们开始怀疑基督徒跟犹太人不是一回事儿。

不能怪他们先前搞错了。上个世纪的历史学研究越来越清楚地表明犹太会堂是新信仰通向世界的流通中心。

别忘了耶稣自己是犹太人，他始终严格遵守古老的祖制，几乎专对犹太人宣讲。他只有一次短时间离开过祖国，但他给自己下达的任务都是与犹太人、靠犹太人、为犹太人完成的。而且，他所讲的也没有哪条给普通罗马人的印象是基督教与犹太教存在明显区别。

耶稣想做的仅此而已。他清楚地看到老祖宗的教会存在可怕的弊端陋习，他大声疾呼，有时也成功地反对过这些不良现象。但他的斗争仅限于内部改革，似乎从未想过创立一个新宗教。要是有人提醒他这种可能性，他肯定认为这个主意荒唐无比而不予理睬。然而，就像他之前和之后的改革家一样，他被逼到身不由己的地步，想妥协都不可能。唯独过早的死亡使他摆脱掉路德和许多其他改革倡议者的命运，后者都困惑不已地突然发现自己成了全新宗派的领头人并被原来所属的组织拒之门外，其实他们不过是想在内部做点好事而已。

耶稣死后多年，基督教（用上一个当时还未形成的名字）只是一个犹太教的小分支，在耶路撒冷、朱迪亚村、加利利村有为数不多的支持者，从未超出叙利亚省的范围。

就是盖厄斯·朱利厄斯·保罗，一个犹太血统的正式的罗马公民首先认识到把新教义向世界推广的可能性。他所遭受的磨难让我们看到犹太基督徒对一个世界性的宗教而不是纯粹的民族教派有多反感，这种民族宗教只能对本民族开放。他们恨这个既向犹太人又向非犹太人宣教的人，其仇视程度足以让保罗最后一次耶路撒冷之旅重蹈耶稣的覆辙，亏得他持有罗马护照，才把他从群情激愤的同胞手里解救出来。

但还是需要罗马军队的半个营护送他到那个海滨城市，从那儿走水路到罗马受审，这个著名的审判终究没有举行。

他死后几年，他生前最害怕也是他反复预言的事真的发生了。

耶路撒冷毁在罗马人手里。在耶和华圣殿的地基上建起了荣耀朱庇特的神庙，城市改名成埃利亚·卡匹托利纳，朱迪亚本身成为罗马的叙利亚·巴勒斯坦行省。原居民不是被杀就是被逐，不得在废墟的数英里范围内居住，违者格杀勿论。

他们的圣城万劫不复，对犹太基督徒来说是灭顶之灾。在随后的若干世纪，在内地的殖民地，也就是朱迪亚的小村子里，仍能看到一些奇怪的人称自己为"可怜人"，他们用极大的耐心和终日不绝的祈祷来等候近在眼前的世界末日，他们就是耶路撒冷的老犹太基督徒的残余。我们在五、六世纪的书籍中常能找到他们的身影。由于远离文明，他们形成了自己怪异的教义，对使徒保罗的痛恨占有显著地位。然而，这些所谓的拿撒勒派、伊便尼派在七世纪后消失得无影无踪，以胜利者姿态出现的伊斯兰教把他们斩草除根。不管怎么说，即便他们再存活几百年，也无法扭转这个必然的局面。

罗马帝国把东西南北的周边地区全部纳入一个巨大的政治联合体，已具备产生统一宗教的条件。基督教简单实用，充满直接吸引力，注定要脱颖而出，而犹太教、密特拉教则注定走向没落。可不幸的是，新信仰从未摆脱一些显然是违背初衷的不良特性。

把保罗和巴拿巴从亚洲带到欧洲的小船承载的是希望和仁慈。

但另一名乘客也偷偷溜上了船。

他戴着神圣和美德的面具。

面具之下却烙着残忍和仇恨。

他的名字就是宗教专制。

第四章　众神的隐没

早期教会是一个非常简单的组织。当一切迹象表明世界末日不是迫在眉睫,最后的审判日不会在耶稣死后接踵而至,基督徒在这尘世的"涕泣之谷"还会逗留相当长的时间,人们开始需要相对确定的管理模式。

起初,基督徒(都是犹太人)到犹太会堂聚会,随着犹太人和非犹太人之间产生摩擦,非犹太人便把某个人的家当作团契地点,如果信徒(和慕道者)太多坐不下,人们又挪到露天或废弃的采石场。

一开始,这些聚会都在安息日(星期六)举行,但犹太基督徒和非犹太基督徒的关系闹得很僵,后者干脆放弃星期六团契习俗,选择基督复活日即星期日聚会。

这些庄严的庆祝活动既见证了这场运动的通俗性,也见证了它的感情用事。没有固定的演说辞和布道,没有布道者。男人女人只要认为受到圣火的启示就可以站起来见证内心的信仰。有时候,如果我们真相信保罗信中的话,可以看出,这些"说他国话"的虔诚弟兄叫这位伟大的使徒对未来忧心忡忡。他们中大部分人是没受过教育的普通老百姓,没人怀疑他们即兴发挥的劝诫是否真诚,但往往他们过于激动,口气之激烈就像疯了似的。就算教会能经得起迫害,却经不起被人嘲笑。因此,保罗、彼得和后继者试图立下些许规矩,让这种精神宣教和神圣热情不要再陷入一片混乱。

起初,这种努力收效甚微,正常规划有悖于基督教信仰的民主本质,但后来人们有了实际考虑,团契逐步进入固定程式。

他们先朗读一段赞美诗(借以安抚在场的犹太基督徒),然后全体教徒针对罗马和希腊崇拜者唱新谱成的颂歌。

唯一指定的演讲形式是耶稣概括自己全部人生哲理的著名祈祷文,而布道在若干世纪里一直是自发的,只有那些觉得有话可说的人才向人们发表讲话。

但是当聚会越来越多,从来就对秘密社团保持警惕的警察也开始表示关注,这时就有必要选拔某些能代表基督徒跟外界交涉的人。保罗已经高度赞扬了这种天赋或领导才能。他把在亚洲、希腊拜访过的小社团比作在惊涛骇浪里颠簸的小舟,要想在怒海中生存,非常需要聪明能干的舵手。

于是,信徒们又一次集合起来,选出男女执事,就是那些愿做"同工"的虔诚男女,照顾病人和穷人(早期基督徒特别关心的对象),管理社团的财产,处理日常杂事。

再后来,教会的人数愈来愈多,管理愈来愈复杂,非专职人员已应付不下来,只得交托给一小群"长者",在希腊语中称 Presbyter(长老),到我们的话中就是 priest(神父)。

许多年后,当每个村庄或城市都有自己的基督教会后,人们开始需要一个共同政策。于是,选出来"监管人"(主教)管理整个地区并与罗马政府周旋。

很快,帝国的所有主要城镇都有了主教,安条克、君士坦丁堡、耶路撒冷、迦太基、罗马、亚历山大城、雅典的主教是出了名的有权势、有教养的人,几乎可以跟行省的最高文武官员平起平坐。

起初,在耶稣生活、受难、死亡的地方主持工作的主教肯定备受推崇,可是,等到耶路撒冷遭到毁灭,盼望世界末日到来、锡安山胜利的那一代人从地球表面消失以后,可怜的主教在邸宅的废墟上发现他已失去原先的名气。

他作为信徒领袖的位置很自然地被住在文明世界首都的"监管人"所取代,后者坐镇于西方伟大的使徒彼得和保罗殉道的地点——这就是罗马大主教。

这个主教像所有其他主教,被称为圣父,这是对神职人员的一种爱称和尊称。经过数世纪,圣父(Papa)这个头衔在人们脑海里逐步变成只是大都市教区主教的称号,当谈到 Papa 或 Pope 时,他们只指一个神父,罗马大主教,决不可能指君士坦丁堡或迦太基主教。这是顺理成章的事儿,我们在报上读到 President 时,无需加上"美国的",因为我们知道那是指我们的总统,而不是宾夕法尼亚铁路公司总裁、哈佛校长或国际联盟主席。

这个名字正式出现在文件里是公元 258 年。那时候,罗马城依然是盛极一时的帝国首都,主教的权力远不及皇帝的权力大。但随后经过三百年的内忧外患,恺撒的继承人开始寻求能提供更大安全的新家园。他们在帝国的另一处地方的一座城市里找到了,这座城市叫拜占庭,是以一个叫拜扎斯的神话英雄的名字命名的,据说这位英雄在特洛伊战争后不久就到了那里。城市坐落在把欧洲与亚洲割裂开来的海峡旁边,控制着黑海与地中海之间的商道,拥有几个重要的垄断行业,商业价值凸显,斯巴达和雅典就曾为争夺这个富庶的要塞火拼过。

然而,拜占庭在亚历山大时代之前一直是独立的,后来曾短时间地沦落为马其顿的属地,最后纳入罗马帝国的版图。

而现在,历经十个世纪的持续繁荣后,它的金角湾停满了来自上百个国家的船只,当之无愧地被选作帝国中心。

罗马城已是明日黄花,任凭西哥特人、汪达尔人和天知道还有哪些野蛮人的摆布。皇宫已荒置多年,政府部门一个接一个地搬到博斯普鲁斯海峡附近去了,城里居民被迫服从数千英里外颁布的法规,这对罗马城公民来说就像世界末日的到来。

在历史领域里,无论刮什么风总不会没有人占到便宜。皇帝没了,主教还在,成为城里最有权势的人物,成为辉煌帝位唯一看得见摸得着的继承人。

他们把新获得的独立性利用得精彩极了!因为这个位置的名气和影响力吸引了整个意大利最出色的头脑,他们都是精明的政治家。他们觉得自己是某种永恒思想的代表,因此气定神闲,像冰川一样缓缓流动,按兵不动、伺机行事,不像有些人,迫于眼前压力仓促做出决定,一失足成千古恨。

最重要的是,他们都是一心一意的人,坚定不移地朝一个目标前进。他们所做、所说、所思只受一个愿望引导,那就是荣耀上帝,加强代表世上神圣意志的组织的力量和权力。

他们的业绩如何,下面十个世纪的历史中能见分晓。

当洪水猛兽般的野蛮部落横扫欧洲大陆,当帝国的城墙一面接着一面地坍塌崩溃,当像巴比伦平原一样古老的上千学府机构如同没用的垃圾一样扫地出门,教会却岿然不动,成为岁月的中流砥柱,特别是中世纪的中流砥柱。

然而,最终的胜利是付出了可怕代价的。

从马厩开始的基督教却终结于宫殿。它本来是一种对政府组织的抗议,神父们作为神与人之间毛遂自荐的中介,坚持普通人必须无条件地服从。这个革命团体持续发展,在不到一百年的时间里形成一种新的超级神权统治,相比之下,古老的犹太国家反而成了温和而开明的国家,公民们幸福而无忧无虑。

不过,这也是合乎逻辑、不可避免的事,我马上说给你听。

大多数参观罗马的人都要到圆形剧场去朝圣,瞻仰在那风蚀雨打墙内的圣地,数千基督徒烈士作为罗马专制的牺牲者倒在那里。

可是,虽然在某些场合确实存有对新信仰教徒的迫害,但这些跟宗教上的不宽容关系不大。

纯粹是政治原因。

作为宗教派别的基督教享有最大程度的自由。

只是,假使基督徒宣称自己是自觉自愿的反对派,假使在国家面临外来侵略的威胁时吹嘘自己的反战立场,假使在任何场合都公然违抗国家法律,他们就会被当作国家的敌人来对待。

基督徒根据自己最神圣的信仰来采取行动,这不会给普通法官留下多少印象。当他试图解释自己的顾虑从何而来时,那位官员只会满脸狐疑,不明白他在说什么。

罗马法官也只是凡人而已。被叫来审判那些在他看来不过是拿不值一提的小事做文章的人,他真不知道该怎么做。长期积累的经验告诉他要远离所有神学争端,另外他还记得许多御旨,命令官吏在处理新宗教问题上要讲策略。于是,他真的在堂辩上讲策略。可是,当整个辩论归结到基本原则问题时,用逻辑手段已行不通。

最后,地方长官面临两种选择:一是放弃法律的尊严,二是坚持完全地、无条件地服从国家最高权力。但监狱和折磨对这些人毫无用处,他们坚信死后才是生命的开始,允许他们离开这邪恶世界去品尝天堂的快乐,他们只会欢呼雀跃。

因此,在当局和基督徒之间爆发了游击战争,漫长而痛苦。究竟有多少受害者,我们掌握的真实数字极少。根据三世纪著名神父奥利金①的记录(他的好几名亲戚在亚历山大城的一次迫害中丧生),"为信仰而死的真正基督徒是很容易计数出来的"。

另一方面,当我们追溯早期圣徒的生活,看到的是无止尽的流血

① 奥利金(Origen,185? —254?),古代基督教著名希腊神父之一,《圣经》学者。——译注

事件，真不知一个持续饱受谋害摧残的宗教如何能生存下来。

我无论拿出什么数据，都必然会有人把我唤作偏狭的撒谎者。因此我不置可否，让我的读者得出自己的结论。通过研究皇帝德西乌斯（249—251）、瓦莱里安（253—260）的生平，读者能够对迫害最严重时期的罗马不宽容程度形成相对准确的看法。

同样，读者如果想起像马可·奥勒留①（121—180）这样睿智而开明的统治者也承认无法妥善处理基督徒臣民，就会察觉罗马帝国偏远地区的无名小吏履行职责有多难，他们必须抉择要么不忠于职守，要么判处亲戚、邻居的死刑，因为这些人不能或不肯遵守帝国赖以自我保存的几条简单规定。

与此同时，基督徒可不受对异教同胞的虚伪情意牵绊，步步为营地扩展他们的影响。

四世纪后期，罗马元老院的基督徒议员抱怨在异教偶像的阴影里开会很伤他们的感情，在他们的请求下，格拉提安皇帝命人挪走胜利女神的雕像。这座雕像由尤利乌斯·恺撒所建，在大厅里已摆放四百多年。有几位议员抗议不该挪走，没用，只造成其中几个人被驱逐。

就在那时，享有很高声誉的热诚爱国者，昆图斯·奥勒留·西马库斯写下了他著名的信，提出了折衷意见。

"为什么，"他问道，"我们异教徒和我们的基督徒邻居要势同水火？我们仰望同一片天上的星星，都是这个星球的匆匆过客，居住在同一个苍穹下。每个人都在努力寻找终极真理，走哪条路去寻找真有那么重要吗？生存之谜太玄妙了，不应该只有一条路通向正确答案。"

---

① 马可·奥勒留（Marcus Aurelius），罗马皇帝，新斯多葛派哲学的主要代表，著有《沉思录》12 篇。——译注

并非只有他一个人有如此感受并看到对罗马宽松的宗教政策传统构成的威胁。移走胜利女神的同时,在拜占庭避难的两大对立的基督教阵营爆发激烈的争吵。这场争论引发世上最充满智慧的有关宽容的讨论。哲学家兼作家忒弥斯修斯继续对祖先的神保持忠诚,但当瓦林斯皇帝在正宗和不正宗的基督教臣民之争中有所偏袒时,忒弥斯修斯觉得有必要提醒瓦林斯真正的职责所在。

"有一片天,"他如是说,"没有统治者希望能发号施令,那就是美德这片天,特别是个人信仰这片天。强制手段在这个领域只会造成虚伪和假惺惺的皈依。只有宽容能够避免民事冲突发生,所以统治者最好容忍所有信仰。再说,宽容是神的旨意。上帝已经表明希望有许多不同的宗教,人类为理解神圣奥秘而受到启示的方式,只有上帝才能裁判。上帝喜欢多样化的表示敬意的方式,他喜欢基督徒采用某种仪式,希腊人用另一种,而埃及人又有所不同。"

说得真好,可惜没用。

古代世界已随同它的思想、理想一起烟飞灰灭,任何让历史倒流的努力事先就注定成功不了。生活意味着进步,进步意味着磨难。社会的古老体制迅速分崩离析,军队只是一群图谋不轨的外国雇佣兵暴徒,边界公开叛乱的硝烟四起,英格兰和其他边远地区早已落入野蛮人手里。

在灭顶之灾到来后,以前若干世纪都是担任公职的那般青年才俊发现被剥夺了一切飞黄腾达的机会,只除了一个——教会工作。当上西班牙基督教大主教,他们有指望行使过去曾是总督的权力;当上基督教作家,假如他们愿意毕生专门研究神学问题,肯定会赢得大批读者;当上基督教外交使者,假如他们愿意在君士坦丁堡宫廷上代表罗马大主教,或者接下危险的活儿,到高卢、斯堪的纳维亚腹地去争取野蛮酋长的好感,那笃定能得到快速提升;最后,当上基督教会财务总管,在打理飞速增长的财产过程中,他们准能敛财致富,而这些财产已使得拉特兰宫①的主人成为意大利最大的土地拥有者和那个时代最富有的人。

在过去五年里,我们见过同样性质的事情发生。一直到1914年为止,欧洲雄心勃勃而又不靠体力吃饭的年轻人几乎都步入仕途,成为不同帝国、王国军队的陆军、海军军官,跻身于高等司法部门,管理财务或在殖民地多年担任总督或军事领导。他们不指望一夜暴富,但官职的名气大,凭借些许智慧、勤奋、诚实,他们能过上好日子并在功成身退后安享晚年。

这时,战争开始了,把社会结构上的封建残余涤荡干净。底层阶级夺取了政权,少数老官吏年纪太大,无法改变终生养成的习惯,把勋章典当出去,离开了人世。但绝大多数都随波逐流。他们从孩提起受到的教育都是把从商看作等而下之的职业,不值一提。也许从商是不体面,但如今他们不得不在坐办公室和住破房子之间进行选择,为信念而忍饥挨饿的人毕竟总是不多。因此,动乱发生几年后,我们看到大多数原来的文武官员都在做十年前不屑一顾的工作,而且还做得不亦乐乎。另外,由于大多数人的家庭具有数代行政管理经验,善于驾驭他人,他们发现自己可以在新职业里相对游刃有余,反而比过去活得更幸福,并且绝对更阔气。

今天的生意场就是十六世纪前的教会。

那些年轻人的祖先可追溯到赫拉克勒斯或罗穆卢斯②或特洛伊战争的英雄们,要他们听命于一个奴隶的后代、朴素的神父,确也不太容易,但这个奴隶的后代、朴素的神父有赫拉克勒斯、罗穆卢斯和特洛伊战争英雄的年轻后代们所需要的,而且是十分渴望的。因此,

---

① 拉特兰宫(Lateran Palace),公元四世纪到1309年之间教皇的宫邸。——编注
② 罗穆卢斯(Romulus)与孪生兄弟瑞摩斯(Remus)是罗马神话中罗马市的奠基人。——译注

如果双方都很聪明（很可能如此），他们很快就会惺惺相惜，相处甚欢。这是由于历史又有一条奇怪的规律，表面上改变得越多，本质就越是相同。

自古以来，似乎不可避免的是，总有一小群聪明男女是统治者，一大群不太聪明的男女是服从者。两方的股本在不同的时期冠以不同的名称。一边代表力量和统治，另一边代表柔弱和屈从。它们叫帝国、教会、骑士、君王、民主、奴隶、农奴和无产阶级。但是，人类发展中这个神秘的法则因为不受时间、地域的限制，在莫斯科与在伦敦、马德里或华盛顿发挥的作用没有两样，并常常乔装打扮成陌生的模样。它不止一次披着不起眼的外套，朗朗声明对人类的爱，对上帝的献身以及为多数人谋取最大利益的谦卑愿望。在这赏心悦目的外表下隐藏过并继续隐藏着那严酷真实的原始法则——人的第一天职就是活着。讨厌说我们生在哺乳动物世界中的人听到此言一定义愤填膺，他们会叫我们"物质主义者"、"玩世不恭者"等等。他们总把历史当作愉快的童话，所以当发现这也是一门科学时就别提有多震惊，震惊于这门科学也得服从同样的、支配全宇宙的铁律。他们还不如跟平行线法则或乘法口诀表去较劲呢。

就个人而言，我建议他们接受不可避免的规律。

只有那样，历史才会在某天变成对人类有实用价值的东西，不再是帮凶和同伙，专门帮助那些从种族歧视、部落偏执和大多数同胞的无知中获利的人。

假如有人怀疑这句话的真实性，那就到我前儿页提到的那些世纪的编年史上去寻找证据吧。

他最好再研究一下头四个世纪教会的伟大领袖的生平。

他们几乎无一例外来自古老的异教社会阶层，在希腊哲学家学校受过训，只是在后来要选择职业时才随大流进入教会。当然，其中有些人的确被新思想所吸引，全心全意地接受基督的教诲，但大多数人背离世俗的大师而投靠天国之王，是因为后者提供向上爬的机会大多了。

教会从自己的角度始终是明智而善解人意的，不太追究那些让它的新信徒突然投靠过来的动机，并且，它还小心谨慎地去迎合所有人的口味：向往实际世俗生活的人能得到机会到政治、经济领域去求发展；另一种气质的人，也就是对信仰很有感情的人，尽可能让他们有机会避开喧嚣的城市，能够安静地沉思冥想生存的邪恶，从而在某种程度上实现个人成圣的目标，这在他们看来是灵魂永久幸福的必要条件。

起初，过这种奉献和冥想的生活还是很容易的。

头几个世纪里，教会只是底层人中一条松弛的精神纽带，这些人跟豪宅里的权贵不沾边儿。可等到教会接替帝国做了世界统治者，成为强大的政治组织，在意大利、法国、非洲拥有巨大的房地产时，隐居生活的机会就不多了。许多虔诚的男女开始追忆"美好的往昔"，那时候，真正的基督徒把毕生精力都花在慈善和祈祷上。要想重新获得这种幸福，就得把以前自然生成的氛围人为地重新营造出来。

这种为隐修院的生活方式而发起的运动对下一个千年的政治、经济发展产生了巨大影响，为教会提供了具有献身精神的、有用的突击部队，用于与东方异教徒和持异端者的战争中。

这一点不应令我们奇怪。

位于地中海东岸的国家里，其文明已经非常非常地古老，人类已筋疲力尽。单是在埃及，自从第一批定居者占领尼罗河谷以来，就有十个不同的文明形态在此兴衰更替；底格里斯河和幼发拉底河之间的肥沃平原也好不到哪里去。生活的虚无、人类努力的徒劳在上千座逝去的庙堂宫殿的废墟上历历在目。年轻的欧洲人可以把基督教当作生活的美好前景来接纳，这对他们新近获得的精力和热情具有持续的感染力，但埃及人和叙利亚人对待宗教体验却别有一番滋味。

对他们来说,美好前景应该是从生存的诅咒中解脱出来。在对快乐死亡的盼望中,他们可以逃离记忆中的藏骸所,可以逃到沙漠,独自与痛苦和上帝相伴,不再关心现实的存在。

出于一些奇怪的原因,改革总是对军人特别有吸引力。相比其他人,他们直接接触到文明的残酷和恐怖。再者,他们知道没有纪律就会一事无成。为教会而战的最伟大的现代武士曾是查理五世皇帝军队里的上尉。把精神上的散兵游勇组成独立组织的那个人是君士坦丁皇帝军队的一名士兵,他的名字叫帕科米乌斯,是埃及人。他的服役结束后,参加了一个由某安东尼领导的隐士小团体,这个安东尼是他的同胞,他们一起离开城市,过着与沙漠豺狼共舞的平静生活。然而,孤独的生活会以各种方式摧残心灵,造成某种令人遗憾的过分热诚的虔敬表现,有人会在一根旧柱子顶部盘桓数日,有人则在废弃的坟墓深处栖息(令异教徒大笑不已,而真正的信徒则深感悲哀)。鉴于此,帕科米乌斯决定把这项运动纳入更实际的轨道,他就这样成了第一个修道会的创始人。从那天起(四世纪中期),隐士以小团体的形式住在一起,听从一个被称为“修道会长”的指挥官的命令,这个人任命修道院院长来负责不同的修道院,使这些地方成为上帝的众多堡垒。

在帕科米乌斯 346 年去世之前,他的修道院理论被亚历山大城主教亚塔纳修从埃及带到罗马,成千上万的人借助这个机会逃离世界,逃离世上的邪恶,逃离那些逼人太甚的讨债者。

不过,欧洲的气候和人的天性使得创始人原来的计划必须稍作修改。在大冬天过着饥寒交迫的日子可不是像在尼罗河谷那么轻松的事儿。再说,头脑实际的西方人对东方神圣思想似乎包含的展示肮脏邋遢的做法非常看不惯,更别说能得到什么启迪了。

意大利人和法国人是这样扪心自问的:“早期教会着重强调的那些善行究竟能有什么结果?一小撮身体羸弱的狂热分子住在千里之

外潮湿的山洞里,克己禁欲,这又能给孤儿寡妇和病患者带来什么好处?"

于是,西式头脑坚持对修道院制度进行修改,使之更加合乎常理,这项改革的功劳应归属于亚平宁山一个土生土长的努西亚城人,他的名字叫本尼狄克,一致被人称为圣本笃。他父母把他送到罗马去求学,但这个城市叫他这颗基督徒的心感到震惊,他逃到阿布鲁齐山的苏比亚科村,逃到一座遗弃的尼禄皇帝的行宫废墟里。

他孑然一身,一住就是三年。后来,有关他大德行的名声传到了三乡四邻,愿意到他身边来的人数急剧增长,他很快就能招募到足以建起一打正规修道院的人。

于是,他从隐居的密室里钻出来,为修道院制度撰写法规。首先,他拟定了一部章程,章程的每个细节都渗透着本尼狄克的罗马传统。发誓遵守他规定的修士不能指望过上无所事事的生活,除了祈祷和沉思外,其余时间都必须到田里做工。如果因年迈而干不动农活的,必须教年轻人如何成为好基督徒和有用的公民——这项职责他们做得成绩斐然,以至于本笃会修道院垄断教育近一千年,在中世纪的大半时期里,得以培训大多数有特殊才能的年轻人。

作为酬劳,修士们能得到体面的服饰、充足的食物和一张床,每天不工作、不祈祷的那两三个小时可用来睡觉。

从历史角度看,更重要的是修士们不再只是逃避尘世、仅仅有义务为个人死后灵魂做准备的非专业人士,他们成了上帝的仆人,要经过长期痛苦的试用期才有资格获取这个职位。更有甚者,人们希望他们在传播天国的威力和荣耀过程中发挥直接而积极的作用。

在欧洲异教徒中进行的初期传教工作已经完毕。为了不让使徒们做的好事付诸东流,个人的传教工作是不够的,需要定居者和管理者有组织地努力跟上。现在终于有修士们把铁锹、斧子和祈祷书带到德国、斯堪的纳维亚、俄国和遥远冰岛的荒野,耕耘、收获、宣教、办学,把人们仅仅有所耳闻的初级文明种子播到那些遥远的国土上。

教皇,整个教会的执行官,就这样把多方面的人类精神力量发挥到淋漓尽致。

梦想者在那寂静的森林里寻到了自己的幸福,有实际工作能力的人也同样找到了用武之地。人尽其才,没有浪费。所产生的巨大影响力就连皇帝、国王在自己统治的国土上也不敢小视,不得不屈尊聆听那些自称为基督信徒的臣民的意愿。

研究一下取得最后胜利的方式是一件饶有兴趣的事。因为这显示了基督教的胜利来自于注重实际的目标,而不是(像有人所相信的那样)来自于突然勃发的宗教热情。

最后一次大规模的对基督徒的迫害发生在罗马皇帝戴克里先统治时期。

奇怪的是,在借助保镖统治欧洲的君王中,戴克里先还不是最差的。他所受的责难是——唉,在那些肩负统治人类使命的人当中这也是司空见惯:他对基本经济规律一窍不通。

他发现自己拥有的是一个迅速解体的帝国,过了一辈子戎马生活的他认为,罗马帝国的软肋就是它的军事体制的组织工作,边防交给殖民地的守军负责,而这些人早已失去战斗力,变成喜欢安逸的乡巴佬,照理应该把野蛮人挡在前线安全距离之外,但他们却把包菜、胡萝卜卖给那些人。

戴克里先无法改变这个古老的制度,于是,他决定建立一支新野战军米摆脱困境,这支军队由灵活机敏的年轻人组成,命令下达几星期内就能奔赴帝国任何一个受到侵略威胁的地区。

这个主意棒极了,但正如任何精彩的军事思想一样,耗资巨大。这笔军费只能以税收形式加在国内人民的头上,可想而知,引起一片强烈抗议,人们声称再多付一个银币就要破产。皇帝回答说他们弄错了,并授予税收官只有刽子手才有的权力,但仍旧无济于事,因为他的臣民不想在正常职业辛苦劳作一年后还亏损,纷纷抛弃家园、牲口,涌入城市成为无业游民。鉴于此,皇帝一不做二不休,索性大笔一挥,下一道御旨来解燃眉之急,把所有官职、所有手艺、商业都世袭化。也就是说,官员的子孙无论自己喜欢不喜欢,都必须承继父辈的官职;面包师的儿孙尽管有音乐天赋或做典当业的才能,也只能做面包师;水手的孩子哪怕划船过台伯河都晕船,也注定只能一辈子做水手;最后,劳工虽然名义上是自由民,但生生死死都不得离开他们的出生地,从此也就跟普通奴隶无异。这道旨令表明,古罗马共和国已完全蜕变成东方专制国家。

如此极端相信自己能力的统治者,看到一个少数人群体对他的法规只捡自己喜欢的去遵守,要指望他会容忍这个群体继续存在那才叫见鬼了。但在指责戴克里先对基督徒不仁不义时,我们不要忘了他是没有退路可言,他有充分理由怀疑数百万人对帝国不忠,这些人受益于他的保护措施,却不愿承担他们分内的责任。

别忘了早期基督徒没有费心去做文字记录,他们认为世界随时会烟飞灰灭,干吗要浪费时间金钱去写说不定不到十年就会被天堂之火吞噬的东西? 但是,当天堂没有降临人间,当基督的生平(经过一百年的耐心等待)被人添油加醋已快面目全非,一个真正的信徒都不知道该信什么时,人们觉得需要一本书真实地阐述这个教义,并附上一些简短的耶稣生平记载和保存下来的使徒的亲笔信,合成一卷名叫《新约》的书。

这本书中有一章叫"启示录",其中某些引述和预言涉及到一个建立在"七座山"上的城市。众所周知,罗马城自罗穆卢斯以来就是建立在七座山上。这个奇特章节的无名作家确实巧妙地称那座他厌恶的城市为巴比伦,不过,帝国的官员们不必绞尽脑汁就能读懂书中有趣的说法如"娼妓之母"、"世界之恶"的含义。书中还称这座城市饱浸圣人和烈士的鲜血,注定是魔鬼的栖息地,所有恶灵的住所,所有肮脏、令人厌恶的禽鸟的笼子,诸如此类贬损的表述充斥其中。

这些文字可理解为一个狂热分子的谵语,当他想到许多朋友在过去五十年间惨遭杀害,怜悯和愤怒冲昏了他的头脑。但这些文字却成了教会仪式的一部分,在基督徒集会的地方日复一日地重复着,难怪外人会认为这是所有基督徒对台伯河上那座伟大城市的共同心态。我不是说基督徒没有十足的理由这样做,但我们也不能责怪戴克里先实在难以分享基督徒的热情。

但还不仅仅如此。

罗马人开始越来越熟悉整个世界以前还闻所未闻的一个称呼,这就是"异教徒"。"异教徒"这个名称原来指那些"选择"信仰某种教义的人,或像我们所说的,一个"宗派"。但渐渐地,其含义缩小到指选择相信某种不"正确"、不"健康"、不"真实"、不"正宗"的教义——在正规成立的教会权威眼里。因此,拿使徒们的话来说,他们是"持异端的、不健康的、虚假的、永远错误的"。

少数几个坚持古老信仰的罗马人名义上免遭异端罪名的责难,那是因为他们避开基督教会,严格地说,他们的个人观点不足为论。但当读到《新约》中的某些片段,皇帝的威严照旧受到打击——"异端学说是可怕的恶魔,就像通奸、不洁、淫荡、偶像崇拜、巫术、愤怒、倾轧、谋杀、反叛和酗酒一样可恶",诸如此类不雅的字眼我在这一页上就不一一重复。

所有这些导致摩擦和误解,摩擦和误解导致迫害产生,罗马监狱又一次塞满了基督徒囚徒,罗马刽子手的纪录中又添加了不少基督徒烈士。血流成河,却无济于事,最后,戴克里先彻底绝望了,干脆回到达尔马提亚海滨的家乡萨洛马城,辞去统治权,一心一意地在后院种起特大包菜,这个消遣甚至更加刺激,令他乐此不疲。

继任者没有继续执行镇压政策,既然靠武力无法根除邪恶的基督教,他决定在这桩糟糕透顶的交易中获取最大利益,给敌人一些优惠政策以取得他们的好感。

这是 313 年发生的事，第一个正式"承认"基督教会的殊荣就落在一个叫君士坦丁的人头上。

有朝一日，我们会有一个国际历史修编委员会，所有带有"大"字头衔的皇帝、国王、教皇、总统、市长都得在委员会面前申请这个特殊称号，站在这个法庭前面的候选人中有一个我们需要特别注意，那就是上面提到的君士坦丁大帝。

这个野蛮的塞尔维亚人在欧洲每一个战场上挥矛驰骋，从英格兰的约克杀到博斯普鲁斯海峡沿岸的拜占庭，别的且不说，他杀了自己的妻子、姊妹的丈夫、自己的侄儿（七岁的孩子），还有其他地位稍低的亲属。但尽管如此，他在进攻最危险的敌人马克森提之前突然露怯，贸然决定争取基督徒的支持，就因为此，他被冠以"摩西第二"的美名，最后被亚美尼亚、俄国教会奉为圣人。至于他是一个彻头彻尾的野蛮人，只是表面接受基督教，临死还想从冒热气的祭羊内脏解读未来，这些都忽略不计了，只因为他下了一道著名的宽容令，向他心爱的基督徒臣民保证，他们有权"自由表达个人见解，不受干扰地在聚会点集会"。

四世纪上半叶的教会领袖就像我上面反复提到的，都是务实的政治家，当他们终于迫使皇帝签署了这条值得纪念的法令后，就把基督教从名不见经传的教派提升到正式国教的地位。但他们心里知道这是怎么得来的，君士坦丁的后继者也清楚这点，虽然他们极力用洋洋洒洒的华丽辞藻来掩盖，但这个安排始终没有完全脱去最初的性质。

* * * * * *

"救救我，威力无比的统治者，"皇帝狄奥多西①的牧首内斯特叫道，"让我战胜教会的所有敌人，我会给你天堂作为酬谢。支持我去打倒反对我们教义的人，我们也会支持你打倒你的敌人。"

在随后的两千年里还有其他此类交易。

但没有几个如此赤裸裸的，基督教由此而登上权力的高峰。

---

① 狄奥多西（Theodosius, 346？—395），罗马帝国皇帝，在位时镇压人民起义，立基督教为罗马帝国国教（392），迫害异教徒，毁坏异教神庙。——译注

第五章 禁锢

在古代世界的帷幕落下之前,有个人物出现在历史舞台上,其实此人不应该英年早逝,不应该冠以难听的"叛教者"的称号。

我指的是尤里安皇帝,君士坦丁大帝的侄儿,331 年出生在帝国的新都。337 年,他著名的叔叔去世了,叔叔的三个儿子立刻像饿狼一般投入血雨腥风的帝位争夺战中。

唯恐有人得渔翁之利,他们命令杀掉所有住在城里和附近的亲属,尤里安的父亲就在死难者之列。母亲在他出生后几年就撒手人寰,六岁的他就这样成了孤儿。一个病恹恹的同父异母的哥哥跟他相依为命,相伴读书。学的课程都是有关基督教信仰的好处,由一个善良但乏味的老主教优西比乌斯教他们。

等孩子大一点,大家认为最好把他们送到远一点的地方,不太引人注目,说不定能逃脱拜占庭小王子通常的厄运。他们搬到小亚细亚内地的一个小村庄。生活很单调,但尤里安得到机会学到很多有用的东西,因为他的邻居卡帕多西亚山民很淳朴,依然信仰祖先的神。

掌权的机会根本不可能,所以,当他要求研究学问时,没人制止。

他先去了尼科美底亚,是剩下不多的几个还在教古希腊哲学的地方。

在那里,他脑子里塞满了文学和科学,优西比乌斯教的东西早就给抛到九霄云外。

接着,他获准去了雅典,那是纪念苏格拉底、柏拉图、亚里士多德的圣地。

这时候,他的同父异母的哥哥也惨遭毒手,他的叔伯兄弟,君士坦丁大帝唯一幸存的儿子——君士坦提乌斯发现皇族就剩下自己和这个少年哲学家两名男丁,便召他回来,善待他,在心境好的时候把妹妹海伦娜嫁给他,派他到高卢抵御野蛮人入侵。

尤里安似乎从希腊教师那里学到了比辩才更实用的东西。375年,阿勒曼尼人威胁法兰西,他在斯特拉斯堡摧毁了他们的军队,另外还把他的省份扩大到默兹河与莱茵河之间的土地。他搬到巴黎居住,图书馆里塞满了新近得来的心爱作家的书,即便以他严肃的天性也难免喜形于色了。

胜利的消息传到皇帝的耳朵里,却没有点燃庆祝的火焰,相反,一场阴谋正在酝酿之中,必须除掉这个成功得有点离谱的竞争对手。

但尤里安在军队里很受欢迎,当士兵听说要把他们的总司令召唤回去(委婉地邀请你回去掉脑袋),他们冲进他的宫殿,当场宣布他为皇帝,还威胁说如果不接受就干掉他。

尤里安一点不糊涂,恭敬不如从命。

即使已是在帝国的晚期,罗马的路况大概仍旧保存完好,尤里安能够以打破纪录的速度带领他的军队从法国中部冲向博斯普鲁斯海湾,还未到京城就听说堂兄君士坦提乌斯已过世。

就这样,异教徒又一次成为西方世界的统治者。

当然,尤里安要做的事根本不可能成功。奇怪的是,这么一个聪明人竟然会产生可以用武力复古的印象,竟然以为重建一个雅典卫城的摹本,让废弃学园的果园中住满教授,让他们身着过去的宽袍用失传五百多年的语言交谈,就可以再现伯里克利时代。

这偏偏就是尤里安想做的。

在他短暂的两年执政期里,他把所有心血都花在重建古代科学上,而这种学问已为当时绝大多数人所不齿。他还呕心沥血地想重新点燃探索精神,殊不知那已是文盲修士一统天下的世界,这些人确信唯一值得了解的都只记录在一本书里,独立研究和调查只会产生对信仰的背叛及地狱之火。他还想竭力激发那些活力和热情都形同幽灵的人学会享受生活的乐趣。

许多比他更顽强的人面对他这种四面楚歌的境地多半会疯掉和绝望,而尤里安简直就要崩溃了。至少在短时间内,他没有放弃伟大祖先的开明原则。安条克的基督徒暴民会用石头泥块掷他,但他不愿惩罚该城;不明事理的修士想激怒他开创新一轮迫害浪潮,但皇帝始终告诫自己的官员"不要制造任何烈士"。

363 年,波斯人的一支箭大发慈悲,结束了这桩奇怪的事业。

对这个最后的伟大异教徒君主来说,这是最好的结局。

如果活得再长一点,说不定他那份宽容心和对愚蠢的憎恶会把他变成那个时代最不宽容的人。而现在,在医院的病床上,他可以安心地回味在他统治时期,没有一个人死于执不同见解。面对这么一个博爱的胸怀,他的基督徒臣民却报以无穷尽的仇恨。他们吹嘘那支箭是他自己的士兵(基督徒军团战士)射出来杀死了皇帝,他们以难得的精心构思撰写了一篇歌颂杀手的颂词。据他们说,就在尤里安倒下之前,他忏悔了自己的错误,承认了基督的权柄。他们用尽四世纪丰富的污辱性词库里的恶言恶语,极力诋毁这个过着苦行僧般简单生活的人,这个一生致力于让他的子民幸福的人。

等到他被抬进坟墓后,基督教主教终于觉得自己是帝国真正的统治者,便立刻开始清算反对他们权威的势力,欧洲、亚洲、非洲任何闭塞的角落都不放过。

从 364 年到 378 年在瓦伦提尼安和瓦伦斯两兄弟执政期间,通过了一项法令,禁止所有罗马人向古代的神献祭。异教祭司失去了收入来源,只得另谋生路。

这些规定相对来说还是温和的,狄奥多西就不同了,他命令臣民不仅要接受基督教教义,而且只能接受"统一的"或"天主教的"教规,他本人就是天主教的庇护人,天主教将主宰精神领域的所有事务。

法令颁布后,那些坚持"错误观点"的人,那些执着于"疯狂的异端思想"的人,那些对"可耻教义"保持忠诚的人将为他们恣意妄为的抗拒付出代价——不是被驱逐就是被判死刑。

从那时起,古代世界迅速遭到在劫难逃的厄运。在意大利、高卢、西班牙、英格兰,异教神庙所剩无几。它们被工程承包人拆毁,砖石用来建新的桥梁、街道、城墙、水利工程;或者,神庙被改建成基督徒的会所。自罗马共和国建国以来成千上万座金银塑像全部搜刮干净,不是被没收,就是被盗,剩下的雕像也被捣成齑粉。

亚历山大城的塞拉皮斯神庙六个多世纪以来一直是希腊人、罗马人、埃及人朝圣的地方,现在也夷为平地。那里还有大学,由亚历山大大帝创建后一直闻名于世。大学里还在教授古老的哲学,吸引了来自地中海的大批学生。亚历山大城的主教没有下令关闭它,但他教区的修士决定自行其是,他们冲进教室,把最后一位柏拉图派伟大教师西帕蒂亚①凌迟处死,把她破碎的身体扔到大街上喂狗。

在罗马,情况也好不到哪里去。

朱庇特神庙被关闭,古罗马信仰的基础——西卜林书遭到焚烧,朱庇特神庙化为一片废墟。

---

① 西帕蒂亚(Hypatia,370—415),亚历山大城女数学家、天文学家、新柏拉图主义哲学学派领袖,以学问、口才、美貌著称。——译注

在高卢,在著名的图尔①主教的领导下,古代的神被宣布为基督教魔鬼的前身,因此,下令要让供奉他们的神庙全部从地面上消失。

有时候会发生这种情况,在偏僻的农村,农民们会蜂拥而至去保护他们心爱的神庙,

如果发生此事,军队就会出动,用行刑斧和绞架来平息这种"撒旦的暴乱"。

在希腊,破坏工作进展较为缓慢。但终于在 394 年,奥林匹克运动会被废除。当这项希腊国民生活的中心活动(不间断地持续了1170 年)停止后,后面的事就好办多了。哲学家一个接一个地被驱逐出境,后来,在查士丁尼皇帝的命令下,雅典的大学被关闭,继续办学的经费被没收,剩下最后七名教授生活没有着落,只得逃往波斯,波斯国王科斯罗埃斯友善地收留了他们,允许他们把余生平静地花在玩一种新型而神秘的印度游戏"象棋"上。

在五世纪上半叶,克里索斯托大主教可以毫不讳言地宣称,古代作家、哲学家的著作已从地面上消失。西塞罗、苏格拉底、维吉尔、荷马(更不用说所有好基督徒憎恨的对象——数学家、天文学家、物理学家了)在成千上万的阁楼、地窖里湮灭,要等六百年后才能重见天日。而在其间这段时期,世界只能靠神学家施舍给它的一点文史资料聊以充饥。

奇怪的食谱,而且是不均衡的食谱(用医学行话来表达)。

尽管教会战胜了其异教敌人,但仍然受到许多严重忧患的困扰。高卢和卢西塔尼亚的可怜农民嚷嚷着要烧香敬拜祖上的神,叫他闭嘴不难,他是异教徒,法律站在基督徒这一边。但另一些人就不同了,像东哥特人、阿莱曼人或伦巴族人,他们宣称亚历山大城的教士阿里乌斯有关基督本性的观点是对的,同城的主教、阿里乌斯的劲敌

---

① 图尔(Tours),法国西部城市。——译注

亚大纳西的观点是错的（或反之亦然）；伦巴族人或法兰克人坚定地认为基督不是跟上帝"本质相同"，而是"本质相似"（或反之亦然）；汪达尔人或撒克逊人则坚持认为，内斯特称童贞女玛丽为"基督之母"而不是"神之母"（或反之亦然）是对的；勃艮第人或弗里斯兰人否认基督有两种天性，一为人性，一为神性（或反之亦然）——所有这些已接受基督教的一意孤行却又全副武装的野蛮人尽管犯了不幸的错误，但毫不含糊地支持教会。可不能用通用的谴责惩罚他们或用永恒的地狱之火去吓唬他们，得温言软语地劝他们认错，仁慈地表达出爱和奉献精神以便把他们收进栏中。但当务之急是要给他们一个明确的纲领，这样，他们现在和将来都不会搞错什么是真理，什么是谬误。

在所有与信仰有关的事务上，人们需要团结一致，这就产生了著名的会议，称为大公会议。从四世纪中叶开始不定期地聚会，决定哪条教义是对的，哪条教义包含异端萌芽，必须宣判为错误的、不健康的、谬误的和异端邪说的。

第一届大公会议于 325 年在尼西亚城举行，距离特洛伊遗址不远；五十六年后，第二届会议在君士坦丁堡举行；431 年，第三届会议在以弗所举行。后来，该会议在加尔西顿频繁开了好几次，又在君士坦丁堡举行过两次，尼西亚一次，最后又一次在 869 年回到君士坦丁堡。

这以后，会议在罗马或教皇指定的某个西欧城市召开，自四世纪以来，普遍认为虽说皇帝名义上有权召集此类会议（这一特权的附加责任是给他忠实的主教报销差旅费），但强大的罗马主教的意见决不能等闲视之。虽然我们不知道谁在尼西亚做主持，但后来的会议全由教皇主导，圣会上做的决定没得到教皇本人或他的代表许可，则被认为可以不执行。

于是，我们现在可以告别君士坦丁堡，到更加惬意的西方地区去。

一些人把宽容当作人类至臻美德,而另一些人则把宽容斥为道德软弱之表现,双方在宽容不宽容问题上反反复复争战不休,我不必再对其理论方面加以过多关注。然而不得不承认,教会的支持者在解释缘何残酷惩治所有异教徒时,似乎真能自圆其说。他们是这样说的:"教会跟其他任何组织一样,几乎就像是一个村庄、部落或要塞,必须有总指挥官、有一套固定的法规和细则,宣誓忠于教会的人员都必须遵守。谁若是办不到,只能是自食恶果,被淘汰出局。"

到目前为止,这一切都千真万确、合情合理。

今天,假如一位部长觉得浸礼会的信条难以信服,他可以投靠循道宗;假如他不再相信循道宗制定的教规,他可以成为一神论派,或天主教徒或犹太教徒,甚至印度教徒或穆斯林也无妨。世界很大,大门是敞开的,除了饿肚子的家人,没人会对他说"不"。

但这是轮船、火车和经济机会无穷无尽的时代。

五世纪的世界可没那么简单,要想找一处罗马大主教够不着的地方着实很难。当然,你可以去波斯或去印度,正如许多异教徒所做的那样,但旅途漫长,生还的希望渺茫,就像本人和子孙后代遭到永久放逐一样。

最后,如果一个人实心实意地认为他对基督的看法是对的,说服教会对其教义稍作修改只是一个时间问题,他又为什么要放弃自由信仰的权利呢?

这才是整件事的关键所在。

早期基督徒,无论是虔诚的还是异端的,要解决的问题都只有相对价值,而不是绝对价值。

一群数学家相互把对方送上绞架仅仅因为他们无法在"x"的绝对值上取得一致,这跟济济一堂的博学高深的神学家相比不算荒唐,后者试图规范无法规范的定义,并努力把上帝的实质公式化。

这种自以为是、专横跋扈的态度把持着这个世界，直到最近才有所改变。在此之前，任何人如果基于"我们不可能知道谁对谁错"的想法而提倡宽容的话，实际上是冒着生命危险，通常只能用措辞谨慎的拉丁语表达自己的忠告，最多只有少数一两个聪明绝顶的人知道是怎么回事。

第六章　生活的纯洁

一个小小的数学题,放在历史书里也没什么不适当。

拿出一截绳子,绕一个圈,就像:

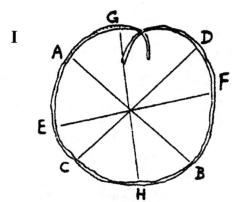

在这个圆圈里,所有直径当然是等长的。

AB = CD = EF = GH,依此类推,以至无穷。

但稍稍拉长两头,圆圈就变成椭圆形,完美的平衡立刻给打破了,直径长度乱了套,像 AB、EF 这样的直径大大缩短,其他的,尤其是 CD 则加长了。

现在把这道数学题搬到历史中去。为了便于论证,我们最好还是假设:

AB 代表政治

CD 代表贸易

EF 代表艺术

GH 代表军事

图 I 是一个完美均衡的国家,所有线条长度相等,对贸易、艺术和军事的关注跟对政治的关注一样。

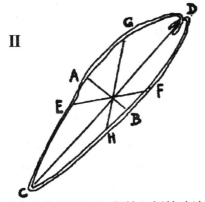

图 II(已不是完满的圆圈)里,贸易以牺牲政治为代价占据过大的优势,艺术几乎完全消失了,军事开始呈增长之势。

如果把 GH(军事)线拉长到极限,其他直径都有可能消失。

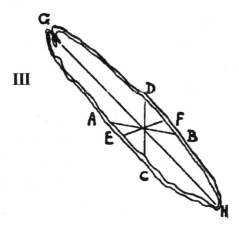

你会发现这是解决许多历史问题的万能钥匙。

把它用于希腊人试试看。

在不长的一段时间内，希腊人保持着全面发展的完美圆圈。但是，不同政党之间愚蠢的争吵很快发展到这种程度：国民剩余精力全用于无休止的内战，军队不再用来抵御外来侵略，他们掉转武器攻击自己的邻居，仅仅因为后者投票支持另一个候选人，或者相信税收制度应稍作调整。

这种圆圈中最重要的直径——贸易首先出现困难，继而变得几乎不可能，最后逃到业务量更稳定的其他地区去了。

贫穷迈进前门，艺术就从后门逃之夭夭。资本搭上方圆百里能找到的最快的船一去不复返。由于学术研究是非常昂贵的奢侈品，好学校难以为继，出色的教授纷纷出走罗马和亚历山大城。

剩下的是一群二流公民，靠传统和一成不变的程式生活。

发生这种事是因为政治线超长延伸，完美平衡被打破，其他线条如艺术、科学、哲学等等，都缩小到几乎没有。

如果你用圆圈来表述罗马情况的话，你会发现一条叫"政治权力"的特殊线，这条线越来越长，直到其他线消失为止。那个表明共和国荣誉的圆圈不见了，剩下的只有一条窄窄的直线，也就是成功与失败之间的最短距离。

再举一个例子，如果你把中世纪教会历史纳入这种数学图形，这就是你将要发现的：

早期基督徒非常努力地保持着完美的行为圆圈。或许忽略了科学直径，但既然他们对世俗生活不感兴趣，也就不能指望他们对医学、物理或天文青睐有加，这些显然是实用的科目，但对随时准备面对最后审判、只把今世当作天堂候见室的人来说没有吸引力。

但在其他方面，这些基督的忠实信徒努力（不管做得如何不到位）过上好生活，既仁慈又勤奋，既诚实又热心肠。

然而,等到他们的小小教区凝聚成强有力的单个组织,古老精神圆圈的平衡就被新的国际义务和责任粗暴地推翻了。一小群饿得半死的木匠和采石工很容易遵守他们信仰的基础——贫穷和无私原则,但罗马帝位的继承人,西方世界的最高祭司,整个大陆最富有的地主,住得就不能像波美拉尼亚或西班牙外省镇上的小助祭那样寒碜。

　　或者,用这一章的圆圈理论来解释,圆圈上的"世故"直径和"外交政策"直径无限延长,导致有些直径如"谦卑"、"贫穷"、"自我否定"还有基督教其他基本美德几乎绝迹。

　　我们这个时代有一个有趣的习惯,就是用一种屈尊俯就的态度谈论陷入黑暗的中世纪人,我们都知道,他们生活在完全的黑暗中。的确,他们在教堂里烧小蜡烛照明,在带柄烛台摇曳的火苗中上床睡觉,他们的书很少,许多在我们语法学校和高级精神病院教的东西他们都不知道。但知识和智力是两码事,这些出色的自由民一点不缺智力,他们创建的政治、社会体制我们至今还生活在其中呢。

　　即便很多时候他们在教会许多弊端陋习面前束手无策,我们也不应该责之过甚。至少他们有勇气坚持自己的信仰,只要是认为错误的,他们就起而反抗之,全然不顾个人幸福和舒适,常以上断头台而告终。

　　我们对任何人都无法要求更高。

　　确实在公元后的头一千年,相对来说,没有多少人为信仰而牺牲,但这并不是因为教会对异端学说没有后来那么态度强硬,而是因为教会还有其他更重要的事要做,对几个无伤大雅的执不同观念者根本无暇顾及。

　　首先,欧洲许多地方还是异教神奥丁[①]一统天下。

---

　　①　奥丁(Ordin),挪威的智慧、战争、艺术、文化和死亡之神,被认为是最高级的神、宇宙和人类的创造者。——编注

其次，发生了非常不愉快的事，欧洲几乎遭到毁灭。

这件不愉快的事是名叫"穆罕默德"的新先知横空出世，一个名叫"安拉"的新神出现了，其信徒征服了西亚和北非地区。

我们小时候看的文学作品里满是"异教狗"、"残暴的穆斯林"这样的字眼，给我们的印象是耶稣和穆罕默德不共戴天、势同水火。

其实，这两人属于同宗同族，说同一个语系的不同方言，都宣称亚伯拉罕是他们的高祖，可追溯到同一个祖籍，那就是千年前波斯湾海岸。

可是，虽然这两位伟大教师有这么近的亲戚关系，但他们的弟子却彼此极尽讽刺之能事，彼此开战打了一千两百多年，至今仍未结束。

今天再来推测本来可能发生的事已无意义，但有一段时间罗马的劲敌麦加本可以轻易皈依基督教的。

阿拉伯人像其他沙漠民族一样，把大量时间花在照料牲畜上，花在沉思冥想上。城里人可在常年不断的农贸集市上寻找快乐来麻痹自己心灵，但牧民、渔民和农夫过着孤独生活，需要比喧嚣和热闹更厚实的东西。

在寻求灵魂拯救的过程中，阿拉伯人尝试过好几种宗教，但对犹太教情有独钟。这很好理解，因为阿拉伯世界满是犹太人。公元前十世纪，许多所罗门的臣民因不满重税和君主专制，逃往阿拉伯。五百年后，尼布甲尼撒①占领犹太王国，出现了第二次往南部沙漠地区搬迁的犹太人移民潮。

犹太教由此而声名远播，而且，犹太人追寻独一真神的理念与阿拉伯部落的激情和理想不谋而合。

---

① 尼布甲尼撒（Nebuchadnezzar，约公元前630—前562），古巴比伦国王，攻占耶路撒冷，建空中花园。——编注

任何一个对穆罕默德著作略知一二的人都清楚,这个麦地那人借用了旧约章节里的智慧。

以实玛利①(他和母亲夏甲埋葬在阿拉伯内地的圣地)的后裔对拿撒勒年轻改革家的思想不仅并无敌意,而且在耶稣谈到一个对所有人都充满父爱的神时,他们迫不及待地紧随其后。不过,对拿撒勒木匠追随者大肆宣扬的诸多神迹,他们倾向于不接受,而对复活的说法,他们干脆拒绝相信。但总而言之,他们对新信仰有一定的仰慕之心,愿意任其发展。

但是,穆罕默德在一些基督教狂热分子手里吃足了苦头,这些人还没待他张口说什么话,就像通常那样很不慎重地谴责他撒谎,是个假先知。除此之外,人们还迅速产生一个印象认为基督徒从事偶像崇拜,信三个神而不是一个,所有这些都让沙漠民族最终弃基督教于不顾,宣布自己中意那个赶骆驼为生的麦地那人,因为他讲一个而且只讲一个神,不会造成他们头脑混乱,不会说三个神祇就是一个神,但又不是一个神,有时是一个,有时是三个——据情形而定,也根据主讲神父的口味来定。

于是,西方世界就有了两个宗教,每个都宣称自己的神是独一真神,其他的神都是假的。

观念冲突很有可能导致战争。

穆罕默德死于632年。

不到十几年间,巴勒斯坦、叙利亚、波斯、埃及相继沦陷,大马士革城成为阿拉伯帝国首都。

在656年年底之前,北非整个海岸线都接受了安拉为神圣统治者,穆罕默德从麦加逃到麦地那还不到一个世纪,地中海就变成一个

---

① 以实玛利(Ishmael),《旧约》中亚伯拉罕之子,传统上被认为是阿拉伯人的祖先。——译注

穆斯林湖,欧亚之间的交通全部中断,欧洲大陆呈被围困之势直至十七世纪末。

面对这种情形,教会不可能再东进传教,能做的也就是守住已有的势力范围。德意志、巴尔干、俄罗斯、丹麦、瑞典、挪威、波西米亚、匈牙利被选作有希望的精神土地进行精心耕耘。总体上看,这项工作取得了巨大成功。偶尔会有一些像查理曼大帝这样果敢的基督徒,有很好的动机,但不够开化,会采取武力手段屠杀臣民,就因为这些臣民偏爱自己的神而不是外国人的神。但总的说来,基督教传教士还是受欢迎的,他们都是诚实的人,说的故事简单直白,所有人能听懂;他们给这个充满血腥、冲突、拦路抢劫的世界带来了某种秩序、条理和仁慈。

不过,边疆地区是如此,教皇帝国的中心地带可不见得是这种状况。世故直径(还是回到前几页的数学解释方式)不断加长,直到教会的精神元素完全让位于纯粹的政治、经济考虑。虽然罗马逐步强大,对下十二个世纪的发展将产生巨大的影响力,但某种分裂因素已现端倪,有识之士无论是神职人员还是非神职人员都已有所察觉。

我们现代北方新教徒把"教堂"看作每七天里有六天没人,星期日人们做礼拜唱赞美诗的地方。我们知道有的教堂有主教,主教偶尔会在我们城里集会,我们会发现到处都是一些衣领向后翻的心慈面善的老绅士,又会在报纸上读到他们宣称赞成跳舞,反对离婚,随后,他们返回故里,我们社会的平静和幸福未受到丝毫干扰。

我们很少把这个教会(即使是我们自己的)与我们生前死后的所有经历联系起来。

国家当然就不同了。国家如果认为是出于公众利益,就可以拿走我们的钱,取我们的命。国家是我们的老板,我们的主子,但通常称为"教会"的组织要么是值得信任的好朋友,要么就是无关紧要的敌人——如果我们碰巧与它有冲突的话。

在中世纪则完全不同。教会是看得见摸得着的，一个能呼吸、有生命、高度活跃的组织，以国家体制做梦都想不到的各种方式来塑造一个人的命运。早期教皇在接受感恩戴德的王公的土地时，在放弃古老的贫穷理念时，很可能没想到这项政策必定会带来的后果。起初看上去没有害处，基督的信徒把世俗财产分一部分给使徒彼得的后继者，这没什么不妥，从约翰奥格罗茨到特拉布宗，从迦太基到乌普萨拉①的行政管理需要经费。想想成千上万的秘书、文书、抄写员吧，更不用说成百上千的不同部门的领导，他们的吃、穿、住都要解决。想想跨越整个大陆的邮政业务；想想外交使者去伦敦及从诺夫哥罗德②返回的差旅费；想想教皇的使臣在与世俗王公交往过程中，需要跟后者可以体面地平起平坐。

不过，回顾一下教会究竟代表什么，思考一下如果环境更加有利时教会可能是什么样子，这种发展不能说不是一件憾事，因为罗马很快成为一个仅带有微弱宗教色彩的超级大国，教皇摇身一变，成为跨国独裁者，把西欧玩弄于股掌之中，相比之下，先前那些皇帝的统治要温和仁厚得多。

当大获全胜已近在眼前时，发生了某种事情，对这种统治世界的野心来说是致命的。

对救世主的真正精神的探索又一次在人群中引起骚动，这对任何宗教组织来说都如同芒刺在背。

持异端者从来就不是新鲜事。

信仰一出现唯一标准就有了持异端者，人们会发表不同意见，会

---

① 约翰奥格罗茨（John O'Groats）位于苏格兰之最北端，特拉布宗（Trebizond）位于土耳其东北部黑海沿岸，迦太基（Carthage）位于非洲北部，乌普萨拉（Upsala）位于瑞典东南部。——编注

② 诺夫哥罗德（Novgorod），在列宁格勒的东南偏南。俄国最古老的城市之一。——编注

争论不休，为此已把欧洲、非洲、西亚划分为敌对阵营长达数世纪之久，而持异端者也跟教会本身一样古老。

多纳图派、撒伯里乌派、基督一性论者、摩尼教徒、聂斯脱利派之间的血腥厮杀我就不在本书中一一赘述，总之，每个教派都免不了偏执狭隘，阿里乌斯派和亚大纳西派一样不宽容，说不清哪个更好。

再说，这些争议都是建立在逐步被人遗忘的、晦涩难解的神学观点上，我要是把它们从故纸堆里拽出来，就连上帝也不会放过我。我无意把这部书写出来导致一场疯狂的神学争议，这实属浪费时间。我宁可用这些章节告诉孩子们一些我们的祖先为之牺牲生命的思想自由理想，提醒他们记住，教条主义的傲慢和过度自信在过去的两千年里造成了多么巨大的痛苦。

但当我的书跨入十三世纪时，情况完全不同了。

这时候的异端已不是持不同意见者，已不是一个好辩的家伙，把他的嗜好建立在对《启示录》某个晦涩句子的错误翻译上，或《约翰福音》某个神圣词语的拼写错误上。

相反，他成了思想的捍卫者，这些思想是提比略时代拿撒勒村某个木匠为之付出生命代价的。看啊，他成了唯一真正的基督徒！

第七章　宗教法庭

1198年,塞尼的洛塔里奥伯爵继承舅父保罗在几年前坐过的教皇宝座,成为英诺森三世。

在入住拉特兰宫的人中间他是出类拔萃的,即位时才三十七岁,巴黎大学和布洛涅大学的高才生,富有、聪明、精力充沛、雄心勃勃。他把教皇的权力发挥到登峰造极的地步,可以恰如其分地宣称他"不止是管理教会,而是管理整个世界"。

他把日尔曼帝国的总督从意大利赶走,重新占领这个半岛上本由帝国军队把持着的那些地区,开除帝位候选人的教籍,从而把意大利从日尔曼的干预中解脱出来。那位可怜的候选王公发现自己深陷困境无以自拔,只得让出阿尔卑斯山这一面的所有地盘。

他组织了著名的第四次十字军东征,虽说连圣地的影子都没看见,但到了君士坦丁堡,屠杀了当地大批居民,掠夺了所有能带走的财物,总之其行径致使只要有十字军士兵胆敢在希腊港口露面,就会被当作罪犯绞死。英诺森确实说过不赞成这种惨叫声直冲天庭、令可敬的基督徒少数派厌恶心寒的做法,但他讲究实际,很快也就随遇而安,把君士坦丁堡牧首的位置给了一个威尼斯人。靠这一着棋,他又一次把东方教会置于罗马管辖之下,同时还博得威尼斯共和国的好感。从此,威尼斯共和国就把拜占庭视为自己的殖民地来对待。

在精神世界里，教皇圣座也显示出卓越的执政手腕。

教会经过近乎一千年的犹豫徘徊后，终于开始坚持婚姻不仅仅是男人与女人之间的民事契约，而且是一桩最神圣的圣事，需要神父当众祝福才能生效。法国的腓力二世和利昂的阿方索九世本想根据自己的喜好处理国内事务，但很快被告知他们的责任所在，出于谨慎，他们立刻表示服从教皇的心愿。

即使不久前才皈依基督教的最北端，人们也毫不含糊地知道谁是当家的。国王哈康四世（在海盗同伙中是大家熟悉的老哈康）刚刚征服了一个小巧玲珑的帝国，除了他自己的挪威外还包括了苏格兰的一部分、整个冰岛、格陵兰岛、奥克尼群岛、赫布里底群岛，但他能够在挪威古老的特隆赫姆教堂加冕之前，还得把他混乱的出生问题交与罗马法庭审核。

事态就这样发展着。

那个保加利亚国王杀了希腊战俘，把拜占庭临时就任的皇帝折磨了一番，可想而知对宗教事务也未见有多少兴趣，却大老远地跑到罗马，谦卑地请求做教皇圣座的臣仆。在英格兰，某些男爵采取了一些教训他们国王的行动，却被粗暴地告知他们的权柄无效，因为"是用武力取得的"，接着发现他们由于向世界公布了著名的文件《大宪章》①而被开除教籍。

所有这些都表明英诺森三世决不会放过几个朴实的亚麻纺织工和不识字的牧羊人，如果他们胆敢对他教会的教规提出质疑的话。

不过，真是有人如此敢作敢为，我们马上就会看到。

异端学说这个课题的确很难做。

持异端者几乎无一例外都是穷人，没有做广告宣传的本事，偶尔

---

① 大宪章（Magna Carta），1215 年英国大封建领主迫使英王约翰签署的保障部分公民权和政治权的文件。——译注

发表的一些阐述和捍卫自己观点的小册子差强人意,在当时的宗教法庭监控下,很容易被虎视眈眈的鹰犬抓获,立刻封杀。我们只能从审判记录和他们敌人的声讨文中慢慢挖掘,获取一些零星知识。这些错误教义的敌人写文章赤裸裸地只为一个目的,就是要向真正的信徒揭露新的"撒旦阴谋",让世人对此感到羞耻并以此为戒等等。

于是,我们就有了一幅拼凑而成的肖像,一个头发长长的人,穿着肮脏的衬衣,住在贫民窟深处一处空地窖里,不吃像样的基督徒食品,完全靠蔬菜过活,只喝水,不沾女人,咕哝着奇怪的预言,说是救世主要第二次降临人间,谴责僧侣的市侩气和邪恶,用对现存体制的误导性攻击来使尊敬的邻居普遍产生反感。

不错,许多持异端者的确做到了叫人讨厌的地步,似乎这是所有自命不凡者的共同命运。

毫无疑问,他们中间许多人对圣洁生活怀有几乎不圣洁的热情,受这种热情驱使,他们变得邋遢,像个魔鬼,浑身臭烘烘的,用有关真正基督徒生活的奇谈怪论来骚扰家乡的平静日子。

但是,我们不能不佩服他们的勇气和诚实。

他们一无所获,却会输掉一切。

通常,他们果然是输家。

当然,世界上所有事务都倾向于有组织有章法。就是最讨厌组织的人也要组织一个社团来提倡无组织性,否则就会一事无成。中世纪的持异端者钟情于神秘,沉湎于感情用事,但终究脱不了这个窠臼。出于自我保存的本能,他们扎堆在一起。由丁缺少安全感,他们被迫用神秘莫测的圣餐礼和秘传性的礼拜仪式来设置双重障碍,把神圣的教义层层包裹。

不过,忠实于教会的普通民众搞不清这些组织和宗派的区别,他们把所有持异端者混为一谈,称他们通通都是肮脏的摩尼教徒,或其他难听的名字,觉得问题就解决了。

就这样,摩尼教徒就成了中世纪的布尔什维克。当然,我不是用后一个名词来指一个定义明确的政党会员制,这个政党可是在几年前一举成为古老的俄罗斯帝国的决定性因素。我指的是一种定义含糊的谩骂之词,现代人用它来泄私愤,安在诸如上门收房租的房东身上或者停错楼层的电梯操作员身上。

摩尼教徒对中世纪的铁杆基督徒来说非常讨厌,但又无法保证能把他告倒,于是后者就根据传闻把摩尼教徒斥为异端分子。这样做有显而易见的好处,可以绕开不引人注目的、漫长的法院程序,但有时缺乏准确性,造成许多司法冤魂。

就可怜的摩尼教而言,最令人发指的是对该教创始人的处理。这是一个叫摩尼的波斯人,完全是仁慈慷慨的化身,他是一个历史人物,出生在三世纪前期的埃克巴坦那城,父亲帕塔克是个颇有影响力的富翁。

他受教于底格里斯河畔的泰西封,在一个国际化的社会环境里度过他的青年时代,这是一个多语种的、虔诚的、无神的、唯物主义的、唯心主义的环境,跟当今的纽约差不多。东西南北的每一种异端、每一种宗教、每一种派系、每一个宗教分支在拜访这些美索不达米亚商业中心的人群里都能找到其信徒。摩尼对不同的宣教和预言兼收并蓄,提炼出自己的哲学理念,形成佛教、基督教、密特拉教、犹太教的大杂烩,还掺杂几种古老的巴比伦迷信。

其实有时是他的信徒们把他的教义推向了极端,而他本人不过是再现古波斯神话里的善神和恶神而已,这两位神一直在为争夺人类灵魂而战。他把旧约里的耶和华看成恶神(耶和华因此成为他的魔鬼),善良之神则是四大福音书里披露的天父。另外(这里流露出佛教的痕迹),摩尼相信人的身体天生就是肮脏卑鄙的皮囊,所有人都必须用不断的禁欲来摆脱世俗的野心,如果不想落入恶神(魔鬼)的掌控而受地狱之火焚烧,就必须遵守严格的饮食和行为准则。结果是他恢复了一大批什么东西不能吃不能喝的禁忌,并为他的信徒制定了一份菜单,包括冷水、干蔬菜、死鱼。有关最后这点可能会叫我们吃惊,但海洋生物是冷血动物,人们一向认为,鱼类对人的不死灵魂之危害比它们陆地上的热血兄弟要少得多。此类人要他们吃小牛肉还不如去死,但吃起鱼来却津津有味,没有丝毫的良心不安。

摩尼对女人充满轻蔑,说明他是真正的东方人。他禁止信徒结婚,提倡逐步灭绝人类。

至于说洗礼及犹太教原有的、由施洗者约翰倡导的其他仪式,摩尼避之唯恐不及,他的圣职候选人在入会仪式上不是把身体浸在水里,而是接受按手礼。

二十五岁那年,这位奇人开始向全人类阐述自己的思想。首先,他去了印度和中国,获得了一些成功,然后他返回故里,向周围人宣传他信条的福音。

但波斯祭司发现这些超凡脱俗的信条让他们失去了很多秘密收入,开始起而攻之,要求处死他。起初,摩尼受到国王的保护,但国王死了,后继者对宗教问题没有丝毫兴趣,摩尼落入教士阶层的手里。他们把他带到城墙边,钉死在十字架上,剥了他的皮,挂在城门上示众,儆戒那些倾慕这个埃克巴坦那先知异端邪说的人。

与当局的激烈冲突导致摩尼教会土崩瓦解,但先知的思想就像精神流星雨一样洒落在欧亚广袤的土地上,后来若干世纪里继续在朴实、贫穷的人中间制造混乱,这些人不经意间接触到了这些思想,研究了一番后,发现特别对他们的胃口。

摩尼教如何、何时进入欧洲的,我不清楚。

最有可能通过小亚细亚、黑海、多瑙河,然后越过阿尔卑斯山脉,很快在德意志和法兰西受到热捧。新教规的信徒用一个东方名字——卡特里派来称呼自己,或称自己是"过纯洁生活的人",这个祸根在西欧四处蔓延,最后"卡特扎"、"卡特"这种词都成了异端的代名词。

不过,不要以为卡特里派教徒标明了是另一种宗教派别的成员。没人努力建立一支新宗派。摩尼教在一大群人中影响力很大,但这些人一口咬定自己不是别的,只是教会最虔诚的子弟,这就大大增加了这种特殊异端的危险性,而且不易察觉。

诊断一种由巨型病菌造成的疾病对普通医生来说相对容易得多,用地方卫生部门的显微镜就能查出病菌是否存在。

但上帝保佑我们不受在超紫外线照射下仍能隐身的微小生物的侵害,因为它们将继承世界。

因此,摩尼教从教会角度来看是所有社会瘟疫中最危险的一种表现形式,教会高层组织在以往面对精神祸水的普通品种时从未有过像现在这样的恐慌。

有一些声音不敢高过悄悄话的传闻,说是某些早期基督教信仰的铁杆支持者就确切无疑地出现过此类病状。是啊,圣奥古斯丁,这位才华横溢、不屈不挠的十字架勇士在摧毁异教最后一个堡垒时身先士卒,贡献最大,但据说他内心深处就有相当多的摩尼教成分。

西班牙主教普里西林于 385 年受火刑而死,他是反异端法的第一个牺牲品,并为此而声名大噪,他就是被指控有摩尼教倾向。

甚至一些教会领袖都渐渐对这种可恶的波斯信念着迷。

他们开始不主张非神职人员读《旧约》,后来在十二世纪颁布了著名法规,从此所有神职人员都必须独身。别忘了阿西西的圣方济各,这位最伟大的精神改革家、天下最可爱的人深受波斯禁欲主义理想的影响,创立了崭新的、带有摩尼教清规戒律特征的修道会,他拥有西方释迦牟尼这个称号一点不为过。

可是,当甘愿贫穷、保持心灵的谦卑这些高尚理想开始向一般民众渗透,而与此同时皇帝和教皇之间的另一场战争剑拔弩张,喧嚣声充满世界,当外国雇佣兵扛着十字架与鹰的旗帜,在地中海争夺宝贵领地,当成群结队的十字军带着既从朋友又从敌人那儿掠夺来的不义之财满载而归,当修道院长仆从成群,居住在豪奢宫殿,当教士为了能吃上野味早餐而不惜草草结束早晨的弥撒,两相对比之下,无疑会有不愉快的事情发生,果不其然,就发生了这种事。

针对教会状况公开表示不满的初期症状就出现在法兰西的某一地区。这也难怪,在该地区,古罗马文化传统保留时间最长,文明尚未被野蛮淹没。

你在地图上能找到这个地方,叫普罗旺斯,是地中海、罗讷河、阿尔卑斯山交界处的一个小三角区,原腓尼基殖民地,过去、现在都是最重要的港口,不乏富裕的村镇,土地肥沃,阳光、雨水充沛。

当中世纪欧洲其他地方还在津津有味地听体毛浓重的条顿英雄的野蛮事迹时,普罗旺斯的吟游诗人已创造发明了新的文学形式即现代小说的前身。另外,普罗旺斯人与周边邻居——西班牙、西西里的伊斯兰人民有着密切的贸易往来,对当时科学领域的最新书籍一点不陌生,而此类书籍的数量在欧洲北部却是屈指可数的。

在这个国家,重返早期基督教的运动在十一世纪的头十年已崭露头角。

但这跟公开叛乱还沾不到一点边儿,只是在某些小村庄不时地有人开始暗示教士可以像教民那样生活得简朴一点,有人(啊,多么令人怀念古代的烈士啊!)拒绝随领主奔赴沙场,有人想学一点拉丁语便于自己阅读和研究福音书,有人表示不赞成死刑,有人不承认炼狱的存在,而炼狱在基督死后六世纪已正式宣布为基督教大堂的一部分,有人(这是最重要的细节)拒绝给教会交纳什一税。

只要有可能总会逮捕反抗教会当局的元凶,如果劝诫无效,就谨慎地将他们干掉。

但邪恶势力继续蔓延,最后有必要召集所有普罗旺斯的主教开会讨论采取何种措施遏制这场具有高度煽动性的动乱。他们开了会,讨论一直持续到 1056 年。

当时,显然一般性的惩罚和开除教籍已起不到明显作用。想过"纯洁生活"的淳朴村民只要有机会都十分乐意在铁窗后面展示基督的仁慈和宽恕原则。间或被判死刑,他们带着羔羊的温顺走向火刑柱。更何况,在这类事件中往往如此,一个烈士留下的空位会有数十名追求神圣的候选人去填补。

整个世纪都在教皇代表和当地贵族及教士之间的争吵中流逝,教皇代表坚持要采取更严厉的迫害手段,当地权势(了解自己臣民的天性)拒绝附和罗马的命令,抗议说暴力只会鼓励异端分子硬起心肠拒绝理性,纯属浪费时间和精力。

十二世纪末,这场运动注入了新的、来自北方的动力。

在里昂这座靠罗讷河与普罗旺斯相连接的城市,有一个叫彼得·瓦尔多的商人。一个很严肃的人、好人、最慷慨的人,痴迷于效仿他的救世主,几乎到了狂热的地步。耶稣教导说,要一个年轻富翁进天堂比用骆驼穿过针眼还难。三十代基督徒都在试图解释耶稣说这话时到底要表达什么意思,彼得·瓦尔多可没多想,他读到这一段就信了。他把家产散尽,分给穷人,退出生意场,拒绝再积累新的财富。

约翰写道:"你们应当查考《圣经》。"

二十位教皇评议过这句话,小心地规定在何种条件下非神职人员可以不靠教士的协助研读《圣经》。

彼得·瓦尔多可不这样看。

约翰说:"你们应当查考《圣经》。"

那好吧,彼得·瓦尔多就去查考吧。

等他发现查考到的东西与圣杰罗姆的结论不相符合,他把《新约》翻成自己的语言,把手稿的抄本在美好的普罗旺斯地区散发。

起初,他的行为没引起多少注意,他对贫穷的热情似乎没有危险性。很有可能说服他建立一些新的修道院苦修制度,为愿意过真正苦日子的人提供便利,这些人老抱怨现存的修道院太奢侈、太舒适。

罗马总能为狂热信仰者找到合适的发泄口,以免他们制造麻烦。

但凡事都得按章循例,从这个角度看,普罗旺斯和里昂的"纯洁的人"可没做到。他们不但没有知会主教他们在干什么,而且出格地大胆宣布令人震惊的信念,说是无需专职教士的协助就能成为一个好基督徒,罗马教皇没有权利告诉他管辖范围之外的人该怎么做、该信什么,就像鞑靼的大公或巴格达的哈里发一样没这个权利。

教会进退维谷,老实说,也是等了很长时间才决定用武力铲除这种异端。

但一个机构如果遵循只有一种唯一正确的思维方式和生活方式,把其他方式都斥为可耻的、该遭诅咒的,这个机构在遭到公开质疑时势必要采取极端措施。

不这么做,机构就没有指望存活。这层考虑迫使罗马教廷采取明确行动,制定出一系列的惩罚措施,叫所有将来的异端分子心怀恐惧。

阿尔比派(以阿尔比城市命名的异端分子,该城是新教旨的温床)、瓦尔多派(以创建者彼得·瓦尔多命名)住在没有多少政治价值的城市,没什么防御能力,就先拿他们开刀。

一个教皇代表遭到谋杀,这个人不该在管辖普罗旺斯的几年里视此地为囊中之物,作威作福,但这仍然给英诺森三世以干预的口实。

他发表了一次鼓动宣讲,召集正规的十字军向阿尔比派和瓦尔多派开战。

只要是连续四十天参加反异教徒远征的人可以不付债务利息,过去和将来犯的罪都可以赦免,眼下的官司纠纷可以免除刑事处分。条件很优惠,大大吸引了欧洲北部的人。

既然可以到富裕的普罗旺斯城镇去打仗，还能得到跟去东方同等的精神、经济酬劳，得到同等的荣誉，服役时间还短得多，干吗大老远地跑到巴勒斯坦去呢？

　　人们暂时把圣地耶路撒冷抛到脑后，法国北部、英国南部、奥地利、萨克森、波兰贵族中的败类蜂拥冲向南方，从而逃脱地方长官的辖制，顺带把钱箱装满，由财大气粗的普罗旺斯人埋单好啦。

　　究竟有多少男人、女人、孩子被这些勇猛的十字军绞死、烧死、淹死、砍头、大卸八块，说法不一。我不知道有多少个千位数的死者。在各处正式的刑场上，我们得到了一些具体数字，从两千人到两万人不等，视城市大小而定。

　　等攻占贝济耶后，军队开始无所适从，不知道谁是异教徒谁不是，他们把皮球踢到作为精神顾问随军征战的教皇代表面前。

　　"我的孩子们，"这位好人表态，"去吧，杀光所有人。主会知道谁是自己人。"

　　有一个名叫西蒙·德·蒙特福特的英国人，正牌十字军老兵，其残酷手段出了名地花样百出、别出心裁。作为对他出色表现的犒赏，他后来在他掠夺过的国家得到了大片土地，他的部下也跟着沾了不少光。

　　少数几个在大屠杀里幸免于难的瓦尔多派成员逃到人迹罕至的皮埃蒙特山谷，在那儿建了一个自己的教堂，一直坚持到宗教改革时代。

　　阿尔比派可没那么幸运，经过一个世纪的虐杀，他们的名字从宗教法庭的档案中消失，但三个世纪后，却以一种略加修改的形式脱颖而出，倡议者是一个名叫马丁·路德的萨克森教士，由此引发的改革运动打破了教皇超级大国将近一千五百年的垄断统治。

　　这一切当然都瞒过了英诺森三世精明的眼睛，在他看来，困难已结束，绝对服从的原则大获全胜。

《路加福音》第十四章第二十三节有一道著名的命令,基督说有个人想开宴会,发现宴会厅没坐满,有的客人没来,于是这个人命令仆人:"到大路上去,把他们强拉过来。"看来,这道命令又一次得到很好的执行。

"他们"就是异端分子,已经被强拉过来。

教会面临的问题是如何让他们留在这边,这直到多年后才得以解决。

启用当地法庭屡试不成功后,第一次用于阿尔比叛乱的那种特别审判法庭在欧洲诸国的首都成立,这些法庭有权处理所有异端案件,统称宗教法庭。

即使在今天宗教法庭早已销声匿迹,这个名称仍然叫我们感到隐约不安。我们脑海里浮现这样的景象:哈瓦那的阴暗地牢,里斯本的刑讯室,克拉科夫博物馆的生锈铁锅和烙人的铁器,黄色的兜帽和黑色的面罩,下颌宽大的国王睨视望不到尽头的老人、妇女慢慢拖曳着脚步走向绞架。

十九世纪晚期的几部流行小说无疑加深了这种残暴印象。我们姑且扣除这些浪漫作品里 25% 的臆想成分,再扣除 25% 的新教徒的偏见,其恐怖性仍叫人觉得说这话的人言之有理:任何秘密法庭都是令人忍无可忍的魔鬼,决不能任其在文明社会里现身。

亨利·查尔斯·李用八卷大部头来阐述宗教法庭,我只能用两三页来说明,寥寥数语肯定无法对这个中世纪历史中最复杂的问题作一个精辟论述。因为宗教法庭并不是像最高法院和国际仲裁法庭那样。

各个国家有各自的宗教法庭,用于各个不同的目的。

其中人们知道得最多的是西班牙皇家宗教法庭和罗马神圣宗教法庭。前者处理地方性事务,监控伊比利亚半岛和美洲殖民地的异端势力。

后者在整个欧洲都有分支机构,烧死过大陆北部的圣女贞德和南部的乔达诺·布鲁诺。

严格地说,宗教法庭的确没杀过人。

神职法官宣布判决后,受审的异端分子就移交给世俗权力机构,以合适的标准处置。但如果世俗法庭不判死刑,就会惹麻烦上身,不是被开除教籍就是失去教廷的支持。有时候,犯人真可以免于一死,不交给地方行政官,但那样只有更糟糕,他会在宗教法庭监狱的单独囚禁中度过余生。

火刑处死总比在石头城堡的黑洞里慢慢疯掉要好,许多犯人把没有犯过的罪揽在自己身上,为了能判异端罪,从而早点脱离苦海。

谈论这个题目很难不流露出无可救药的倾向性。

难以置信的是,五百多年中,世界各地成千上万的良民一夜之间从床上给拉起来,仅仅因为好嚼舌头的邻居悄悄传了几句道听途说的话。就这样,他们被关押在肮脏的囚室里数月或数年,等待有机会被带到姓名、资历都不得而知的法官面前,没人解释究竟指控他们什么,也不许知道证人的姓名,不许跟亲属见面或请律师。如果他们继续喊冤,就会遭到打断四肢的折磨。其他异端分子可以指证他们,但证词如果对被告有利,决不会采纳。最后他们被判处死刑,其原因他们至死也不明白。

更不可思议的是,埋了五六十年的男女还会从坟墓里挖出来,"缺席"判为有罪,其后代子孙在犯人死了半个世纪后还要被剥夺世俗财产。

但事实确实如此,由于宗教法庭审判官们能从没收来的财产中分得丰厚的一份,用以维持开支,这种荒唐事屡见不鲜,常常有孙子辈的人沦为赤贫,就因为他们的祖辈几十年前可能犯过事。

二十年前读过报纸的人就记得沙皇俄国如日中天的时候有一种暗探。这种暗探通常都是洗手不干的盗贼、赌徒,个性要强并且通常都有"苦情"。他故意悄悄散布是他的苦难促使他加入革命,这样他就能赢得真正反对帝国政府的人的信任。但一旦他打探到新朋友的秘密,立刻就把他们出卖给警察,把赏金塞进腰包,又到另一个城市重演他的可耻勾当。

十三、十四、十五世纪中,欧洲南部、西部不乏这种恶毒的私人暗探。

他们维持生计的方式就是告发批评教会或对某些教义表示怀疑的人。

假如周围没有异端分子,暗探的工作就是凭空捏造几个出来。

由于他能担保他的受害者不管如何无辜,一上刑准能招供,这买卖可以毫无风险地一直做下去。

在许多国家,因允许匿名告发被怀疑有思想不端的人,名副其实的恐怖统治便登堂入室。最后,没人敢信任自己最亲近的朋友,亲属之间也相互猜忌。

托钵修会修士的工作就是处理大量的宗教法庭事务,充分利用了他们那种方法制造出来的恐慌。近两个世纪以来,他们就靠这些来搜刮民脂民膏养活自己。

的确,有一种保险的说法,即宗教改革的内在原因就是大批人恨死了那些傲慢的乞丐。他们披着虔诚的长袍闯入体面人家,睡最舒服的床,吃最美味的食物,要求得到贵客的待遇,让他们过得舒舒服服,不然就威胁要把施主告发给宗教法庭,他们认为这种奢侈待遇是他们理应得到的,其中任何一项都不能缺。

教会当然振振有辞地回答说宗教法庭只是起到一个精神健康官员的作用,这种官员宣誓要尽的义务就是阻止传染性的谬误在人群里蔓延。教会说可以对因无知而误入歧途的异教徒宽大处理,后者可以对自己的观点不承担责任。教会甚至宣称,只要不是叛教者和曾宣誓放弃过去错误却又重新犯错的人,就可以不死。

那又如何？

用那种伎俩把无辜的人变成绝望的罪犯，随后还可以用同样的伎俩把他放在公开认错的位置上。

暗探和造假者从来就是密友。

在间谍行业里，伪造几份文件又算得了什么呢？

第八章 好奇的人

现代的不宽容就像古代的高卢人,可分为三种:出于惰性的不宽容、出于无知的不宽容、出于自私自利的不宽容。

第一种也许最普及,各个国家、各个阶层都有,在小村庄和古老城镇尤为常见,并且不仅仅局限于人类。

我家的老马头二十五年的平静生活是在科利镇温暖的马厩里度过的,到了同样温暖的韦斯特波特谷仓却不干了,没别的理由,就因为它一直住在科利镇,对科利镇的一草一木都很熟悉,每天在那片风景如画的康涅狄格土地上遛达,不会有什么陌生景致叫它害怕。

我们的科学世界煞费苦心地研究波利尼西亚已失传的语言,猫啊、狗啊、马啊、驴子的语言却很悲惨地被人忽略。但假如我们听得懂杜德(我家的老马)跟科利镇的老邻居谈的话,我们听到的一定是马的世界里最不宽容的愤慨之辞。因为杜德年纪不小了,已经"定型"。他的习惯多年前已养成,科利镇的风土人情样样叫它看得顺眼,韦斯特波特的风土人情它到死也难以接受。

就是这种特殊形式的不宽容让家长对孩子的愚蠢行为摇头不解,由此还产生了"过去的美好日子"这种荒唐神话,结果野蛮人也罢,文明人也罢,都得穿别扭的衣服,整个世界充满无用的东西,具有新思想的人也因此成了人类的敌人。

不过,这种形式的不宽容相对来说还没什么危害。

但我们迟早会成为这种不宽容的受害者,在流逝的岁月里,它造成数以百万计的人背井离乡,从而它也使大片无人居住的土地变成人类永久定居点,不然的话,那里仍是一片荒野。

第二种不宽容就严重得多。

无知的人,就因为他的无知而变得非常危险。

当他试图为自己智商不够来制造理由时,他就成了神圣恐怖的化身。他在心目中树起自以为是的花岗岩堡垒,从高高堡垒的尖顶藐视他的敌人(即不苟同于他偏见的人),认为他们丝毫没有活着的必要。

受这种不宽容毒害的人往往天性刻薄,毫无仁爱之心。因为他们生活在持续的恐惧中,很容易变得残忍,喜欢对他们怨恨的对象施以酷刑。一种奇怪的理念"上帝的选民"首先就诞生在这帮人当中。持有这种幻觉的人靠想象他们与看不见的神有联系而理直气壮、不可一世,当然,这也是为了给他们的不宽容增添一点神的赞许色彩。

比如,这种人决不会说:"我们绞死丹尼·迪弗,是因为觉得他对我们的幸福构成威胁,是因为我们对他恨之入骨,是因为我们就是喜欢绞死他。"不,他们决不会这么做!他们会召开秘密会议,数日、数星期反复斟酌这个所说的丹尼的命运,等到宣判时,可怜的丹尼本来也许不过是有点小偷小摸,却被郑重其事地判为胆敢忤逆神圣意志(这种意志私下传给了有解读这类神谕之专利的选民)的危险人物,于是,判他死刑成了神圣职责,那些有勇气判撒旦同伙有罪的法官因此而获得巨大的荣誉。

那些平常好性子的、好心的人也会像周围那些残暴、嗜血的人一样对这种致命幻觉着迷,这在历史和心理学上都屡见不鲜。

人群带着打趣心理观看上千可怜的牺牲者在痛苦中煎熬,那些围观者肯定并不是铁石心肠的罪犯,都是一些体面、虔诚的百姓,相信这样做能得到他们神的赞许。

跟他们说起宽容,在他们看来就等于不光彩地承认自己道德懦弱,绝对是要避之唯恐不及的。或许他们是不宽容,但在那种情形下,他们会为此而自豪并处之泰然。丹尼·迪弗站在湿冷的清晨里,穿着一件黄色衬衣、一条缀有小魔鬼的马裤,走着,慢慢地走着,但肯定会在市场上绞死。等好戏一结束,他们自己会回到舒适的家,享用熏肉加青豆的大餐。

这本身不就足以证明他们所思所做的是对的吗?

不然他们怎么会只是观众呢?怎么就没跟死者对调一下位置呢?

我承认这个论点站不住脚,但当人们真诚地相信他们自己的观点就是上帝的观点,搞不懂自己怎么可能会有错时,这个论点就非常普遍,而且还不易反驳。

第三类不宽容是由自私自利造成的。这当然是忌妒的变种,跟麻疹一样不稀奇。

耶稣去耶路撒冷那阵子,教导人们说,杀十几只牛或羊是讨不到万能之主的欢心的。在神殿靠卖祭品为生的人纷纷谴责他是危险的革命分子,在他还未来得及断掉他们主要财源之前就把他置于死地。

几年后,圣保罗来到以弗所宣传新教义,影响到珠宝商的好生意(这些人从卖当地女神戴安娜的小塑像中牟取暴利),为此,金匠行会差点把这个不受欢迎的外来户处以私刑。

这以后,两种人之间不断发生公开的冲突,一种人寄生在现存的崇拜体制上,另一种人的观念却足以把人群从一个神庙拉到另一个神庙。

我们在对中世纪的不宽容进行讨论的时候,始终得记住这里讲的是一个非常复杂的问题。难得有机会只遇见这三种不宽容形式中的一种,而在引起我们注意的迫害案件中,多半三种形式并存。

一群农民致力于重建朴实无华的人间天堂，这直接威胁到享受巨大财富、管理上万平方英里的土地、拥有成千上万农奴的机构，这个机构把所有愤怒倾力发泄到这群农民身上是再自然不过的事。

从这一点看，铲除异端具有了经济必要性，属于第三类形式，即出于自私自利的不宽容。

但是，当我们考虑到科学家，即另一类备受官方刁难的人群，问题显然就更复杂了。

为了更好地理解教会权威对想探索大自然秘密的人所持有的乖戾态度，我们有必要追溯到许多世纪之前，研究一下欧洲在公元头六个世纪究竟发生了什么。

野蛮人的入侵像无情的洪水将欧洲大陆彻底冲刷，在汹涌浊流中偶尔还杵着几处古罗马国家体制的残柱，但曾经在那些围墙里寄居的社会早已死亡。他们的书籍被巨浪席卷而去，艺术陷入新一轮愚昧的淤泥中被人遗忘，他们的收藏、他们的博物馆、他们的实验室、他们经年积累的科学真理通通让从亚洲内地过来的野蛮人点了篝火。

我们手里有一些十世纪图书馆的书目，希腊书籍（除了在君士坦丁堡，那里距离欧洲中心就像今天的墨尔本一样远）西方人几乎没有。似乎难以置信，但确实完全消失了。那时候的学者要想熟悉古代思想，只能找到亚里士多德和柏拉图书中一些章节片段的译本（译得很糟糕）。假如他想学他们的语言，是找不到人教的，除非拜占庭的神学争端把几个希腊修士从他们的栖息地赶到法兰西或意大利去暂避风头。

拉丁语书籍倒是不少，但大部分是四到五世纪的。幸免于难的少数几部古典手稿被无数次胡乱誊抄后已变得面目全非，不是毕生研究古文书学的人根本就无法理解。

至于科学书籍，除了欧几里德的几道最简单的数学题外，其余的在任何图书馆都荡然无存，最叫人遗憾的是，没人需要这些书。

当时的世界统治者视科学为洪水猛兽，打击一切在数学、生物学、动物学领域所做的努力，更不用说医学、天文学了，这两门科学遭到前所未有的忽视，早已失去任何实用价值。

现代人要理解这种事态真是难上加难。

我们二十世纪的男女不论对错与否，深深地相信时代的进步，我们不知道是否能完善这个世界，但我们感到自己身上最神圣的职责就是去尝试。

是啊，有时候，相信进步是不可阻挡的似乎成为我们整个国家的国教。

但中世纪的人不会也不可能这样想。

希腊的世界之梦充满美好而有趣的事物，可持续时间之短令人扼腕叹息！席卷这个国家的政治剧变粗暴地打断了这个美梦，后面若干世纪的大部分希腊文人变得颓丧悲观，想到曾经一度是幸福之地的祖国化为一片废墟，他们绝望无助，相信世上所有的努力都是徒劳无功的。

罗马文人则相反，由于有一千年持续发展的历史垫底，他们发现了人类发展的积极向上的趋势，他们的哲学家，以著名的伊壁鸠鲁为代表，欣然承担起教育下一代为美好未来奋斗的使命。

后来基督教不期而至。

兴趣的中心由现世转移到别处，人们立即落入绝望和屈从的黑暗深渊之中。

人是邪恶的，本能和嗜好都是邪恶的，他孕育在罪中，出生在罪中，生活在罪中，死在对罪的悔悟中。

但新的绝望和旧的绝望是有区别的。

希腊人相信（这或许也有些在理）他们比周围人更聪明，受过更好的教育，对那些不幸的野蛮人深表同情，但他们还未自负到认为自己有别于其他民族,是宙斯的选民。

基督教则不同了,他们不能避开祖先的影响。基督徒把《旧约》纳入信仰的圣典后,便继承了犹太人那个不可思议的的信条,认为他们的种族与其他种族"不同",只有那些表明忠于正统教规的人才能得救,其余的均会落入万劫不复之地。

当然,这种理念对缺乏谦卑精神、认为自己是亿万同胞中佼佼者的人十分有利。在许多危机的年月里,这种理念把基督徒凝聚成紧密团结、不受外界影响的小社会,在异教徒的汪洋大海里漫不经心地漂流着。

在这南北东西四通八达的水域里,究竟在别处还发生了什么,德尔图良①、圣奥古斯丁和其他早期作者毫不在意,他们忙着把教会思想诉诸书本文字。他们希望有朝一日能安全靠岸,建立上帝之城。至于其他地段的人想取得什么成果与他们毫不相干。

于是,他们对人类的起源、时间和空间的限制创造了一整套全新的理念,埃及人、巴比伦人、希腊人、罗马人对这些奥秘的发现不会引起他们的丝毫兴趣,他们真诚地相信随着基督的诞生,所有古老的价值观都化为乌有。

比如,有关我们地球的问题。

古代科学家认为它是数十亿星球中的一个。

基督徒矢口否认这点。在他们看来,他们居住的这个小圆盘是宇宙的心脏和中心。

这个星球是为特殊目的创造出来的,为了给一群特殊的人提供临时住所,如何创造出来的在《创世纪》第一章里已经讲得很清楚。

等到不得不要决定这群上帝宠儿在地球上究竟住了多久,问题

---

① 德尔图良(Tertullian,160?—220?),迦太基基督教神学家,是最早用拉丁语写作的一位教父。——译注

就变得有点复杂起来。各处都能找到远古时代的痕迹——掩埋的城市、绝种的怪物、植物化石,但这些都能通过分析来剔除,或忽略不计,或否认,或一声断喝它们不存在。做完这些事后,确定创世纪的具体时间就如同囊中取物。

在这样一个天地里,一个静止的、在某年某月某日开始并将在某年某月某日结束的天地里,一个只为唯一宗教预备着的天地里,没有好追根刨底的数学家、生物学家、化学家和其他只关注普遍规律的人的位置,那些喜欢纠缠于时间、空间领域永恒性和无限性的人也没份。

没错,许多从事科学的人抗议说他们也是教会的虔诚子民,但真正的基督徒知道得最清楚。一个宣称自己对信仰充满爱和奉献精神的人不需要懂得那么多,拥有那么多书。

一本书就足够了。

这本书就是《圣经》,里面的每个词、每个逗号、每个分号、每个感叹号都是受到圣灵感动的人写下来的。

一部所谓的圣卷不过包含了一些零零碎碎未加整理的民族历史,一些令人怀疑的爱情诗,一些半疯癫先知表述不清的预言,而且书中还整章地用污言秽语谴责那些招致一个亚洲部落神(只不过是亚洲众多神祇中的一位)不快的人,这样一本书要是给伯里克利时代的希腊人知道了,准会觉得有点好笑。

但三世纪的野蛮人对"书面文字"怀有最谦卑的崇敬之心,这些文字在他眼里是文明中最伟大的奥妙,而当这本特殊的书经过他的教会一个接一个的会议审核后,推荐给他时保证没有一个错误、一个瑕疵或笔误,他自然会欣然接受这样一本奇书,认为它囊括了人类所知晓和可以希望知晓的全部知识,自然会参与谴责、迫害那些蔑视天庭、胆敢把研究延伸到摩西、以赛亚①界限之外的人。

愿意为自己的原则牺牲的人毕竟是少数。

同时，某些人对知识的渴望实在难以按捺，必须为他们受压抑的精力寻找一个宣泄渠道，于是，在好奇和压抑的冲突中成长起一棵发育不良、没有果实的小树，那就是大家知道的经院哲学。

这要追溯到八世纪中叶，当时法兰克国王"矮子丕平"的妻子伯莎生了一个儿子，这个孩子比好国王路易更配得上法国的庇佑圣人这个称号。国王路易让臣民交了八十万土耳其金币的赎金来保他自己，回报臣民这片忠心的，却是给他们送上一个自己的宗教法庭。

这孩子受洗时取名为查理，你今天在许多古老特许状的底端还能看到这个名字。签名有点笨拙，查理从不善拼写。孩提时他学过阅读法兰克语和拉丁语，等学写作时，他的手指已患上严重的风湿，那是他在征战俄罗斯人和摩尔人的军旅生活中得来的。他只好干脆不写了，雇用当时最好的抄写员做他的秘书，为他笔录。

这位老边民为五十年里只穿过两次"城里衣服"（罗马贵族的宽袍）而得意洋洋，他真心重视学术的价值，把他的朝廷变成一所私立大学，便于他的孩子们和官员的子女接受教育。

这个西方世界新任的最高统治者，其业余爱好就是和那个时代最有名的人厮混在一起。他对学术民主充满敬意，竟可以放弃尊卑礼节，像朴素的大卫弟兄那样积极参与对话，地位最低的教授与他意见相左，他也不在意。

但当我们审视叫这个极品团体感兴趣的话题，以及他们讨论的问题时，我们不由得想起田纳西州乡村中学的辩论小组所选的辩论题名单。

至少可以说他们很幼稚。公元 800 年是如此，1400 年也不例外。

---

① 以赛亚（Isaiah），公元前八世纪希伯来预言家。——译注

这不是中世纪学者的错,他的头脑跟二十世纪的后人一样灵光。可是他的处境很奇特,就像是一位现代的化学家、医生,完全享受研究自由,只要他的言行不与1768年《大英百科全书》第一版中的化学和医学知识相悖就行。问题是1768年化学还几乎是一个未知的科目,而外科就跟屠宰差不多。

结果是(我的比喻有点混乱),智力超常而实验领域非常有限的中世纪学者似乎叫人想起放在廉价小汽车底盘上的劳斯莱斯,一踩油门就撞车。但当这辆奇怪的新式车开得十分小心,严格遵守道路规则时,就变得有些荒唐可笑,耗费巨大能量仍哪儿也去不了。

当然,其中出类拔萃的人对要遵守的时速限制感到绝望。

他们使出浑身解数逃避神职警察的监视,出卷帙浩繁的大部头书来为他们认为正确的观点提供反证,把自己最重要的思想隐匿其中。

他们有意把自己变得怪诞不经,穿着不入流的外套,把鳄鱼标本悬挂在天花板上,满架子都是装在瓶子里的怪物,往炉子里扔气味难闻的草药把邻居从门口吓跑,从而博得了不伤人的疯子名声,胡言乱语说出自己想说的话,别人也不会当真。就这样,他们逐步建立了一个完整的科学伪装体系,深奥晦涩到至今我们仍不明白他们的意思。

诚然,几个世纪后的新教像中世纪教会一样不能容忍科学,这里就不再赘述了。

那些伟大的宗教改革家可以尽情地强烈谴责、大声诅咒,但很少能把他们的威胁转变成实际的镇压行动。

而罗马教会不仅有粉碎敌人的权力,而且只要有机会就不遗余力地使用之。

当我们沉醉于对宽容和不宽容的理论价值进行抽象思考时,这种差距微乎其微。

但对那些可怜的家伙来说可是不得了的事,他们面前只有两种选择,要么公开声明放弃自己的主见,要么被鞭打示众。

如果他们有时缺乏勇气说出内心里认为是真理的东西,宁可浪费时间设计猜字谜,用的都是《启示录》上动物的名称,我们也不必太苛求。

我敢打赌,六百年前我决不会写这卷书。

第九章　文字狱

我发现写历史越来越难。我就像一个训练成小提琴手的人突然在三十五岁被迫操起钢琴,还要像钢琴名家那样以此为生,因为这也"是音乐"嘛。我学的是这个行当,却要在另一个行当里做事。我所学到的是用现存明确秩序的目光看待历史事件,一个或多或少由皇帝、国王、大公、总统有效管理,由下院议员、上院议员、财政部长辅佐支持的世界。另外,我年轻的时候,我们的上帝仍是大家默认的所有事务的当然领袖,必须礼数周全、恭敬有加地对待。

接着,战争开始了。

旧秩序被彻底颠覆,皇帝、国王被废除,谨守职责的大臣被不负责任的秘密委员会所替代,在世界上许多地区,委员会的命令正式关闭了天堂,经济利益驱使的过时雇佣文人被官方宣布为所有古代先知的继承人。

当然,这都不会长久,但文明要经过好多世纪才能迎头赶上,到那时我已奔赴黄泉了。

这期间,我得尽量利用现有的一切,真难啊。

就拿俄国来说吧,二十年前,我在那块圣地停留的时候,我们看到的外国报纸足足有四分之一的版面被脏兮兮的黑色物质覆盖着,技术上称"鱼子酱"。这玩意儿用来隐去谨慎的政府不想要亲爱的人民知道的内容。

整个世界把这种监督当作黑暗时代无法容忍的余孽,我们这些西方伟大共和国的公民保留了一些美国讽刺画报,上面适量地"鱼子酱化",告诉家乡人那些远近闻名的俄国人真正有多野蛮落后。

接着,伟大的俄国革命开始了。

在过去的七十五年里,俄国革命者叫嚣他是贫穷的、受迫害的、没有自由的人,其证据就是凡是属于社会主义事业的刊物都受到严格检查。但到了1918年,受害者摇身一变,当家作主了,情况又怎样呢?自由女神这些获胜的朋友是不是取消新闻检查制度了?压根儿没有。他们下令关闭所有不说新主子好话的报刊杂志,把倒霉的编辑流放到西伯利亚或天使长那里(没多少可选的),总之,他们比挨骂的大臣和沙皇警官更是一百倍地不宽容。

我恰巧在一个相当自由的社会里长大,人们实心实意地相信弥尔顿的名言:"秉着良心自由了解、自由发言、自由辩论是最高境界的自由。"

"战争来了,"正如电影所说的,我就看到"山上宝训"①被宣布为危险的德国文件,不得在数以百万计的公民中自由流传。若是出版发行它,编辑和印刷者不是遭罚款就是遭监禁。

考虑到这些,还不如放弃历史研究,改行写小说或做房地产好了。

但这就等于承认失败。因此,我决定不改行,相信在一个秩序井然的国家里,每个体面的公民有权谈论、思考、公开发表自己认为对的观点,只要他不影响到周围人的幸福和舒适,不破坏文明社会的行为准则或不跟当地警察的规定对着干。

---

① 山上宝训(Sermon on the Mount),指耶稣在加利利山上对其门徒的训示。——译注

这当然把我放在了敌视一切官方检查制度的位置上并记录在案。我认为警察应该对用色情获利的报刊杂志保持警惕,至于其他方面,我的想法是每个人爱出版什么就出版什么吧。

我不是以理想主义者或改革家的身份,而是作为一个讲究实际、讨厌浪费精力的人,一个熟悉近五百年历史的人来说这些,那段历史清楚地表明:压制言论出版自由没有丝毫好处。

胡言乱语就像炸弹,只有压缩到狭小密封空间遭到外界猛烈击打才具危险。一个可怜的家伙,满脑子装着半生不熟的经济观念,不去管他,最多也就吸引数十个好奇的听众,更多时候他的努力只是给人当笑话讲。

同一个人被一名粗鲁、无知的警官用手铐铐着拖向监狱,判三十五年单独监禁,这个人准会引起人们巨大的同情,最后获得烈士的荣誉称号。

但有一点必须记住。

为坏事业牺牲的烈士跟为好事业牺牲的烈士一样多。他们是信不过的人,谁都不知道他们下面会做什么。

所以我说,就让他们讲,让他们写吧。假如他们言之有理,我们应该知道;如果胡说八道,很快会被人遗忘。希腊人似乎就这么认为,罗马在帝国时代之前也这么认为,但罗马军队的总司令一旦变成皇帝、半神化的人物、朱庇特的表弟,与普通民众隔了十万八千里,情况就有所不同了。

于是就发明了十恶不赦的"侮辱陛下罪",这是政治罪,从奥古斯都到查士丁尼时代,许多人被送进监狱,就因为他们在议论统治者时口无遮拦。但如果绝口不提皇帝,罗马人其他话题均无限制。

一到教会统治时期,幸福时光就一去不复返了,好坏之间的界限、正统与异教之间的界限在耶稣死后没几年就已明确划分。一世纪的下半叶,使徒保罗在小亚细亚以弗所附近呆了很长时间,这个地方以出产护身符和符咒而有名。他一边宣教一边赶鬼，大获成功，让许多人相信他们的异教行为是错误的。作为悔过自新的表示，他们带上所有的魔法书籍，在一个晴朗的天气集合，将价值上万元的秘笈付之一炬，这件事在《使徒行传》第十九章有记载。

然而，这是悔改后罪人的自发行为，没说保罗禁止其他以弗所人阅读或拥有同类书籍。

采取这个步骤要到一个世纪之后。

那时，按照在同一个城市——以弗所开会的主教的命令，记载圣保罗生平的一本书遭到封杀，信徒被警告不准读这本书。

随后的两个世纪不存在什么检查制度，因为没几本书可查。

继尼西亚的世界主教会议（325年）之后，基督教会成为帝国官方教会，书面文字审查成为教士的日常工作。有些书绝对禁止，有些书被描述成"危险的"，警告人们如果读它们必须自己承担风险。作者在出版作品之前必须经过当局批准才安心，后来干脆形成一种制度，那就是他们的手稿必须送到当地主教手里批准。

即使审核通过，作者并不总能保证他的作品面世。一个教皇说好的书可能被他的后继者斥为亵渎上帝和有伤风化。

总之，这种方法很好地保护了抄写员的生命安全，他们不至于连同抄写的玩意儿一同被焚烧。那时候，书都是手抄本，出版一套三卷书需要整整五年工夫，正因如此，检查制度才行之有效。

当然，所有这一切都随着约翰·古腾堡的发明而改变，此人又名约翰·鸡皮疙瘩①。

十五世纪中叶后，一个积极的出版商在不到两星期内可出版四百到五百本书。在1453年到1500年短短几十年间，西部、南部欧洲

---

① 古腾堡的原名 Gensfleisch，译成英文为 Gooseflesh，有"鸡皮疙瘩"之义，后来他自己改名为 Gutenberg，意为"好山"。——编注

人就有了不少于四万本不同的书籍,以前这些书只能在储量较大的图书馆借到。

书籍骤然增加,教会忧心忡忡。逮一个手里拿着一本家制福音书的异端分子已不太容易,何况是两千万异端分子,手里拿着两千万编辑精美的书?他们对权威思想已构成威胁,有必要任命一个特别法庭检查所有还未出版的稿件,决定什么能出,什么不能出。

一份份被委员会先后宣布包含有"禁止内容"的书单渐渐演变成闻名于世的禁书目录,这个目录的名声跟宗教法庭一样臭。

但如果给人的印象是出版检查制度非天主教莫属,未免有失公允,许多国家害怕雪崩式的出版物打破当地的平静,已经强迫当地出版商把材料送到公共审查官那里,并且,未有官方盖印批准不得印刷。

但除了罗马,其他地方都未将审查制度延续到今日。即使在罗马,从十六世纪中叶以来,这项制度已大为改观。这也是形势所迫,出版行业的工作效率如此神速,出版物如此之多,就连最勤奋的那个红衣主教委员会,即要检查所有出版物的所谓禁书审定会,行动也落后了数年。更不用说洪水般的纸浆和油墨以报刊杂志、传单册子的形式狂泻到大地上,任何团体组织,不论如何勤奋都应接不暇,审查和分类干脆就免谈了吧,几千年都别想做完。

可是,事实却以再令人信服不过的方式表明,统治者加诸于臣民的这种可怕的不宽容最后报应到他们自己头上。

在一世纪罗马帝国的塔布佗就宣称反对迫害作者,认为这是"愚蠢的事,等于替那些书做了广告,本来那些书根本不会引起任何公众注意"。

教廷禁书目录就证明所言不差。宗教改革运动一获胜,这份目录就一跃而成为指南,为那些想彻底了解当代文学科目的人提供方便。不仅如此。十七世纪,德国和低地国家野心勃勃的出版商往罗马派驻间谍，其任务是获得最新版本的《禁书目录》。一到手就交给特殊信使，快马加鞭地越过阿尔卑斯山，冲下莱茵河谷，以最快的速度把这个有价值的信息传递给他们的老板。于是，德国、荷兰的印刷厂立刻开工，匆忙印出特别版本来牟取暴利，由一队职业书贩偷运到禁区贩卖。

但能带过边境的书，数量毕竟不能多，像在意大利、西班牙、葡萄牙这些国家里，《禁书目录》直到不久前才取消，压迫政策的后果还是很明显的。

这些国家在竞争中逐步落后，理由不难找，这些国家的大学生不仅看不到外国教科书，而且被迫使用质量较差的国产教材。

最糟糕的是，《禁书目录》打消了人们认真从事文学、科学工作的念头，因为任何头脑清醒的人都不愿冒此风险——写出来的书被无能的审查官"修正"成残缺不全的东西，或被宗教法庭委员会的小秘书篡改得面目全非。

他不如去钓鱼，或在酒肆里玩多米诺骨牌消磨时光。

或干脆沉浸在对自己对国民的绝望中，写《堂吉诃德》罢了。

第十章 关于写历史书,尤其是这本书

对那些厌倦现代小说的人,我极力推荐伊拉斯谟的书信,但我发现博学的德西德里乌斯·伊拉斯谟有一些比较胆小怕事的朋友,这些朋友在给他的许多回信中用的都是一成不变的警告模式。

某教师这样写道:"我听说你准备出一本有关路德宗争议的小册子,千万要仔细斟酌,不要得罪教皇,他希望你平安无事。"

这是另一封:"有一个从剑桥回来的人跟我说你打算出一本短篇论文集。天哪,千万不要招致皇帝的不快,在他那个位置,他能给你带来巨大伤害。"

要特别关注的人还有鲁汶的主教、英国的国王、索邦神学院教师,或剑桥的那个可怕的神学教授,免得作者会断了经济来源或失去官方保护,或落入宗教法庭的魔爪,或放在轮子上车裂而死。

如今轮子(除了作为运载工具之外)已沦为博物馆的古董,宗教法庭几百年前就已关门大吉,对从事文学生涯的人来说,保护已没有实用价值,至于"收入"这个词,历史学家们碰头的时候也难得一提。

但一切如旧,当传闻我要写《宽容史》时,另一种类型的告诫信纷纷落入我的蜗居。

"哈佛拒绝让一个黑人住进宿舍,"S.P.C.C.P.的秘书写道,"一定要把这件令人遗憾的事加进你将要出的书。"

又一封："麻省弗雷明汉当地的三 K 党抵制一个信罗马天主教的杂货店老板,你肯定会在你写的宽容史中对这件事点评几句。"

如此等等。

毫无疑问,这些都是愚蠢的事件,全都应该遭到谴责。但它们不属于《宽容》这本书的范畴,它们只是不良行为和缺乏公德的表现,跟官方形式的不宽容不同,后者是教会法和国法的重要组成部分,把迫害当作所有善良公民的神圣职责来看待。

正如白芝浩①所说的,历史应该像伦勃朗的蚀刻画,生动地描绘经过精心挑选的、最好最重要的事情,其余的就让它留在阴影中看不见好了。

那种愚蠢的现代不宽容浪潮在报上已得到真实记载,即使身陷这种浪潮中,也还是可能有觅到光明未来的迹象。

因为如今许多在前几辈人眼里是不言而喻的事,许多被他们不在乎地冠以"从来就是那样儿"的事情都会引起激烈争辩,而我们身边人则会义无反顾地为在祖辈父辈看来荒谬空幻、不切实际的东西辩护,并也常能成功地攻击一些特别令人憎恶的暴民精神表现。

这本书必须短小精悍。

我无暇顾及财源滚滚的典当商的自命不凡,日渐式微的日尔曼霸气,犄角旮旯的福音传道者的无知,农夫教士或巴尔干拉比的偏见,这些好人和他们的坏思想无时无刻不在我们身边。

但只要他们得不到国家的官方支持,就相对来说害处不大,并且,在大多数文明国家里,这种可能性已经完全排除。

私人性的不宽容是很讨厌,对任何社会来说都比麻疹、天花、饶舌妇加在一起更不堪忍受。但私人性的不宽容还没有刽子手。如果

---

① 白芝浩(Walter Bagehot, 1826—1877),英国经济学家、社会科学家和记者,著有《英国宪法》。——编注

在某个国家真有这类刽子手存在，这种不宽容就是非法的，会成为警察的监控对象。

私人性不宽容不会部署监狱，不能规定整个国家该想、该说、该吃、该喝什么，要真这么做，就会招致所有体面人的强烈不满，新规定就会变成一纸空文，即使在哥伦比亚特区也难以实施下去。

总之，私人性不宽容能走多远，全要看自由国家大多数公民能不在乎地允许它发展到什么程度。然而，官方性不宽容确实是气焰冲天。

除了它自己的权力外，它把其他权威视若无物。

官方性不宽容对他人横加干预，雷霆万钧，但无辜受害者从来得不到任何形式的平反赔偿，这种专横不容他人申辩，并且总是援引神圣意志来支持它的决定，煞有介事地以诠释天意为己任，好像了解神意是刚刚在竞选中胜出的人的独有财产。

如果在这本书中，不宽容这个词只指官方性的不宽容，如果我没有对私人性不宽容过多关注，请多多包涵。

我一次只能做一件事。

第十一章　文艺复兴

我国有位博学的漫画家乐呵呵地问自己，台球、猜字谜、低音提琴、前胸上浆的白衬衣、门垫子会怎么看待这个世界？

但我想知道奉命操作现代巨型攻城大炮的人会有什么心理反应。战争期间，许多人在做许多奇怪的事，但还有比发射可恶的"大伯莎"①更荒唐的事吗？

其他士兵多少还知道自己在干什么。

飞行员可以从迅速扩散的红光判断是否击中煤气厂。

潜水艇舰长可以几小时后返回，从大量漂浮的碎片来判断他的战果如何。

猫耳洞里的可怜虫可以欣慰地想，只要他在某个壕沟里还活着，阵地就没丢。

即使是炮兵，在野外炮轰一个看不见的目标时，还可以操起电话问躲在七英里外枯树上的同伴，那个要炸的教堂塔楼是否有坍塌的迹象，或者他是否要再调整一下角度。

可是，贝尔莎大炮的兄弟炮手却生活在奇怪而不真实的自我空间里。即使有见多识广的弹道专家鼎力相助，他们也无法预测自己

---

① 大伯莎（Dicke Bertha），第一次世界大战中德军用过的大口径重炮。——译注

轻松发射的炮弹到哪儿去啦。也许它们真击中了要击中的目标,落到了兵工厂或要塞中央,但它们也有可能击中一座教堂或孤儿院,或是静静地深埋在河床里或矿井里,没造成任何损害。

作家在我看来就跟攻城炮手差不多,他们也在摆弄重型武器。他们的文学导弹可以在最不可能的地方触发一场革命或燃起一场战火,但更多时候,这些导弹只是可怜的哑弹,在附近的地里静悄悄地躺着,直到被人当作破铜烂铁回收或制成伞架、花盆。

历史上还没有一个时代像举世闻名的文艺复兴,在如此短暂的时间里消耗如此大量的纸浆。

意大利半岛的每一个托马索、里卡多、恩里科,条顿大平原上的每一个托马修斯博士、里卡德斯教授、海因里希大师都匆匆印刷自己的书,每人手里十二开本的书绝不少于一打。更别提模仿希腊风格写精巧的十四行短诗的托马西诺之流,步罗马祖先后尘洋洋洒洒写颂诗的里卡迪诺之流,还有无数的热衷于收藏钱币、塑像、肖像、图画、手稿和古代盔甲的人,这些人几乎整整三个世纪都在忙于把古代废墟里挖出来的东西进行分类、排序、制表、编目、归档、编纂,然后配上最美的铜版画、沉甸甸的木刻画,并以对开本样式出版了无数本集子。

对弗罗本、阿尔杜斯、埃蒂安纳和其他靠那项毁了古腾堡[①]的发明发财的新印刷公司来说,这个求知若渴的风潮让他们赚了个盆满钵满,但在别的方面,文艺复兴时期人文作品的巨大产出并没有震撼十五、十六世纪的作家生活的那个世界。创新的荣誉只属于少数几个执鹅毛笔的英雄,而这些人就像我们的炮兵朋友。在他们生前根本没发现自己有多成功,造成的破坏有多大,但总的说来,他们拆除

----

① 古腾堡未能从自己的发明中赚大钱,在经营中因债务纠纷而卷入了几起诉讼案。——编注

了前进道路上的许多障碍,彻底地清除了许多垃圾,如果没有这些英雄,我们的知识前院仍然是破烂成堆。就因为这点,他们配得上我们永久的感激。

严格地说,文艺复兴主要不是具有前瞻性的运动,它看不起距离它最近的历史时代,把上一代的著作称为"野蛮的"(或"哥特式的",这个说法的发源地把哥特人看成跟匈奴人一样臭名昭著),它的主要兴趣集中在似乎渗透"古典精神"这一奇异物质的艺术上。

如果说文艺复兴的确为良心的解放、为宽容、为整体更美好的世界打出了重要的一炮,那也与被视为这场新运动领袖的人们无关。

早在文艺复兴之前,就有人对罗马主教的权力提出质疑,凭什么由他来规定波西米亚农民和英格兰自耕农该用哪种语言祈祷,该用哪种精神研读耶稣的话,该为罪的豁免付多少钱,该读什么书,该怎么教育孩子? 他们试图公开蔑视这个超级大国的力量,但还是都被它击个粉碎,即便是代表民族事业而战,也还是以失败而告终。

约翰·胡斯①闷燃的骨灰被屈辱地洒进莱茵河,这位伟人的下场就是在告诫全世界,教皇仍然是最高统治者。

威克里夫②的尸体被刽子手焚烧,这是告诉莱斯特郡贫贱的农民,基督教公会议和教皇的权势可伸进坟墓。

正面作战显然不可能。

传统这个坚固的堡垒是用一千五百年之巨力缓慢修筑而成的,偷袭是攻不破的。三个教皇争权夺势,都称自己是圣彼得席位的唯

---

① 约翰·胡斯(John Huss,1372?—1457),捷克爱国者和宗教改革家,反对天主教的专制压迫,抨击教士奢侈堕落及教皇兜售"赎罪券",主张宗教改革,遭诱捕,被判火刑处死。——译注

② 威克里夫(Wycliffe,1330?—1384),英国神学家,欧洲宗教改革运动的先驱,批判天主教会的信仰和行为,其追随者称罗拉德派。——译注

一合法继承人;罗马和阿维尼翁①法庭腐败透顶,制定法律的目的是谁出钱谁就可以破坏法律;修道院人欲横流、道德堕落;教士惟利是图,利用新近增加的炼狱恐怖讹诈贫穷父母为死去的孩子付大笔钱——这些发生在圣域里的丑闻,虽然路人皆知,却也威胁不了教会的安全。

但造化弄人,某些男女本来对教会事务没有丝毫兴趣,也不特别怨恨教皇或主教,偏偏是这种人随意发射的流弹,造成的破坏最终导致教会这座久经考验的大厦崩塌。

那个"瘦小苍白的"布拉格人以他高尚理想化的基督徒美德未能达到目的,倒是一群形形色色的平民百姓却做到了,这些人不过是想好活好死,活着的时候是世界上所有美好事物的忠实庇护者、教会母亲的孝子,死的时候也是以这种身份寿终正寝。

他们来自欧洲的各个角落,来自各行各业,假如历史学家把这些平民百姓正在做的事对他们本人挑明,他们准会很生气。

就拿马可·波罗来说吧。

我们知道他是一位了不起的旅行家,见过奇异之事,那些习惯于西方小城规模的邻居们管他叫"百万元马克",当他讲到黄金宝座像塔楼一样高,花岗岩石壁从波罗的海一直延伸到黑海,他们都哄然大笑。

但总的说来,这个干瘪的小矮个在人类进步历史中起到了最重要的作用。他不善写作,带有他那个阶层和时代的偏见,瞧不起文人职业。绅士嘛(就算是一位应该熟悉复式簿记的威尼斯绅士),手里握着的是剑而不是鹅毛笔。因此,马可先生很不愿意成为作家。但倒霉的战争把他关进了热那亚的监狱,为了打发枯燥乏味的囚禁生

---

① 阿维尼翁(Avignon),法国东南部城市,在罗讷河岸边,1309 年至 1378 年是教廷所在地。——编注

活,他把自己的奇特经历说给他的室友,一名卑微的抄写员听。欧洲民众通过这种迂回间接的方式了解到许多闻所未闻的事。波罗是个头脑简单的人,固执地相信他在小亚细亚看到一座山被一位虔诚的圣人移动了几英里,因为这位圣人要告诉他人"信则灵"的道理。他对当时流行的无头人、三腿鸡的故事也信以为真。虽说如此,他的叙述对教会地理概念的颠覆作用,超过了之前一千二百年中的一切。

当然,波罗至死都是教会的忠实信徒,要是有人把他比作一个差不多同时代的人——著名的罗杰·培根,他一定沮丧无比。罗杰·培根则是位彻头彻尾的科学家,为他对知识的好奇心付出了惨痛的代价,被强制辍笔十年,还有十四年的牢狱之灾。

但把这两人放在一起,波罗更具危险性。

一万人中或许有一人会追随培根探索彩虹的奥秘,编织那些能推翻他那个时代所有神圣观念的优秀的进化理论,但每个学了点基础知识的人都可以从波罗那儿知道世界充满了许多东西,其存在方式是《旧约》作者想都想不到的。

我并不是暗示一部作品就能煽动起对权威性经文的反叛,煽动起那种在人们能得到些许自由之前需要发生的反叛。大众启蒙要经过数世纪的艰苦准备。但探险家、导航员、旅行家直白的故事让人人都能看得懂,从而引发了文艺复兴后半期典型的怀疑精神,让人们终于敢说敢写仅仅在几年前还会招来宗教法庭暗探的东西。

就拿那个奇怪的故事为例,那是薄伽丘①的朋友在愉快逃离佛罗伦萨的第一天听到的,故事说所有的宗教体系或许都亦幻亦真。但如果这是事实,即所有的宗教都亦幻亦真,那人们怎么能为既不能证

---

① 薄伽丘(Boccaccio,1313—1375),意大利文艺复兴时期作家,代表作为《十日谈》,通过十位青年在躲避瘟疫途中所述述的一百个故事,大胆鞭挞了当时天主教会的种种丑行。——译注

实又不能驳斥的思想上行刑台呢？

再读读著名学者洛伦佐·瓦拉更为奇特的冒险故事吧。他去世的时候可是一位受人尊敬的罗马教会官员。然而，在他的拉丁语研究中，他无可辩驳地证实，君士坦丁大帝向西尔维斯特教皇捐赠"罗马、意大利和西方所有省份"（从那以后，教皇都声称自己是所有欧洲地区当仁不让的超级主子）这一著名事件是一个蹩脚的骗局，是在皇帝去世几百年后，由教皇档案馆的小职员胡诌出来的。

或回到更实际的问题吧。圣奥古斯丁教导说相信地球另一面有人居住是渎神的、异端的，既然那些可怜的家伙见不到基督第二次降临，就没有必要活在世上。受这番训词精心熏陶多年的忠实的基督徒 1499 年会怎么想？达·伽马第一次从印度回来，描述了地球另一面有人口稠密的王国，听到这番描述的好人们又会怎么看待奥古斯丁的信念？

同样是这帮朴实的人被教导说我们的地球是一个大圆盘，耶路撒冷是宇宙的中心。但当小"维多利亚"①从她环游世界的旅程回来，告诉大家《旧约》存在有一些严重错误，他们又该作如何感想？

我还要重复前面的话，文艺复兴不是有意识科学进取的时代，对精神领域的事务，这个时代表现出令人遗憾地缺乏兴趣。主宰这三百年一切事务的是对美和享乐的追求，就连教皇，尽管会大声谴责教民的邪恶信念，仍忍不住会把这些人请到饭桌上——只要他们能说会道并懂得印刷或建筑。反倒是像萨伏那罗拉②这种道德狂热分子有性命之虞，且风险并不亚于那些年轻又才华横溢的不可知论者，后

---

① 麦哲伦环球探险航行中仅剩的一艘四桅帆船，于 1522 年返回西班牙。——编注

② 萨伏那罗拉（Savonarola，1452—1498），意大利宗教、政治改革家，多明我会宣教士，抨击罗马教廷和暴政，领导佛罗伦萨人民起义建立民主政权，被教廷判火刑处死。——译注

者用诗歌散文抨击基督教的信仰基础,其狂暴劲儿大大超过了优雅之度。

可是,在对生存方式展示新兴趣的过程中,难免会出现一股严重的潜流,那就是对现存社会体制的不满,对权势冲天的教会压制人类理性发展的不满。

在薄伽丘和伊拉斯谟之间存在有几乎两个世纪的空当,在这两个世纪里,抄写员和印刷工可没闲着。除教会印的书之外,几乎很难找到哪一本重要著作没有间接地提到过世界面临的痛苦:希腊罗马的古代文明被无政府的野蛮侵略者取而代之,西方世界被一群无知的修士把持着。

马基雅维利①和洛伦佐·德·美第奇②的同时代人并不特别对伦理感兴趣。他们是讲究实际的人,要让这个现实世界为我所用。表面上,他们与教会相安无事,因为那是个强大的无处不在的组织,弄不好会叫他们倒霉的。他们从不有意加入任何改革的企图,或对他们置身其下的机构指手画脚。

但他们对古老真理难以满足的好奇心,他们对新激情的执意探索,他们那颗不安分的心灵的躁动,让一个一直相信"我们知道"的世界开始反问"我们真的知道吗"?

这一点比彼特拉克③的诗集、拉斐尔的画册更令后代子孙感激不尽。

---

① 马基雅维利(Machiavelli,1469—1527),意大利政治思想家,主张君主专制和意大利统一,认为为达到政治目的可不择手段,著有《君主论》等。——译注
② 洛伦佐·德·美第奇(Lorenzo de' Medici,1449—1492),佛罗伦萨统治者,诗人和艺术的保护人。——译注
③ 彼特拉克(Petrarch, 1304—1374),意大利诗人、学者、人文主义者,著有爱情诗《抒情诗集》。——译注

第十二章　宗教改革

　　现代心理学告诉了我们一些关于自己的有用的东西，其中一点就是我们很少单纯出于一个动机行事。不管我们是捐一百万建新大学，还是拒绝扔一个子儿给饥饿的乞丐；不管我们是宣称真正的思想自由只能在国外生存，还是发誓决不离开美国海岸；不管我们坚持把黑说成白还是把白说成黑，总有多种理由促使我们做出这样的决定，内心深处，我们清楚得很。但如果我们胆敢对自己或周围人说实话，就会与世界格格不入，所以，我们本能地从自己众多动机中选出最值得称道的，把它包装成符合公众的口味，然后作为"我们这样做的理由"公布于世。

　　可是，虽然常常在大部分时间里有可能蒙住大多数人，但要普通人蒙住自己，哪怕几分钟的时间，都难得其法。

　　我们大家都知道这个令人尴尬的事实，所以自文明开始以来，大家彼此都心照不宣，无论发生什么事，这都摆不到台面上来讲。

　　我们私下里所想的，那是我们自己的事。只要表面上维持正人君子的模样，我们便可以心安理得、高高兴兴地遵守这项原则："你相信我的这个小谎言，我也会相信你的。"

　　大自然可不讲究什么礼貌，对这种大度的行为准则决不买账。结果是大自然往往被拦在文明社会的神圣门槛之外。由于历史迄今为止只是少数人的消遣，可怜的缪斯克利俄①百无聊赖，尤其是当我们把她的职分跟其他不那么可敬的姊妹相比，那些姊妹自从有人类历史以来可以又唱又跳，被邀参加每一个晚会，可怜的克利俄只能是为此而气急败坏，因此，常用她自己一套微妙的方式施以报复。

这可是人性的典型特征，但非常危险，常常让人付出生命和财产的昂贵代价。

因为，这位老妇人经常要向我们展示一个事实，即一揽子谎言持续若干世纪后，最终总是拿世界的和平和幸福开涮。每当她这么做时，我们的地球就会立即卷入上千炮火的滚滚硝烟中，骑兵团开始横冲直撞，望不到头的步兵行列蚂蚁般缓慢爬行在大地上。在所有人回到各自的家园或墓地之前，许多国家就已是一片荒凉，无数国库就已空虚到只剩一个子儿。

正如我前面所说的，我们这个行业组织里的人逐步意识到历史既是科学又是艺术，不能违逆永恒不变的自然规律，这种规律却偏偏只在化学实验室和天文台受人推崇。我们现在意识到这点，就必须做一些有用的科学清洗工作，这会给后代子孙带来不可估量的好处。

这就终于把我们带到了这一章开头定的题目：宗教改革。

就在不久前，针对这个巨大的社会、精神动乱，还只有两种意见存在：全盘肯定或全盘否定。

前一种意见的支持者认为是一群正直的神学家突然迸发出强烈的宗教情绪，导致了这场运动的发生，这群人为教皇跨国政体的邪恶和腐败深感震惊，建立了自己独立的教会，想从此以后为认真要成为真正基督徒的人提供真实的信仰基础。

那些忠实于罗马教廷的人却不以为然。

在阿尔卑斯山另一面的学者看来，宗教改革是一场该受诅咒、应

---

① 克利俄（Clio），九位缪斯之一，主管历史的女神。——译注

受谴责的阴谋,是一群卑鄙的王公发起的,他们想离婚,想占有原属他们神圣母亲教会的财产。

还是老规矩,双方都有对有错。

宗教改革是带有各种动机的各色人物共同努力的结果。直到最近我们才意识到在这场剧变中,宗教不满发挥的作用其实不大,这必然是一场略带神学背景的社会、经济大变革。

这样教育孩子们当然要容易得多:好亲王菲利普是个非常开明的统治者,对改革宗教怀有深深的个人兴趣。难以向孩子们说清楚的是,这是一个不择手段的政客耍的阴谋诡计,这个人不惜接受不信上帝的土耳其人的帮助,用以发动对其他基督徒的战争。于是,关于这个人,我们新教徒几百年来干脆就把他造就成一个崇高的英雄,实际上他不过是个野心勃勃的伯爵领主,一心想让黑森家族取代哈布斯堡家族所扮演的角色。

另一方面,可以把克雷芒教皇说成慈爱的牧羊人,徒劳地用日益衰竭的最后一点力气阻止他的羊群追随冒牌领头人。也可以说他是典型的美第奇家族王公,他认为宗教改革不过是一帮德国修士在撒酒疯,他运用教会的权力进一步扩大祖国意大利的利益。前一种说法比后一种要简单得多,所以如果从大多数天主教课本中都能看到这样一位了不起的人物冲我们微笑,一点也不稀奇。

然而,那种历史虽然在欧洲很必要,但对我们这帮新世界的幸运定居者来说无所谓,我们没有义务坚持欧洲大陆祖先的错误,可以自由地得出自己的结论。

仅仅因为黑森的菲利普(也就是路德的挚友和支持者)怀有巨大的政治野心,就说他在宗教信仰上不真诚,那是不对的。

决不能这么说他。

当他挺身而出,在著名的 1529 年"抗议书"中签上自己的名字时,他和其他的签名人一样明知"面临着可怕风暴的严峻考验",可能在断头台上结束生命。

假如他不具备非凡的勇气，决不会承担他实际承担的角色。

但我要说的是：如果不全面了解激发他作为或迫使他不作为的诸多动机，我们要给一个历史人物（或近邻）盖棺定论是很困难的，几乎是不可能的。

法国人有一句名言："知道一切就会宽容一切。"这个结论似乎下得太简单。我愿稍加改动，变成："知道一切就会理解一切。"把宽容一事交给慈祥的主好了，主在数世纪前就已为自己保留了这项权利。

而我们只要谦虚努力地去"理解"就行了，能这样做已经是超出了人类有限的能力。

让我言归正传，回到宗教改革上来吧，这个问题让我把话题扯远了一点。

我是这样"理解"这场运动的，它主要是一种新精神的体现，新精神是过去三个世纪经济、政治发展的结果，以"民族主义"的形式为人所知，因此它是外国跨国政体不共戴天的敌人，在过去五个世纪里所有欧洲国家都被迫置于那个政体的控制之下。

没有同病相怜这个共同的出发点，德国人、芬兰人、丹麦人、瑞典人、法国人、英国人和古斯堪的纳维亚人不可能团结成一个组织严密的团体，并且强大到足以捣毁长期禁锢他们的樊笼。

如果所有这些形形色色的、相互妒嫉的因素没有暂时凝聚成一个伟大的理想，远远超越他们私下的嫌隙和抱负，宗教改革就不可能成功。

如果不是这样，宗教改革只会蜕变成一系列小规模的地方暴动，很容易被外国雇佣兵团和一些精力充沛的宗教法庭审判官镇压下去。

运动的领袖就会跟胡斯一样下场，追随者就会像他们前面的小团体瓦尔多派、阿尔比派那样遭到大屠杀。这又会是教皇一场轻取的胜利,在"违犯纪律"的罪人当中又会出现一个恐怖政策时代。

即使是成功了,这场伟大的改革运动也是在极小的范围内取得成功。而且,一旦胜利在握,对叛乱者的威胁解除,新教阵营就瓦解成无数的敌对小团体,以渐微的规模重复他们的敌人在权力巅峰时犯下的错误。

一个法国神父(我很不幸忘记了他的名字,但他是个充满智慧的人)曾说过,无论人性有多恶,我们应该学会爱人。

从几乎四个世纪的安全距离去回顾这个充满希望又充满更多失望的时代,想想那么多男男女女把生命浪费在绞架和战场上,就为了一个根本不会实现的理想;想想他们的超凡勇气,想想数以百万计的无名英雄为他们心目中神圣事业所做的牺牲,再想想新教起义作为一场运动完全未能迈向一个更开明、更智慧的世界,再叫人对人类怀有一副慈悲心肠真是难上加难。

就新教主义而言,如果要实话实说,它带走的是许多美好、高尚、优雅的东西,添加的却是狭隘、可憎、粗俗的东西,它没有把人类历史改写得更简单、更和谐,反而把人类历史变得更复杂、更混乱。所有这些与其说是宗教改革的错,不如说是大部分人与生俱来的某些心理缺陷造成的错。

他们不愿被催促。

他们无法跟上领袖的步伐。

他们不缺乏善意,终究会穿过大桥到达新发现的彼岸。但他们只会在时机成熟的时候这样做,而且还忘不了把祖先留下的遗产一股脑地带着一起走。

伟大的宗教改革本来是为了建立基督徒与上帝之间全新的个人关系,消除过去岁月的一切偏见和腐败,结果是,被它所信任的教徒驮上一大堆中世纪乱七八糟的包袱,既不能前进又没有退路可言,很快就落入了它憎恨万分的教皇体制的窠臼。

这就是新教徒反叛的悲剧,它无法超越大多数支持者的平庸智力水平。

结果是欧洲西部和北部并没像预料的那样取得进步。

取代了一个据说是永无过失的人,宗教改革却留给世界一本据说是永无过失的书。

取代了某个君主一统天下的局面,却涌现出无数个君主,都以自己的方式试图一统天下。

不再是把基督教世界分为两大立场鲜明的阵营,自家人和外人、信徒和异教徒,却制造出无数的持异议者小团体,它们毫无共通之处,只是都对与自己意见相左者似仇人相见,分外眼红;不是宽厚待人,而是效仿早期教会,并且,一旦大权在握,一旦用无数的要理问答、信条和忏悔书巩固了自己的地位后,就向人宣战,仅因为那些人不信他们居住地的官方教义。

毫无疑问,这都是令人遗憾的事。

但考虑到十六、十七世纪的心理发展,这也是无法避免的。

要形容一下像路德和卡尔文这类领袖的勇气,只有一个词,一个令人生畏的词——"巨大"。

不过是一个普通的多明我会僧侣,一个在一所小学院执教的教授,其学院龟缩在德国腹地一条带潮汐河边的蛮荒之地,这样一个人竟然敢于烧掉教皇诏书,把他的反叛言论钉在教堂的门上。一个法国学者,体弱多病,竟然也把小小的瑞士城镇变成坚不可摧的堡垒,成功地做到了公然蔑视教皇的全部权力。这种人为我们树立了一个坚忍刚毅的榜样,现代世界里无人可与之相比。

至于这些勇敢的叛逆者很快找到的朋友和支持者——带有自己打算的朋友和希望浑水摸鱼的支持者,都不在本书讨论的范围内。

当这些人士为自己的良心赌上性命时,不曾想到会发生这种事,也不曾想到北方大部分国家最终会归于他们的旗帜之下。

但一旦卷入自己一手造成的大漩涡时，他们也无可奈何，只能随波逐流。

很快，他们为浮出水面耗费了所有力气。远方的教皇终于意识到这场不值一提的骚乱比几个多明我会修士与奥古斯丁托钵修士之间的个人争吵要严重得多，是一个原法国助理牧师的阴谋。叫他的许多信徒感到欣慰的是，他暂时停止修建心爱的教堂，召集战时会议。一时间教皇诏书、开除教籍令漫天飞舞，帝国军队开始行动，叛乱分子的领袖别无他法，只能背水一战。

历史上也不是第一次发生这样的事，伟人们在极端的冲突中失去了他们的分寸感。本来路德还宣称"烧死异教徒有违圣灵精神"，可几年后，同一个路德一想到那些倾向于再洗礼派的德国人、荷兰人有多邪恶，就会陷入仇恨的暴怒之中，好像完全失去了理智。

那位英勇无畏的改革家在事业起步时坚持说我们不能把自己的逻辑体系强加给上帝，但临终前却烧死了一个显然逻辑能力比他强的人。

今天的异教徒到明天就开始极端仇视所有持异端者。

尽管他们声称开创了一个新纪元，黎明曙光终于从黑暗中出现，但卡尔文和路德在他们的有生之年仍是中世纪的忠实儿子。

他们没有也不可能视宽容为美德。当自己被放逐时，他们乐意拿自由良知的神圣权利来驳斥敌人，但一旦战斗结束，这个有力武器就被小心地存放到新教的杂屋里，那里面还乱七八糟地塞满了其他不实用的良好打算。宽容就这样闲置着，被遗忘、被忽视，直到多年以后，人们才从装满旧布道书的箱子后面发现了它。不过，那些把它捡起来，刮去锈渍，又一次带着它投入战斗的人，与十六世纪早期打了美好的仗的人性质完全不同。

然而，新教革命为宽容事业做出了巨大贡献，不是通过其直接成果，那里面是看不到多少宽容的。但间接地，宗教改革的所有结果都与进步保持一致。

首先，人们开始熟悉《圣经》。教会没有明确禁止人们读《圣经》，但也没鼓励普通的非神职人员研读这本神圣的书。现在至少每一个正直的面包师、蜡烛匠手里都有《圣经》，可以私下里在自己的作坊里研究，得出自己的结论，还不用怕在火刑柱上烧死。

我们面对未知事物的神秘性时往往感到敬畏，一旦熟悉它，这种心情就消失了。在宗教改革后的两百年里，虔诚的新教徒相信他们从《旧约》里读到的一切，从巴兰的驴子到约拿的鲸鱼。那些敢于质问一个逗号（博学的亚伯拉罕·科洛维厄斯受圣灵启示而发出的元音符）的人，都知道不能让公众听到他们发出怀疑的窃笑，倒不是还害怕宗教法庭，而是新教牧师有时会让你活得很不爽，遭到牧师公开责难会带来严重的经济后果，说不定还是灾难性的。

然而渐渐地，这样一本书，其实是由牧羊人、商贩组成的小国的一本历史书，被人翻来覆去地研读后，所造成的结果是路德、卡尔文和其他改革者无法预见的。

假如他们能够预见，我相信他们会跟罗马教会一样讨厌希伯来语、希腊语，决不会让那些未入门的人染指那些经文。因为最后，越来越多的严肃学生开始看到《旧约》是一本非常有趣的书，但书里面有那么多令人毛骨悚然的残酷、贪婪、谋杀事件，不可能是一本受圣灵启示的书，从书中内容的性质来看，只会是一个生活在半野蛮状态的民族的作品。

这以后，许多人当然不可能再把《圣经》看作所有真正智慧的源头，这个给自由遐思造成障碍的东西一旦被破除，被遏止了几乎一千年的科学研究便开始欢畅地顺流而下，人们重新拾起古希腊、罗马哲学家被中断了两千年的工作。

其次，从宽容的角度看，这一点更为重要：宗教改革把欧洲北部和西部从独裁统治中解救出来，这个独裁统治披着宗教组织的外衣，实际上是精神领域的罗马帝国暴君制度的延续。

我们的天主教朋友肯定难以苟同这种观点，但他们也应该感谢这场运动，它不仅不可避免，而且给他们自己的信仰带来很多好处，因为被迫自力更生之后，罗马教会厉行革除许多弊端陋习，那些积垢使它的神圣名字变成了强取豪夺和专制暴政的代名词。

它也取得了辉煌的成果。

十六世纪中叶以后，梵蒂冈不再容忍博尔吉亚家族①。教皇像从前一样继续由意大利人担任，修改这个规定实际上是不可能的，如果负责选拔新教皇的红衣主教选了德国人或法国人或其他国家的人，罗马的无产者会把这座城市掀个底朝天。

然而，新教皇都是经过精心挑选出来的，只有品格最高尚的候选人才在考虑范围内，这些新主子在充满奉献精神的耶稣会会士辅佐下，开始对教会进行大清洗。

停止销售免罪券。

修道院被责令研读（从此以后遵守）创立者定的规矩。

托钵僧从文明城市的街上消失。

文艺复兴时期那种普遍的精神冷漠不见了，取而代之的是对神圣而有意义的生活的热情，人们愿意一生为无力承担生活重担的不幸之人做好事，谦卑地为他们提供服务。

即使是这样，大片失去的领土已是覆水难收。从地理上来讲，欧洲北部是新教的地盘，南半部仍属于天主教。

如果用图画来表示宗教改革的结果，发生在欧洲的这些变化就更一目了然。

中世纪只有一个统一的精神和知识监狱。

---

① 博尔吉亚家族（Borgias），定居意大利的西班牙世袭贵族，在十五、十六世纪出过两个教皇和许多政治、宗教领袖。——译注

新教起义摧毁了旧监狱，在一部分现成材料的基础上建起他们自己的监狱。

于是1517年后，出现了两个地牢，一个是专门为天主教徒准备的，另一个为新教徒。

至少原来是这么打算的。

但新教徒没受过数世纪迫害、压迫方面的训练，无法保证监狱不受异端破坏。

大批桀骜不驯的犯人从窗户、烟囱、地下室的门逃之夭夭。

整座监狱很快变得破烂不堪。

一到夜晚，异端分子就来了，一车车地把石头、梁柱、铁棍运走，第二天早晨用于建造自己的小堡垒。虽然外表上这很像格列高利教皇和英诺森三世一千年前建的那座监狱，但实际上已是外强中干。

堡垒刚刚万事俱备可以入住，新的条条框框刚刚贴到大门上，心怀不满的囚徒们便纷纷离去。他们的看守，也就是刚刚被称为牧师的人由于没有传统的惩戒措施（开除教籍、折磨、判处死刑、没收财产、流放）撑腰，在这群去意已决的暴民面前完全束手无策，只能退到一旁，眼睁睁地瞧着他们按照自己的神学偏好竖起栅栏，宣读一些恰好符合他们临时信仰的教义。

这个过程反复出现，最后在各个监狱中间形成一种精神上的无人地带，好奇的心灵可以在此徜徉，正直的人在此可以不受阻碍、不受干扰地自由思考。

这就是新教主义为宽容事业做出的巨大贡献。

它重新建立起个人的尊严。

第十三章　伊拉斯谟

　　写每一本书都会产生危机，有时候，危机会在前五十页出现，有时候直到手稿接近尾声时才现身。的确，没有危机的书就像没出过麻疹的孩子，这可能就是问题所在。

　　这一卷的危机几分钟前刚出现，因为我现在觉得在 1925 年著书论述宽容这个题目似乎很荒谬，花在初步研究上的工夫等于是浪费宝贵的时间。现在我最想做的是拿伯里、莱基、伏尔泰、蒙田、怀特的著作来点篝火，然后把我作品的文稿付之一炬。

　　怎么解释？

　　理由很多。首先，一个作者长时间地与这个题目亲密接触，难免会产生倦意；其次，怀疑这类书没有一点实用价值；另外，害怕我们缺乏宽容的同胞把它当作矿坑，从中挖掘出几个方便的事实来支持他们所做的坏事。

　　但除了这些问题（大部分严肃书籍都存在这些问题），就这本书而言，还有一个不可逾越的困难——"体系"。

　　故事必须有头有尾才算成功，这本书有开头，但会有结尾吗？

　　这就是我的意思。

　　我可以举出种种可怕罪行，它们看似出于公正公义之名，但实际上是不宽容造成的。

我能描述当不宽容提高到主要美德的层次时人类有多么不幸。

　　我可以对不宽容极尽谴责、嘲笑之能事，我的读者会由此而异口同声地高呼："打倒这个祸害，让我们宽容起来吧！"

　　但有一件事我做不了，我无法告诉大家这个崇高的目标如何得以实现。从饭后谈资到口技，都有手册给我们提供指导，在我上周日读到的一则函授课程的广告里，有多达两百四十九个科目学校保证教到位，而且费用很低，但迄今没有人打算用四十节课（或四万节课）教授"如何变得宽容"。

　　就连历史，虽然被认为是揭秘的能手，也拒绝在这种紧急事件中让自己发挥作用。

　　的确，写一部专讲奴隶制、自由贸易、死刑或哥特式建筑发展的学术书是可能的，因为奴隶制、自由贸易、死刑或哥特式建筑发展是明确而具体的东西，即使缺乏其他材料，我们至少可以研究自由贸易、奴隶制、死刑或哥特式建筑发展的支持者和反对者的生平。从这些杰出人士探讨问题的方式、个人习惯、社会关系、饮食烟酒方面的爱好，甚至他们穿的马裤，我们都能对他们大力支持或强烈谴责的理想做出判断。

　　但是，从来就没有职业的宽容提倡者。那些为这一伟大事业振臂高呼的人只是顺便为之，宽容是他们的副产品，他们有别的追求。他们或许是政治家、作家、国王、医生和工匠，虽然在做国王、行医、做铁画的过程中为宽容说了几句好话，但为宽容而奋斗不是他们的主业。他们对宽容的兴趣不外乎对下棋、拉小提琴的兴趣，因为这个奇异群体来自各行各业（想想斯宾诺莎、腓特烈大帝、托马斯·杰斐逊、蒙田这一帮同道之人吧），几乎不可能发现其中的共同特点，而在同一行业中（无论是当兵、修水管，还是把世界从罪恶中解救出来）就不一样了，总能发现固定的模式。

　　在这种情况下，作家倾向于向警句格言求援，在这个世界的某个地方总有某种格言来应对某种困惑。但就宽容这个问题,《圣经》、莎士比亚、艾萨克·沃尔顿①,甚至就连老贝纳姆也撒手不管,也许只有乔纳森·斯威夫特(据我回忆)最靠谱,他说大多数人的宗教信仰只够他们仇恨自己的邻居,而不够他们热爱那些邻居。不幸的是,这个意义隽永的评论对我们目前的困难不大适用。有些人具有人类所能安全怀有的最高境界的宗教热诚,但对自己的邻居仍然恨之入骨;而有些人压根没有宗教本能,却毫不吝惜地在流浪的猫啊、狗啊和基督教世界其他人身上显示爱心。

不行,我要自己找到答案。经过充分的深思熟虑(但仍然忐忑不安),我要谈谈我认为是正确的道理。

为宽容而奋斗的人们不管多么不同,但有一点是相同的,他们的信仰中调和了怀疑,他们也许真心相信自己是正确的,但决没有到坚信不移的地步。

在这个超级爱国主义盛行的时代,在我们为这个百分之百那个百分之百呐喊叫嚣的时候,或许有必要指出大自然给我们上的一课,大自然似乎从本质上非常厌恶任何标准化的理想。

纯种猫和纯种狗是出了名的笨蛋,没人把它们从雨中领出来,它们就会死。百分之百的纯铁早就弃而不用,取而代之的是称为钢的合成铁。从来没有哪个珠宝商会去摆弄百分之百的纯金纯银首饰;任何质量上乘的小提琴都必须用六七种不同木材制成。要是一顿饭是百分之百的玉米粥,谢谢吧,我碰都不会碰!

总之,世上所有最实用的东西都是混合物,我看不出信仰为什么就是例外。除非“肯定”的基础包括一定量的“怀疑”杂质,不然的话,我们的信仰就像纯银制成的钟,只会发出单调的叮当声,或像黄

---

① 沃尔顿(Izaak Walton,1593—1683),英国作家,主要以文学作品《高明的钓鱼者》而闻名。——编注

铜制成的长号,发出难听刺耳的声音。

就是对这一点的深刻认识使得倡导宽容的英雄在这世上卓尔不群。

就人品的正直、信仰的诚实性、对职责的无私奉献和其他一般性的美德而言,他们中的大部分人都能通过清教徒宗教法庭的审查,我还想进一步说,如果不是他们的特殊良知倾向使其成为那个机构的公敌,他们中间至少有一半人活着或死后可以加入圣人的行列,只是那个机构自认为把人封为圣人是它独一无二的权利。

但幸运的是,这些英雄们有神圣的怀疑态度。

他们知道(就像在之前的罗马人、希腊人一样知道)面临的问题庞大无比,头脑清醒的人都不指望一次性解决。虽然希望并祈祷自己的路能通向安全的目的地,但他们无法说服自己坚信这是唯一正确的路,其他路线全是错的;无法说服自己坚信那些令人着迷的支线——那些让那么多淳朴的人心情愉快的支线是邪恶的通衢,通向的是万劫不复的地狱。

这些听上去与我们大部分要理问答、伦理教科书所持的观点完全不同,而我们的书宣传的都是超凡脱俗的世界,由绝对信仰的纯白炽焰照耀着。也许是不错,但在炽焰燃烧得最旺的那些世纪里,老百姓既不特别感到幸福也不特别舒适。我不想发起激进的变革,只不过想试试另一种光芒换换口味,我们宽容行业的弟兄们就是习惯于借助这后一种光芒来审视这个世界。如果行不通,我们仍然可以回到祖制。但如果能为一个更加善意和更具耐心的社会抛洒一缕愉悦的清辉,破除笼罩在社会头上的丑恶、贪婪和仇恨,我们的收获一定不小,我相信付出的代价也不大。

提出了这点建议,未知价值如何,我还是回到要谈的历史。

当最后一个罗马人入土后,当这个世界(指的是最好最广泛意义上的世界)的最后一名公民离开人世后,经过漫长的岁月,这个社会才再次找到安全的基点,古老的、包容一切的人文主义精神方得以重现风采,而这种精神是古代世界的杰出人物所特有的。

正如我们所看到的,这发生在文艺复兴时期。

国际贸易的复苏给穷困的西方国家注入新的资本,新城市纷纷崛起,新阶层的人开始资助艺术,花钱出版书籍,赞助顺应繁荣潮流的大学。就在这时,少数人士热心支持"人文主义",支持那些大胆地把全人类当作实验场的科学,奋起反抗陈旧经院哲学的狭隘局限性,与一拨信徒彻底分道扬镳,而后者则把这些先驱者对古代智慧和文法的兴趣看作是邪恶、不纯洁的好奇表现。

在这一小群先驱者当中有几个佼佼者,他们的故事将构成本书后面的部分,其中最高荣誉当属于一颗腼腆的心灵,他的名字就是伊拉斯谟。

尽管他不露声色,但那个时代所有重要的口诛笔伐都有他的份儿,他成功地叫他的敌人心惊胆颤,靠的是准确地运用最致命的武器——长射程的幽默大炮。

这些炮弹充满他用智慧制成的芥子气,远远地飞向敌国,在其领土上遍地安插。伊拉斯谟炮弹杀伤力极强,乍一看没什么危险,没有噼啪作响的导火线预警,外表只是有趣的新款烟花的模样,但上帝保护那些把炮弹带回家让孩子们玩的人吧,毒素肯定侵入孩子幼小的心灵,长时间地潜伏着,哪怕花了四个世纪也没能找到解毒的有效疫苗。

奇怪的是,这样一个人物却出生在一座乏善可陈的城镇,该镇位于北海东海岸线的泥滩上。十五世纪,那些湿地还未体面到出现极其富庶的独立共和体,只是一些不起眼的诸侯国,徘徊在文明社会的边缘。整个地区飘着鲱鱼的腥气,经久不散,鲱鱼是这里的主要出口产品。到此地的外来者只会是处境凄凉的水手,船在这片阴郁的海岸上撞沉了。

在这样一个毫无生趣的环境里度过童年想必非常恐怖,但这个充满好奇的孩子可能正是由此而奋发向上,活跃异常,最后脱颖而出,成为那个时代最知名的人物之一。

打从生命的开始,所有的事情都跟他作对。他是私生子。中世纪的人与上帝和大自然都保持着亲密友好的关系,对待这一类孩子的态度比我们聪明多了。他们感到遗憾,这种事情不应该发生,当然也非常不赞成,但除此以外,他们天性淳朴,不会去惩罚一个襁褓里的生命,因为那根本就不是这孩子的错。对伊拉斯谟来说,没有名分的出生所带来的不便只是摊上一对糊涂透顶的父母,他们面对这种情况完全束手无策,把孩子撂给亲戚们抚养,这些亲戚不是笨蛋就是无赖。

这些叔叔们和监护人拿这两个监护对象不知该怎么办好,母亲死后,两个孩子再也没有自己的家。他们先是被送到代芬特尔一所著名的学校,那里有几位教师属于共同生活兄弟会,但如果我们从伊拉斯谟成年后的信件来判断,这两个年轻人只是另一种意义上的"共同"。接着,两个男孩分开了,小的去了豪达,直接接受拉丁语学校校长的监护,这个校长也是指定管理他那微薄遗产的三个监护人之一。如果那所学校在伊拉斯谟时代跟四百年后我拜访时一样糟糕,我会为这个可怜的孩子感到难过的。更糟糕的是,这时期监护人已把他的钱挥霍一空,为了逃避法律制裁(旧时的荷兰法庭对这种事的处理相当严厉),他们匆忙把他送进修道院当修士,祝他幸福,因为"以后他的生活就有保障了"。

历史这个神秘的磨盘最终把这一可怕的经历碾成具有伟大文学价值的东西,但我不愿多想这位敏感的年轻人置身于无知蠢人和粗野的乡巴佬中间的那些可怕岁月,中世纪后期整整一半修道院都把持在这种人手里。

斯泰恩修道院纪律松弛,所以,伊拉斯谟有幸能把大量时间花在前任院长收集的拉丁文稿上,那些材料在图书馆一直无人问津。他如饥似渴地阅读那些书籍,最后成了一部活的古典知识百科全书。这对他以后的生活十分有利,他一生漂泊,很少能找到一个参考文献图书馆,但他不需要,他可以靠记忆引述。只要读完十卷收录他全集的对开本巨著或读完其中一部分(如今生命是如此短暂),你就会了解十五世纪的"古典知识"意味着什么。

当然,伊拉斯谟最终离开了他的老修道院,像他这种人不会被时势所迫,他们会创造自己的时势,而且用的是最意想不到的材料。

以后的生活中伊拉斯谟是个自由人,不停地寻找一个他的工作不受爱慕者打扰的地方。

但直到他的灵魂带着对童年"亲爱的上帝"的乞求长眠不醒后,他才得到"真正安宁"的时刻,这种安宁一直被苏格拉底和芝诺的继承人看作至臻佳境,但很少有人能觅到。

关于这些文化苦旅的描述不少,我就无需在此一一重复。只要有两个或更多的人以真正智慧的名义聚集在一起,伊拉斯谟迟早会现身。

他在巴黎求过学,作为一名穷学者差点死于饥寒交迫,在剑桥执过教,在巴塞尔印过书。他(徒劳地)想把启蒙的火种带进著名的鲁汶大学,那是一座打着正统旗号灌输偏见的堡垒。他在伦敦待了很长时间,在都灵大学获得神学博士学位。他对威尼斯大运河了然于胸,诅咒齐兰可怕的路况就跟诅咒伦巴第的路况一样不费事。罗马的天空、公园、步行街、图书馆给他留下了深刻印象,就连忘川之水也无法抹去他对这座圣城的记忆。他如果愿意移居威尼斯,就能得到一笔丰厚的养老金;每当一所新大学落成开放,他爱担任什么教授职位都行,或者根本不需要担任教授,只要他愿意偶尔光顾一下校园,那就是使其蓬荜生辉。

可是,他坚定地拒绝所有的盛情邀请,因为这里面都包含着定居和仰人鼻息的危险,在所有东西中他最渴望的就是自由。他偏爱安乐窝,讨厌陋室;偏爱有趣的伙伴,讨厌乏味的朋友。他知道勃艮第地区的美酒佳酿与亚平宁山的淡红液体不同,但他想按照自己的方式生活,而若要称呼别人为"主人",就做不到这一点了。

他把自己定位于知识探照灯,任何东西从时事的地平线冒出来,伊拉斯谟就立刻把他灿烂的知识之光洒落在上面,尽力让周围人看到事实真相,剥去伪饰,脱下"愚蠢",也就是他恨之入骨的无知。

在历史上最动荡的年代里他都能游刃自如,逃过新教狂热分子的极度愤怒,同时又远离宗教法庭的朋友们的柴堆,在他的生涯中这一点使他成为众矢之的。

后代子孙似乎一提到祖先,就巴不得出现几个殉道者。

"这个荷兰人为什么就不能为路德挺身而出?为什么不冒险一试跟其他改革者站在统一战线上?"这个问题似乎叫至少十二代人感到不解——虽然这些公民在其他方面的智力毫不逊色。

回答是:"他何必呢?"

天性使然,他不喜欢暴力,从不认为自己是某个运动的领袖。那些拼命呐喊应该如何达到大同世界的人都具有一种典型特征,那就是一种自以为是的气质,而他却完全没有。再说,他觉得没有必要每次想重新布置房间时就拆毁旧家。没错,房屋情况不好,亟待修整,下水道太过时了,园子里灰尘满布,堆满老早搬走的人扔下的零碎玩意儿,但如果能让房主学会信守诺言,及时花钱修缮,房子就会有所改观。除此之外,伊拉斯谟不想走得更远。虽然他的敌人很不屑地称他是"折衷派",但他取得的成就跟彻头彻尾的"激进派"一样大——或者说比他们还大,激进派给这个本来只有一个暴君的世界带来了两个暴君。

像所有真正的伟人一样,他对制度一点不友好,他相信拯救这个世界必须靠每个人的努力,你能改造个人就能改造整个世界!

因此,他用普通人喜闻乐见的方式攻击弊端陋习,采取的方法很巧妙。

首先,他写大量的信,写信给国王、皇帝、教皇、修道院长、骑士和无赖。他写这些信(那时还没有贴好邮票的回邮信封)给任何肯来接近他的人,只要有笔在手,他就能不费事地写出至少八页。

然后,他校对编辑大量的古典文本,这些文本已被传抄得面目全非,词不达意。出于编辑目的,他只得学希腊语,煞费苦心地掌握这种被禁用语言的语法。虔诚的天主教徒坚信他跟真正的异教徒一样坏,其中指责他的理由就有这么一条。这当然听上去很荒唐,但却是事实。在十五世纪,体面的基督徒做梦也不会梦到去学这种被禁用的语言,这是邪恶的语言,跟现代俄语一样声名狼藉。懂希腊语会给一个人带来各种麻烦,他可能忍不住拿福音书的原创版本跟那些出示给他的译本进行比较,那些译本一直十分肯定地被认为是原著的真实翻版。这只是个开头,他很快就会屈尊跑到犹太区去学希伯来语文法,这离公开背叛教会权威就只剩一步之遥。所以长时间内,一本布满稀奇古怪涂鸦式文字的书都会被当作具有秘密革命倾向的物证。

房子常常会遭到教会当局的突袭,搜查这种违禁品。拜占庭的难民本来靠教自己的母语来贴补家用,现在常被勒令离开他们避难的城市。

尽管有那么多绊脚石存在,伊拉斯谟还是学会了希腊语。在他编辑的西普里安、克里索斯托和其他教会先祖的书中,他加了旁注,其中隐藏着对时事的巧妙针砭,如果用一个独立的小册子来论述,准保胎死腹中,印不出来。

这种充满顽童精神的评注以他发明的独特文学形式表现出来,我指的是他著名的希腊语、拉丁语谚语集,他收集这些谚语是为了让他那个时代的孩子学会写古典文章,成为知书达理的人。这些所谓的"格言"充满精彩绝伦的评语,在那些保守的邻居看来,怎么也没法想象它们会出自一个蒙受教皇友谊的人之手。

最后,他写了一本奇怪的小书,像这一类书都是时代精神的产物,本来只是给几个朋友传阅的笑话书,谁知叫作者始料未及的是,竟然获得了伟大经典文学作品的至尊地位。该书名叫《愚人颂》,偏巧我们知道该书是如何成形的。

在1515年,一本构思巧妙的小册子轰动了世界,谁也不知道小册子是攻击托钵修会修士,还是捍卫修道院生活。首页上没有署名,但文化界消息灵通人士认出这书疑似出自一个叫乌尔里希·冯·胡滕的人之手,他们猜得对,因为那个桂冠诗人、著名的城市无业游民、才华横溢的年轻人在创作这部粗俗不羁、插科打诨但十分有意义的作品中没少出过力,并为此而洋洋自得。当他听说不是别人而是伦敦著名的"新学"倡导者托马斯·莫尔对他的工作赞赏有加时,他写信给伊拉斯谟索取详情。

伊拉斯谟不是冯·胡滕的朋友,他井井有条的头脑(反映到他井井有条的生活方式上)无法对邋遢的条顿骑士产生好感,这种人白天为启蒙事业英勇地挥舞着他们的笔和剑,然后钻进附近的小酒馆,不停地灌酸啤酒来麻醉自己,借以忘记当时的腐败堕落。

但冯·胡滕有自己的风格,是个天才,伊拉斯谟客气地回了信。是啊,他写着写着,便开始对他那位伦敦朋友的美德赞不绝口,把知足常乐的家庭生活描绘得美妙迷人,简直可以成为世界末日到来之前所有家庭的楷模。就在这封信里他提到莫尔这个毫不逊色的幽默家启发了他写《愚人颂》的最初想法,很可能是莫尔一家(名副其实的诺亚方舟,里面有儿子、儿媳、女儿、女婿、鸟、狗、私人动物园、职业演员、业余小提琴乐队)和气的喧闹给他灵感,使他写出这篇开心的、永远与他的名字相联系的游戏之作。

这本书隐约让我想起"潘趣和朱迪"那出剧,它那么多世纪以来一直是荷兰小孩唯一的乐趣。那些"潘趣和朱迪"戏尽管对白粗俗不堪，但始终保持一种道德高尚严肃的调子，死神空洞的嗓音控制着整个场面，其他角色被迫一个接一个地站在这个衣衫褴褛的主角面前诉说自己的遭遇，叫小观众乐开了怀的是，一根短粗大棒朝每一个人头上敲一下，然后把他们扔进想象中的废品堆。

在《愚人颂》里，整个社会组织遭到精心剖析，某个受神灵启示的验尸官，也就是愚人，袖手旁观，用他的评语叫整个公众开心不已。无人能幸免，整个中世纪城镇居民都给仔细地搜索了一遍，找出合适的角色。当然，当时那些野心家，那些沿街叫卖救赎的假正经托钵修士，他们的粗鄙无知、他们所有的浮夸都遭到难以忘怀、难以原谅的鞭挞。

教皇、红衣主教、主教，这帮加利利贫穷渔民和木匠的不肖继承人，也在人物表里，占据了好几个章节。

然而，伊拉斯谟的"愚人"比通常幽默文学里的玩偶匣更有血有肉，贯穿这部小书的(也贯穿他写的所有文章)是伊拉斯谟自己的福音，那就是人们称为的宽容哲学。

就是这种宽人宽己的态度，这种坚持神圣律法精神而不是坚持神圣律法原著的标点符号，把宗教当作伦理体系而不是政权形式来接纳的人文思想，使伊拉斯谟遭到那些一本正经的天主教徒和新教徒猛烈攻击。他们把他看成"不信上帝的无赖"，看成所有真正宗教的宿敌，因为他是在"诋毁基督"，而且狡猾地把他的真实想法隐藏在一本构思巧妙的小书的滑稽句子里。

这种辱骂(一直持续到他去世)没起任何作用，在那样一个把现成文本增删一个词都会掉脑袋的年代里，这位鼻子又尖又长的小个子男人一直活到了七十岁。他不喜欢做大众英雄，并对此直言不讳。他不愿鼓动人挥剑扛枪，非常清楚让小小的一场神学争吵激化为国际宗教战争的风险。

于是，他就像一只巨大的河狸，夜以继日地劳作着，为了筑起著名的理智和常识大坝，隐约希望能堵住无知和不宽容的巨浪侵袭。

当然，他没有成功，不可能挡住从德国山脉和阿尔卑斯山飞流直下的恶意和仇视之洪水，他死后没几年，他的作品被冲得无影无踪。

但他的工作太出色了，以至于他的许多思想碎片残骸冲上了子孙后代的海岸，为那些压抑不了的乐观主义者提供了出色的材料，这些人相信我们总有一天会有一整套堤坝真能挡住那股恶流。

伊拉斯谟于 1536 年 7 月与世长辞。

他从未失去他的幽默感。他死在出版商的家里。

第十四章　拉伯雷

社会动荡常常造就奇怪的同伴。

伊拉斯谟的名字可以印在全家老少皆宜的体面书本上，但在公共场合提拉伯雷的名字却被视为不雅。这家伙如此危险，我国都已颁布法律禁止让他的坏书落入我们无辜的孩子手里，在许多州，他的书只能在最胆大包天的书贩子那儿买到。

当然，这也是失败贵族的恐怖统治强加给我们的荒唐事。

首先，拉伯雷的作品对二十世纪的老百姓来说就像读《汤姆·琼斯》或《七个尖角阁的老宅》一样枯燥乏味，没几个人能把没完没了的第一章读完。

其次，其实他并没有故意加入挑逗性暗示。拉伯雷用的是他那个时代的日常用语，但跟我们今天的大白话毕竟不一样，在那充满田园风光的时代，百分之九十的人与大地亲密接触，铁锹还是叫铁锹，但母狗就不是"贵妇人的狗"。

不对，现代人反对这位著名外科医生的作品，不仅因为他无所顾忌地运用了大量的俚语俗称，还有更深层次的理由。这些反对意见来自许多出色人物经历过的恐惧，他们面临一个对生活不服输的人的观点时所怀有的恐惧。

我琢磨着人类可分为两类，一类对生活持肯定态度，另一类对生活持否定态度。前一类接受生活,并跟命运讨价还价,争取最高利益;后者也接受生活(他们是无可奈何),但对得到的礼物不屑一顾,就像一个孩子,本想得到小狗或玩具火车,却迎来了一个小弟弟,他们会为此而烦躁苦恼。

否定生活的弟兄们性情孤僻阴郁,但快快活活、肯定生活的弟兄们愿意以这些邻居的本来面目来接受、容忍他们,在他们把悲情遍撒大地,四处竖起体现他们绝望的丑陋纪念碑时也不加以制止。而否定生活的弟兄们对前一派人很少会同样宽和。

的确,假如"否定派"能为所欲为,他们会立刻把"肯定派"从这个星球上清除。

因为做不到,他们就无休止地迫害那些声称世界属于活人而不属于死者的人,借以满足他们充满嫉恨的心灵要求。

拉伯雷医生属于前一派,他的病人也罢,或他的思想也罢,都很少向往坟墓。毫无疑问,这是遗憾的事,但我们不能都做掘墓人,总该有几个波洛尼厄斯①吧,一个只有哈姆雷特这种人的世界一定可怕极了。

拉伯雷的生平没有秘密可言,他朋友书中漏掉的细节能在他敌人的书中找到,因此,我们能够相对准确地把握他的人生。

拉伯雷是伊拉斯谟的下一辈人,但那仍是个僧侣、修女、助祭、形形色色托钵僧占主导地位的世界。他出生在希农,父亲是药店老板或酒商(在十五世纪这两个职业是分开的),相当富足,可以把儿子送到好学校读书。在学校里,年轻的弗朗索瓦·拉伯雷与当地名门望族杜贝莱·兰基家族的孩子交上了朋友。这些男孩跟他们的父亲一样有些天赋,善于写作,必要的时候还是打仗的一把好手。他们老于

_____

① 波洛尼厄斯(Polonius),莎士比亚悲剧《哈姆雷特》中饶舌自负、深谙世情的老廷臣。——译注

世故，不过是从这个词的褒义上来说，而不是通常被人误解成的意思。他们是国王主子的忠实侍从，担任过无数个公职，做过主教、红衣主教、大使，翻译过古典文献，编辑过步兵、炮兵操练手册，出色地完成过许多有用的工作任务，这都是那个时代对贵族的要求，只要你拥有贵族头衔，你就不得不过肩负重任、了无生趣的生活。

后来，杜贝莱家人的友情表明拉伯雷决不仅仅是一个玩得来的同桌好友，在他跌宕起伏的生涯中，他总能仰仗老同学的帮助和支持。无论什么时候跟修道院的头儿发生了冲突，他总会发现老同学的城堡向他大大敞着前门。间或法国领土已容不下这位耿直的年轻道学家，却总恰好有一位杜贝莱出使外国，急需一名既懂医术又擅长拉丁语写作的秘书。

这可不是一件小事，不止一次，我们的博学医生的生涯眼看会痛苦地戛然而止，也就是他这些朋友运用其影响力把他从索邦神学院的怒火、倍感失望和愤怒的卡尔文派手中解救出来。卡尔文派一直当他是自己人，谁知他对新教徒的日内瓦导师的狂热偏激极尽嘲弄之能事，把他们气坏了。他也没放过从前在丰特奈和马耶赛的同事，好好把他们的三位一体论讽刺了一番。

两派相比之下，索邦当然更具危险。卡尔文可以尽情谩骂，但出了瑞士这小小的行政区管辖范围，他的电闪雷鸣就跟烟花爆竹一样无害。

然而，索邦神学院跟牛津大学是坚持正统神学和"旧学"的联合阵线，当他们的权威受到挑战时决不手软，而且他们总能指望上法王及其刽子手的竭诚合作。

唉，拉伯雷一离开学校就出名了。不是因为他喜欢喝好酒，拿他的僧侣同事寻开心，而是比这更糟糕，他竟然抵御不住邪恶的希腊语诱惑。

当他的修道院院长第一次听到传闻，他们决定搜查他的房间，里面全是文学违禁品，一本荷马、一本《新约》、一本希罗多德①。

这可是一个了不得的发现，他有权有势的朋友费尽心机地进行幕后操纵后才得以让他脱困。

这是教会发展史上一个奇特的时期。

在这之前，正如我所告诉你的，修道院是文明的先行者，托钵僧和修女为扩大教会的势力做出了不可估量的努力。然而，不止一位教皇预见到修道院势力过度膨胀所带来的危险。可事情往往如此，就因为每个人都知道应该整顿修道院，结果迟迟没有行动。

新教徒里似乎有一种普遍看法，那就是天主教会是一个风平浪静的机构，由一小撮傲慢的独裁者悄无声息地管理着，几乎处在自行运作的状态。其他普通人管理的任何机构都免不了会发生内讧，但天主教会却没有这个烦恼。

其实大谬不然。

也许这种观点是对一个词的误解造成的，事情往往如此。

执民主理想的世界容易对一个"绝对正确"的人产生恐惧。

普遍观点是："一个人说，好吧，就这样，其他人就都跪下来高呼'阿门'并服从他，这样管理大机构肯定容易多了。"

一个在新教国家长大的人很难对这个复杂问题形成一个正确而公平的看法，但如果我没弄错的话，教皇"绝对正确"的言论就跟美国宪法修正案一样希罕。

另外，问题只有经过充分讨论后才会有重要决定产生，在最后定论之前的辩论往往激烈得就差没撼动整个教会的根基。以这种形式产生出来的宣言，其"绝对正确"性就跟我们宪法修正案的绝对正确性是一个意思，因为这是"最后"的，一旦它们明确纳入国家的最高法

---

① 希罗多德（公元前484？—前420），希腊历史学家，所著《历史》，即《希腊波斯战争史》，系西方第一部历史著作。——译注

律体系,所有争议都应该停止。

如果一个人宣称治理美国很容易,因为万一出现紧急情况,所有人都会坚定不移地支持宪法,那他就大错而特错了。如果他说所有在终极信仰问题上承认教皇绝对权威的天主教徒都是温顺的绵羊,包管放弃所有发表个人见解的权利,那他也一样地大错而特错。

如果真是如此,那拉特兰宫和梵蒂冈的入住者就轻松自在多了。但哪怕对一千五百年历史做一个肤浅的研究,你就会发现事情正好相反。宗教改革的倡导者有时写道,罗马当局似乎完全无视许多遭到路德、卡尔文、茨温利强烈谴责的邪恶事情,其实不尽然,说此话者不是不了解实情就是对正义事业的热忱使他们有失公允。

像阿德里安六世和克雷芒七世这样的人早已看出他们的教会已是千疮百孔,但就像可怜的哈姆雷特后来才知道的那样,高谈阔论丹麦国的腐败是一回事,要采取行动拨乱反正则又是一回事。

美滋滋地幻想靠一个正直之人的无私努力,就能在一夜之间把上千年的治理不善全部消除,那位不幸的王子不是最后一个这样看问题的人。

许多有头脑的俄国人知道,把持他们帝国的陈旧官僚体制已经烂透了,效率极低,对国家安全是一个威胁。

他们使出赫拉克勒斯的力气来进行改革,但是失败了。

再比如这个命题:民主国家而不是由代表执政的国家(后者正是共和国创始人的意图)最后肯定会走向系统化的无政府状态。我们的公民中有多少人花一个小时思考之后会看不到这一点?

可他们又能怎么办呢?

这类问题到引起公众注意的时候,就已经复杂到了毫无希望的地步,除非出现社会大动荡,不然解决不了。社会大动荡是件可怕的事,大部分人都避之唯恐不及,与其走极端路线,不如把年久失修的老机器修补一下,同时祈祷奇迹发生,让机器重新运转。

由众多宗教机构建立和维持的不可一世的宗教、社会专制体系是中世纪末期最臭名昭著的罪恶。

像历史上若干回一样，军队就要跟司令官一起逃跑。说得明白点，教皇已完全驾驭不了局势，他们能做的就是按兵不动，改善自己这边的机构，想法减轻一些人的厄运，那些人招惹了他们共同的敌人——托钵僧。

伊拉斯谟就是其中一位常能享受到教皇保护的学者，随鲁汶怒吼去吧，随多明我会咆哮去吧，罗马教廷态度坚决，谁不听话谁就会倒霉，"听着！不准碰那位老人！"

有了这番开场白，你们就知道难怪拉伯雷，这么一个桀骜不驯而又聪明绝顶的家伙常能得到圣座的支持——当他自己修道院的领导想惩罚他的时候；他要得到离开修道院的批准也毫不费力——当有人不停地干扰他的研究，叫他忍无可忍的时候。

于是，他松了一口气，掸掸脚上马耶赛的灰尘，跑到蒙彼利埃和里昂行医去了。

这无疑是一个才华横溢的人！不到两年，这位原本笃会修士就成了里昂城市医院的主治大夫。得到这些新的荣誉桂冠后，他那颗不安分的心又开始寻找新的牧场。他不会丢开他的药粉和药丸，但除了热衷于解剖学研究（那是跟研究希腊语一样危险的新鲜事儿），他还要在文学上一试身手。

坐落在罗讷河谷中心的莱昂斯对那些爱好优美文字的人来说是一座理想城市。意大利就在附近，几天工夫就能到达普罗旺斯。虽然这个古老的吟游诗人圣地遭遇过宗教法庭的残酷蹂躏，但伟大的文学传统并未完全丧失。再说，莱昂斯以质量上乘的印刷业而闻名遐迩，所有最新出版物在这里的书店都货源充足。

其中有一位主要的出版商，名叫塞巴斯蒂尔·格里费尔斯，需要有人替他编辑中世纪经典集，他很自然地想到那位新来的医生，也就是那位知名学者。他雇了拉伯雷做这份工作，在加仑①和希波克拉底②的论文集之后印出一本紧接着一本的年鉴和小故事书。这个不起眼的开端成就了一本奇怪的书，就是这本书让其作者在当时一举成名。

在新鲜事物方面的天赋不仅使拉伯雷成为一名成功的医生，而且使他成为一名成功的小说家。他做了之前没有几个人敢做的事。他开始用本国语写作，打破了上千年的传统，这传统坚持说一个饱学之士必须用大多数粗人不懂的语言来写书。拉伯雷使用的是法语，不仅如此，他用的是1532年的朴素方言。

我很乐意让文学教授来决定拉伯雷是在何时何地，又是如何发现了他两个心爱的主人翁，一个是高康大，一个是庞大固埃。也许他们是古老的异教神，按那个种类的样子，总算度过了一千五百年基督教的迫害和忽视。

也或许他在极度狂欢的发泄中杜撰出这两个人物。

不管怎样，拉伯雷给许多国家带来了巨大快乐，没有哪个作家能比他得到更高的称赞，因为他为人类添加了许多欢笑。不过同时，他的著作不是可怕的现代意义上的搞笑故事，它有严肃的一面，大胆地用漫画式的人物描写为宽容事业振臂出击，书中所讽刺的人物对十六世纪前五十年的教会恐怖负有责任，这种恐怖造成人们难以名状的悲惨境遇。

拉伯雷是一位训练有素的神学家，知道如何规避能给他带来麻烦的大实话，并在行动中坚持这样一个原则，那就是监狱外一个开心幽默家比铁窗内一群阴沉改革家要好得多，他那极端不正统的观点

---

① 加仑(Galen，130？—200？)，希腊解剖学家、内科医生和作家。——编注
② 希波克拉底(Hippocrates，公元前460？—前377？)，希腊名医，欧洲医学奠基人，提出"体液学说"。——编注

尽量不用过于直露的方式表现出来。

但他的敌人非常清楚他想做的事，索邦神学院用明确无疑的措辞谴责他的书，巴黎议会把他列入禁书目录，没收、焚烧他们管辖范围内所有他写的书。但尽管刽子手（在当时还是官方销毁禁书的人）采取了这些行动，《巨人传》仍是大受欢迎的经典。几乎四个世纪以来，这本书一直开导着那些能从善意搞笑和戏谑智慧的巧妙结合中获取乐趣的人，也一直让另一些人恼火无比，因为后者坚信轻启双唇微笑的真理女神肯定不是良家妇女。

至于作者本人，他过去是，现在也是"一本书的作家"。他的朋友们——杜贝莱家人自始至终对他忠心耿耿，但拉伯雷在大部分日子里都执守谨慎的美德，对王宫敬而远之，尽管还是靠着王宫所谓的"特权"他才能出版他那些恶毒的作品。

但他冒险去了一趟罗马，没遇上困难，相反，各方面都表现出对他的热烈欢迎。1550 年，他回到法国，在默顿定居，三年后去世。

我们不可能准确地衡量此人的正面影响力，他毕竟是人，不是电流或汽油桶。

有人说他只是一个破坏分子。

也许是吧。

但他是在那样一个大量而迫切需求拆房队的时代具有破坏性，这个拆房队就需要像伊拉斯谟和拉伯雷这样的人领头。

许多新房子跟它们取而代之的老房子一样丑陋、不方便，这是人们始料未及的。

但不管怎么说，这是后辈子孙的事。

他们才是应受到责备的人。

他们得到了很少人能得到的重新开始的机会。

他们竟然把自己的机会轻易抛弃，主怜悯他们吧。

第十五章　换汤不换药

现代最伟大的诗人把世界看成大海，上面行驶着许多船只。当这些小船撞到一起时，就创造出"美妙的音乐"，人们称为历史。

我愿意借海涅的大海，但用于我自己的比喻和意图。还是孩子的时候，在塘里打水漂是件好玩的事，能溅起漂亮的水花，形成一圈一圈不断扩大的美丽涟漪，感觉好极了。如果手边有砖头（有时候会有的），可以用坚果壳、火柴棍组成一个无敌舰队，把这个轻薄的舰队放进去，接受可观的人造风暴的考验，只要投掷那么重的东西不会引起致命的失衡，让靠水太近的孩子猝不及防，然后只好不吃晚饭空着肚子上床。

在成年人独有的世界里，这种消遣也十分常见，只是结果却是灾难性的。

世界风平浪静，艳阳高照，滑水者在欢快地滑行，突然，一个大胆的坏孩子扛了一块磨盘来（天知道他从哪儿找来的！），别人还未来得及阻止，他已经把磨盘扔进老鸭子塘的正中央，顿起一片哗然，大家纷纷嚷嚷是谁干的，谴责他真该挨板子。有人说："算了，随他去。"但也有人纯粹因嫉妒他吸引了所有人的目光，捡起身边的旧玩意儿扔进水中，大家都溅上一身水，一个事件导致另一个事件发生，通常的结果是一场混战，上百万人为此打破脑袋。

亚历山大就是这样一个胆大包天的坏男孩。

特洛伊的海伦以其迷人的方式成了这样一个胆大包天的坏女孩，历史上不乏其人。

但最糟糕的肇事者是那些带着思想来玩游戏的坏人，他们把象征人类精神冷漠的池塘当作游乐场。在我看来，难怪正统思想的人要恨他们，如果他们不幸被逮着的话，一定会遭到恶狠狠的惩罚。

想想这四百年间他们造成的破坏吧。

他们是复苏古代世界的领军人物。中世纪蔚为壮观的护城河反映了一个色彩和质地都和谐统一的社会，这个社会不完善，但人们喜爱它。他们爱看自家小屋的红砖墙和大教堂的灰色肃穆相映成趣，那高耸入云的教堂看守着他们的心灵。

谁知文艺复兴溅起了可怕的水花，顷刻之间一切都改变了，但这仅仅是开始，市民们刚刚从震撼中恢复过来，那位可怕的德国僧侣又推来一车特制的砖头，倾倒在教皇泻湖的正中央。这真是太过分了。怪不得世界花了三个世纪才恢复元气。

老一辈的历史学家在研究这个时期时常常犯了一个小错，他们看到混乱，认为波浪是一个共同事业造成的，他们经常互换地用文艺复兴和宗教改革来称呼这个共同事业。

今天我们知道得更清楚。

文艺复兴和宗教改革都宣称是为共同目标而奋斗的运动，但为实现最终目标所采取的手段完全不同，人文主义者和新教徒为此而常常互相仇视。

他们都相信人应该拥有最高权利。在中世纪，个体完全隐没在集体之中，他不是以约翰·多伊这一独立个体而存在，不是一个机灵的公民，可以爱上哪儿就上哪儿，可以爱买什么就买什么，可以爱去哪个教堂就去哪个教堂（或者哪个都不去，一切取决于他的品味和偏好）。他的生活从出生到死亡都得遵守死板的经济、精神礼仪手册，这些教导他说,他的身体是从大自然母亲那儿随便借来的破烂外套,没多少价值,只不过是包裹他不死灵魂的一具皮囊而已。

他被训练成相信这个世界只是在通往未来辉煌的路上临时歇脚的地方,是个该鄙视的地方,就像注定要去纽约的旅人鄙视昆斯敦和哈利法克斯一样。

我们还是回到出色的约翰吧,他一直快乐地生活在最美好的世界里(因为他只知道这个世界),这时,来了两个仙女教母,文艺复兴和宗教改革,两仙女说:"起来,高尚的公民,从现在起您自由了。"

但约翰问:"自由地做什么?"回答大相径庭。

"自由地追求美。"文艺复兴回答。

"自由地追求真理。"宗教改革告诫他。

"自由地挖掘过去时代的记录,那时的世界真正是人的世界;自由地了解曾经充溢诗人、画家、雕刻家、建筑师心灵的理想;自由地把宇宙变成您永久的实验场,您就会知道它所有的秘密。"文艺复兴承诺道。

"自由地研究上帝的话语,您就能找到拯救灵魂的途径和赎罪的方式。"宗教改革提醒道。

然后她们转身离去,给可怜的约翰留下新的自由供他使用,实际上比过去日子里的束缚更叫他为难。

不幸也罢,幸运也罢,文艺复兴很快与现存体制和平共处,菲迪亚斯①、贺瑞斯的后继者发现信仰现存的上帝和表面服从教会规矩是两码事,如果你采取预防措施把赫拉克勒斯唤作施洗约翰,把赫拉唤作童贞女玛丽,你就可以完全不受惩罚地画异教画、写异教诗。

他们就像去印度的游客,为了能进神庙,能四处转转又不搅乱当

---

① 菲迪亚斯(公元前五世纪),雅典雕塑家,他在奥林匹亚的宙斯雕像是世界七大奇观之一。——编注

地的安宁,就遵守对他们来说毫无意义的某种律法。

但在路德忠实信徒的眼里,针眼大的事会立即变得极度重要,《申命记》里一个逗号出错就意味着放逐,《启示录》里的一个句号放错了位置,立刻就会招来杀身之祸。

对那些在宗教信仰上一本正经、煞有介事的人来说,文艺复兴那种满不在乎、求同存异的做法是卑鄙的懦夫行为。

结果是文艺复兴与宗教改革分道扬镳,再不见面。

于是,宗教改革单打独斗地与整个世界作对,倾全力打造公义的盔甲,磨刀霍霍,做好捍卫它神圣产业的准备。

一开始,叛军几乎清一色地由日尔曼人组成,他们英勇无比地战斗着、忍受着苦难。但坏就坏在欧洲北部国家相互嫉妒,就像一道挥之不去的恶咒,叫他们前功尽弃,迫使他们接受休战。一个另类天才创造了取得最后胜利的战术,路德只得靠边站,让位给卡尔文。

时机已到。

伊拉斯谟曾在法国一所大学里度过了很多不愉快的巴黎岁月。有个黑胡子的西班牙年轻人就读于同一所学校,他的腿有点瘸(高卢炮弹留下的后遗症),他整日梦想着某日率领一支新军,为消灭这个世界最后一个异教徒而战斗。

要与狂热者战斗,你自己必须是狂热者。

也只有像卡尔文这样坚如磐石的人能够挫败罗耀拉①的阴谋。

就个人而言,我很高兴我不必生活在十六世纪的日内瓦,同时,我深深感激十六世纪有日内瓦存在。

没有它,二十世纪的世界会更令人难受,而我呢,则很有可能蹲监狱。

---

① 罗耀拉的圣依纳爵(Ignatius of Loyola),西班牙教士,创立天主教耶稣会,为反宗教改革运动的领袖。——编注

这场辉煌战斗的英雄是闻名于世的导师乔安尼斯·卡尔文纳斯（或让·卡尔文尼或约翰·卡尔文），他比路德小几岁。出生日期：1509 年 7 月 10 日；出生地点：法国北部的努瓦永城；家庭背景：法国中产阶级；父亲：小神职官员；母亲：旅店老板的女儿；家庭情况：五个儿子，两个女儿；早期教育特征：节俭、朴素、井井有条，并不是拮据，但家里打理得细致入微、颇有效率。

二儿子约翰朝教士方向培养，父亲有一些颇具影响力的朋友，以后能把他派到好的教区。十三岁之前，他已在家乡城市的教堂里谋得一个小职位，有一份小小的稳定收入。这笔钱用于让他到巴黎上好学校。一个出色的孩子，每个接触过他的人都会说："这个年轻人真叫人刮目相看呀！"

十六世纪法国的教育体系待这一类孩子不薄，给他们的诸多天赋提供充分的用武之地。十九岁那年，约翰已开始布道，成为正式助祭的前程就摆在他面前。

可是家里有五个儿子、两个女儿。教会晋升很慢，而法律行业门路更多一些。再说，这是一个充满宗教骚动的时代，未来还看不准。一个叫皮埃尔·奥利维坦的远亲前不久刚把《圣经》翻译成法语。约翰在巴黎老是跟这个表兄厮混在一起。一个家出两个异教徒肯定不妙，于是约翰被打发去了奥尔良，给一位老律师做学徒，让他学会申诉、辩论、写诉讼要点。

在巴黎出现的事在这儿又出现了，不出一年，这位学生变成了老师，反过来辅导没那么用功的同学法律知识。他很快通晓需要通晓的一切，可以走上设想中的那条路了，父亲高兴地希望他终于有一天能跟那些著名律师有得一拼，那些人可是出一个主意就能拿到一百个金币的，奉命到远处的贡比涅觐见国王时，坐的都是四轮大马车。

但这些梦想都未实现，约翰·卡尔文从未从事法律职业。

他回到原先的爱好，卖掉法规汇编和法典，用变卖得来的钱为自己买神学著作,全力以赴地投入到那项使他跻身于两千年来最著名历史人物之列的工作中去。

不过,研究罗马法律原则的那些年给他后来的事业打上了烙印。感情用事地处理问题对他来说已不可能,尽管他对事物颇有感受,而且感受力极强。读读他写给他的信徒的信吧,那些人落入天主教徒的手里,被判用炭火慢慢炙烤而死。从那无望的痛苦中,我们看到他的文字之细腻堪称极品。信里渗透着对人类心理入木三分的理解,致使那些可怜的受害者到死还在祝福这个把他们带入如此境地的人。

不,卡尔文并不是像他的敌人所说的那样没心没肝,但生命对他来说是一项神圣职责。

他拼命要对自己和对他的上帝保持诚实,所以他首先得用某些基本信仰和信念原则解释清楚所有问题,然后才能把这些问题用人类情感这块试金石来试炼。

教皇庇护四世听到他的死讯后说了一句:"这个异教徒的力量来自于他对金钱不感兴趣。"如果圣座这样说是为了夸这个敌人绝对无私的品质,他说对了。卡尔文生前死后都是一个穷人,他拒绝了最后一笔季度薪酬,因为"疾病已使他无法再像正常那样挣这笔钱了"。

但他的力量体现在别处。

他是一个执著于一种观念的人,他的生活完全围绕一个压倒一切的冲动,那就是从《圣经》里找到上帝的真理。当他最后得出的结论足以抵制所有争议和反对意见时,他就把它纳入自己的生活准则。从那以后,他我行我素、特立独行,完全不顾他的决定所带来的后果,这使得他变得不可战胜、不可抗拒。

但这种品质多年后才流露出来,在他改变信仰的头十年,他不得不为生存耗费全部精力。

"新学"在巴黎大学取得了短暂的胜利,希腊语词形变格、希伯来语不规则动词和其他知识禁果风行一时,这些都引起了正常反应。似乎那个著名知识中心的院长也受到有害的新日尔曼教义的污染,教廷决定采取措施把所有现代医学意义上的"思想带菌者"从受污染的机构清除干净。卡尔文据说向那位院长提供了他那几次可恶演说的素材,当然就成了头号嫌疑犯,住处被搜查,文件被没收,本人遭到通缉。

知道这个情况后,他躲进了朋友的家里。

学术茶壶里的沸腾维持不了多久,然而,要在罗马教会里谋得一席之地已不可能,做出明确选择的时刻到了。

1534 年,卡尔文与旧信仰一刀两断,几乎就在同时,在俯瞰法国首都的蒙马特尔山上,罗耀拉和几位校友庄严宣誓,这段誓言很快纳入天主教耶稣会的章程。

他们随即离开了巴黎。

罗耀拉向东方进发,但想起首次进攻圣地所遭遇的惨败,又折回罗马,着手开始那些把他的名声(或臭名)带到世界各个角落的活动。

约翰则不同,他的天国不受时间、空间限制,他继续漂泊,想找一处安静的地方能把余生用于阅读、沉思、平静地阐述自己的观点。

他正走在去斯特拉斯堡的路上,查理五世和弗兰西斯一世之间爆发了一场战争,迫使他绕道瑞士西部。在日内瓦,他受到纪尧姆·法雷尔的欢迎,后者则是法国宗教改革运动中的一只抗击风暴的海燕,遭到所有教会和宗教监狱通缉的杰出逃犯。法雷尔敞开双臂欢迎他,告诉他能在这个瑞士小公国里大展宏图,请求他留下来。卡尔文要求给他一段时间考虑。然后,他就留下了。

一道战争令的机缘,导致新锡安山建在了阿尔卑斯山脚下。

这是一个奇怪的世界。

哥伦布出发去找印度,却一脚踏上了新大陆。

卡尔文一心想把余生花在研究和对神圣事物的思考上,想要寻找这样一个安静的地方,谁知他信步走进了一个瑞士的三流城市,把它变成了同道之人的精神首都,这些人随后不久就把富丽堂皇的天主教王国改建成巨大的新教帝国。

干吗还要去看虚构的作品,历史不是应有尽有吗?

我不知道卡尔文的案头《圣经》是否还保留着,但如果还能找到,书中《但以理书》第六章这一页一定被翻阅磨损得相当厉害。这位法国改革家是个谦逊的人,但他一定常常从另一个坚贞不渝的上帝仆人的事迹中获得安慰,那位仆人被扔进狮子坑里,但本性的无辜让他逃脱了狮子的血盆大口,逃脱了死亡。

日内瓦不是巴比伦,是个体面的小城,住着瑞士体面的布商。他们生活态度严肃,但没严肃到这个新导师的地步,这个人把持了他们的圣彼得讲坛。

再者,这里还有一个尼布甲尼撒式的萨伏伊公爵。就是在与萨伏伊王室之间无休止的争执中,恺撒时代阿洛布罗基人的后裔决定与瑞士其他小行政区组成攻守同盟,并加入到宗教改革的行列。因此,日内瓦与维滕贝格①之间的结盟是利益结合,是共同利益而不是共同倾向让二者走到了一块儿。

"日内瓦变成新教徒的地盘了。"消息一传开,不下五十种狂热新教义的信徒涌入莱芒湖畔,他们以巨大的热情宣传人所能想到的最稀奇古怪的信条。

卡尔文对这些业余先知厌恶透顶,他非常清楚这帮热情有余但已被误导的声援者对这一事业是个威胁。经过几个月的修整,他做的第一件事就是发表文章,准确而简洁地告知堂区教民他所希望大家认定的真理是什么,谬误是什么。这样,没人能再拿老掉牙的借口

---

① 维滕贝格(Wittenberg),德国中东部的城市,1517 年当马丁·路德把该城作为宗教改革的中心。——编注

"我不知道法律"来搪塞。他和朋友法雷尔一起把日内瓦人按十人一组分好进行审查,只有发誓效忠这个奇特的宗教宪法的人才能获得公民权。

随后,他为年轻一代编写了厚厚的要理问答。

再后来,他说服市议会把仍然坚持错误观点的人驱逐出境。

把场地清理干净后,他又有进一步的行动,他开始着手建立一个政体,其形式沿袭《出埃及记》和《申命记》的政治经济学家的路线。卡尔文就像其他伟大的改革家一样,与其说是现代基督徒,不如说是古代犹太人,嘴里对耶稣这个神恭敬有加,但心底里却向着摩西的耶和华。

在具有巨大情感压力的历史时期,这当然是一种普遍现象。拿撒勒的卑微木匠对仇恨、争斗的看法那么明确无误,那么一目了然,以至于这两千年来,无论是国家还是个人,在他们为达目的所采取的暴力手段里,怎么也看不到耶稣的影子。

于是,一旦战争爆发,在所有相关人士的默许下,我们就暂时合上福音书,到鲜血、怒吼、《旧约》以眼还眼的哲学里欢快地打滚吧。

由于宗教改革运动是一场真正的你死我活的战争,被人饶命或饶人一命都不行,卡尔文国度实际上已是一座军营,类似个人自由的东西已逐步受到压制。对这一点,我们不会感到吃惊。

当然,这一切成就并不是没有遭到巨大的反抗,1538 年,国家里开明人士的态度构成很大威胁,迫使卡尔文离开该城。1541 年,他的支持者东山再起,在教堂钟声齐鸣和助祭们的欢呼声中,乔安尼斯导师回到罗讷河畔他的要塞。那以后,他就是日内瓦的无冕之王,以后的二十三年他都用于建设、完善一个神权政体,这种形式的政府自以西结和以斯拉时代以来还从未在这个世界上出现过。

"纪律"这个词据牛津简明词典解释,意思是:"置于控制之下,训练服从和守秩序,操练。"这个解释充分表达了卡尔文梦想中那种神权政体所渗透的精神。

路德还是一副日尔曼人的性格，非常地情绪化，似乎对他来说，只有神的话语才可以给人指出永生的道路。

这个说法太含糊，不符合那位伟大法国改革家的胃口，神的话语是希望之灯塔，但道路漫长而黑暗，太多的诱惑会使人们忘记他们真正的目的地。

然而，牧师不能偏离轨道，他应该是鹤立鸡群，他知道所有的陷阱，永远不受腐蚀。在牧师每周例会上，这些受人尊敬的绅士可以自由地互相批评。假如有人偶尔想离开正道，光这例会就能很快让他意识到自己的职责。因此，他在真正追求救赎的众人面前始终是楷模。

爬过山的人都知道职业向导有时是名副其实的暴君，他们知道哪一堆岩石很危险，哪片表面平静的雪地存在隐患。为此，在受向导照顾的团队眼里，他们是绝对权威，那些胆敢抗命的愚蠢旅游者会被他们骂得狗血淋头。

卡尔文理想国家里的牧师对他们的职责有着相似的看法。跌倒的，他们很愿意伸出援手拉一把；但任性的人存心偏离正道，离开人群，那只援手就会收回，握成拳头，迅速而恶狠狠地给予惩罚。

在许多地方，牧师也很愿意行使类似的权力，但世俗权力机构很在乎自己的特权，很少允许牧师跟法庭和行刑机构争权夺势。卡尔文深谙这点，在他的管辖范围里建立了一套教会纪律，实际上取代了当地法律。

自第一次世界大战以来，流行着一些奇怪的错误历史观，其中最叫人吃惊的是认为法国人（与条顿邻居不同）喜爱自由，讨厌所有的条条框框。若干世纪以来，法国人受制于一套跟战前普鲁士一样复杂但效率低得多的官僚体系，除了官员们不太按时上班，不太在乎领子上的污点，安于抽特别劣质的烟外，他们跟东面那个共和国的官员没啥两样,都爱管闲事、惹人生厌。令人震惊的是,在这么一个喜欢反叛的民族里,公众对官员的粗鲁态度却逆来顺受。

卡尔文在对集权制的爱好这一点上是个典型的法国人,在某些细节方面,他至臻完美。这是拿破仑成功的秘诀,但与这位伟大的皇帝不同,他完全没有个人野心。他只是生性特别严肃,肠胃不好,缺乏幽默感。

他仔细研读《旧约》,为了找到与他心目中的耶和华相一致的东西,然后要求日内瓦人把对犹太人编年史的这种理解当作神圣意志的体现来接受。

罗讷河畔这座欢快的城市几乎一夜之间变成罪人忏悔的地方。一个由六位牧师、十二位长老组成的民事法庭日夜监听所有公民的私人见解,谁被怀疑具有"违禁异教"倾向,就会被传唤到宗教法庭面前,在每一条教义上接受审查,并要解释从哪儿、怎样、用何种方式得到了那些用有害思想让他脱离了正轨的书。如果犯人表示悔过,只会判他强制性地上主日学校;但万一他固执己见,就必须在二十四小时内离开日内瓦,不准再踏入日内瓦共和国辖区。

不光是缺乏恰当的正统宗教热情能惹上所谓宗教议会的麻烦,在附近的村庄玩一下午地滚球,如果有人及时报告(这类事常常发生),玩球的人就足以受到严厉斥责;开个日常玩笑或别的什么玩笑,通通被认为是坏事;在婚礼上插科打诨,那是要蹲监狱的。

渐渐地,新锡安山布满了律法、法令、法规、布告、教令,生活复杂得失去了很多原味。

跳舞被禁止,唱歌被禁止,玩牌被禁止,赌博当然要禁止,生日宴会也要禁止。农贸市场被禁止,绸缎和所有外部华丽的表现都被禁止。不被禁止的是上教堂和去学校,因为卡尔文的思想是正面的。

明令禁止的标志可以消除罪孽,但无法叫人爱上美德,这得让人心服口服才行。所以才会成立好学校,成立一流大学,鼓励所有的学术研究。所以才会有令人感兴趣的公共生活形式，可以用来消耗社区过剩的精力，让人忘却艰苦的条件和必须服从的清规戒律。如果卡尔文制度完全不考虑人性的需要，早就给推翻了，决不可能在三百年的历史中扮演决定性的角色。然而，这一切都该属于一本谈政治思想发展的书。现在我们感兴趣的是日内瓦为宽容做了什么贡献，我们的结论是，新教罗马不比天主教罗马好到哪儿去。

在前几页中，我已指出这种情形情有可原。这个世界无可奈何地目睹了毫无人性的巴塞洛缪大屠杀和二十个荷兰的城市被消灭，如果还指望一方（而且还是弱的一方）表现出近乎判处自己死刑的高尚品德，未免也太没有道理了。

然而，在协助和调唆法庭处死格吕埃和塞尔维特这些事上，卡尔文罪责难逃。

在格吕埃的案子里，卡尔文还有一个借口，那就是雅克·格吕埃有煽动市民暴乱的重大嫌疑，他属于一个要把卡尔文派拉下马的政党。但塞尔维特对日内瓦的社会治安来说，不构成任何威胁。

他只是一个现代护照办理处所谓的"过往旅客"而已，第二天就走，但他误了船，结果就丢了命。真是可怕的故事。

米格尔·塞尔韦托，也就是大家更熟悉的迈克尔·塞尔维特，是一个西班牙人，他父亲是个受人尊敬的公证人（这在欧洲是一个半法律性质的职位，不只是一个手握印章的年轻人，收两角五分钱给你的签名出具证明），米格尔注定也要从事法律工作。他被送到图卢兹大学读书，那里所有的课程讲解都用国际通用的拉丁语。在那些快乐的日子里，只要你掌握了五个变格和数十个不规则动词，整个世界的智慧就对你敞开大门。

在这所法国的大学，塞尔维特认识了一个叫胡安·德·昆塔纳的人，此人不久就成为皇帝查理五世的忏悔神父。

在中世纪，皇家加冕仪式很像一个现代国际展会。1530年，查理在博洛尼亚加冕,昆塔纳带上了迈克尔做他的秘书,这位聪明的西班牙小伙子算是见了一场大世面。像当时许多人一样,他有一颗无法满足的好奇心,随后十年涉猎极广:医学、天文、占星术、希伯来语、希腊语,尤其要命的是,还有神学。他是个称职的医生,在神学研究中竟然无意中发现了血液循环的道理,这在他反对三位一体论的第一本书第十五章里能找到。检查塞尔维特著作的人没有注意到这一有史以来最伟大的发明,可见十六世纪神学家的思想有多片面。

要是塞尔维特一心一意做他的医生该多好啊!他一定能寿终正寝。

但他偏偏着迷于那个时代的热点问题,一旦跟里昂的出版商搭上关系,他就开始尽情地在各式各样的问题上发表意见。

如今一个百万富翁可以说服一所大学把校名从三一学院改成某个流行的烟草牌子,这算不了什么大事儿,媒体反而会说:"丁格斯先生多慷慨啊!这真是太好了!"公众会欢呼:"阿门!"

现在这个世界对亵渎神明之类的事见怪不怪,因此,要说清楚那个时代的情况不是一件容易的事。在那个时代里,仅仅怀疑一个公民说了对三位一体不敬的话,整个社会就会陷入恐慌之中。除非我们对这个事实十分了解,不然就无法理解为什么十六世纪上半叶所有好基督徒会害怕塞尔维特。

其实他一点也不激进。

他是当今世界称为的开明人士。

他对新教和天主教共同持有的旧信仰三位一体论表示反对,但他真诚地(我不禁要说天真地)相信自己的观点是正确的。于是,他犯了一个严重错误,那就是写信给卡尔文,要求拜访他,跟他私下彻底地讨论一下整个问题。

他没有得到邀请。

当然,他也收不到邀请函了。里昂宗教法庭法官已经先下手为强,把塞尔维特投进了监狱。这位法官(好奇的读者可以在拉伯雷的作品中找到对他的描述,拉伯雷称他为"德奥里伯斯",影射他的本名"奥里")从一封信中获悉塞尔维特的渎神言辞,这封信是日内瓦的一个公民在卡尔文的默许下写给在里昂的表兄的。

很快又有了对塞尔维特不利的证据,是他的手迹样本,也是由卡尔文秘密提供的,看样子卡尔文真是要把他置于死地而后快,不在乎是谁绞死他。但宗教法庭法官对自己的神圣职责玩忽职守,让塞尔维特趁机逃跑了。

起先,他似乎想去西班牙边境,但路程太长,对这样一个赫赫有名的人来说,通过法国南部实在太危险,于是,他决定绕道日内瓦、米兰、那不勒斯、地中海。

1553年8月的一个周六下午,他到了日内瓦。他想找一条船过湖,但安息日前夕所有船只不得起航,他被告知要等到周一。

第二天是周日,无论是当地人还是过路人,如果不去做礼拜,会被当作很不检点的行为,塞尔维特只得去了教堂。在教堂里他被人认出,遭到逮捕。凭什么权利把他投入监狱,没有明说,塞尔维特是西班牙臣民,在日内瓦又未受到任何犯法指控。但他在教义问题上持开明态度,是一个不敬神、亵渎神的人,他居然敢在三位一体的问题上发表自己的观点,这种人去请求法律保护未免太荒唐,那是普通罪犯做的事,异教徒,绝对不允许!不必多言,立刻把他锁进阴湿肮脏的地窖,没收他所有的钱和私人物品,第二天把他带到法庭,要求他回答包括三十八个不同要点的问卷。

审讯持续了两个月十二天。

最后,他因有"反对基督教基础的异端思想"被判有罪,他借回答问题来讨论自己的观点,激怒了法官们。他这一类案子,特别又涉及到一个外国人,通常只判永久性放逐到日内瓦境外,但塞尔维特是个例外,他被判活活烧死。

同时,法国法庭重新开审这个逃亡者的案子,宗教法庭的官员跟他们的新教同事得出了同样的结论,也判塞尔维特死刑,并派遣行政司法官到日内瓦,请求把犯人引渡到法国。

请求遭到拒绝。

卡尔文自己能烧死他。

在可怕的去刑场的路上,一群争论不休的牧师陪伴这个异端分子走过最后的路程。痛苦持续了半小时多,直到于心不忍的群众为可怜的烈士添加了新的柴火,才让他彻底解脱。喜欢此类东西的人会饶有兴趣地读这一段描述,但我们还是按下不提吧。在宗教狂热不受约束的时代,死刑多一次少一次又有什么区别?

但塞尔维特一案颇有说服力。案子的后果是可怕的,因为这个案子现在表明——赤裸裸地表明,那些新教徒不住地叫嚣捍卫"持有自己观点的权利",其实他们不过是伪装起来的天主教徒,对待持异见者跟他们的敌人一样心胸狭隘,一样残酷无情,他们只是在寻机建立自己的恐怖统治罢了。

这是非常严重的控诉,没法耸耸肩,说一句"那你指望怎样?"就能一笔带过。

这场官司我们有详细资料,世界其他地方对官司的看法我们也了解得很多,读起来很可怖。卡尔文确实出于一时慷慨的冲动,建议改火刑为砍头,塞尔维特谢了他的好意,但提出另一个解决方案,他要自由。他坚持说(逻辑是站在他这一边)法庭不能对他行使司法权,他只是一个追求真理的老实人,他有权利与他的对手卡尔文博士公开辩论。

但卡尔文对这一点置若罔闻。

他发过誓,只要这个异教分子落入他的手里,绝不能让此人活着逃脱,他会说到做到的。至于要想定罪就必须得到头号敌人——宗教法庭的合作,他才不在乎呢,要是教皇还有什么文件可以进一步指控这位可怜的西班牙人,他倒是乐意跟教皇联手。

更糟糕的还在后头。

奔赴刑场的那个早晨,塞尔维特求见卡尔文,后者来到作为敌人监狱的那个黑暗、肮脏的地窖。

这一次他至少可以仁慈一些,或更多一点人情味。

绝对没有。

这个人不到一小时就要去见上帝了,就要到上帝面前为自己的案子辩护,卡尔文站在他面前仍要争执辩论,唾沫横飞,脸色发青,怒不可遏,没有一句怜悯、仁慈、善意的话语。没有。只有怨毒和仇恨,只有一种感觉:"这是你该得的,你这顽固不化的恶棍,一把火烧掉,下地狱去吧!"

* * * * * *

这件事发生在好多好多年以前。

塞尔维特已命归黄泉。

我们的塑像也罢、纪念碑也罢,都不能让他复活。

卡尔文也离开了人世。

拿一千卷书来骂他也不能扬起他墓上的尘埃,何况那坟墓早已不为人知。

都死了,那些热情积极的改革者,他们在审讯中一想到如果让这个渎神的恶棍跑了,不禁会害怕得发抖。这些教会的坚实台柱在塞尔维特被处死后爆发出一片赞美欢呼声,纷纷写信相告:"日内瓦万岁!我们胜利了。"

他们都死了,并且或许最好被忘掉。

只是我们得当心。

宽容就像自由。

宽容是求不来的,要留住它,除非我们持之以恒地精心看顾,高度保持警觉。

为了下一代的塞尔维特,我们最好记住这点。

第十六章　再洗礼派教徒

每一代人都有自己独特的吓唬人的东西。

我们有"红色恐怖"。

父辈有社会主义者。

祖辈有莫莉马贵①。

曾祖辈有雅各宾派。

我们三百年前的祖宗也好不到哪里去。

他们有再洗礼派教徒。

十六世纪最流行的"历史纲要"是某种"世界历史"或编年史，由住在乌尔姆城市的制皂工、禁酒主义者、作家塞巴斯蒂安·弗兰克撰写，1534 年出版。

塞巴斯蒂安了解再洗礼派，他做了一个再洗礼派家庭的女婿。他不接受他们的观点，因为他是一个十足的自由思想者。但在提到这个教派时他这样写道："他们只教爱、信仰、肉体的受苦，他们在所有苦难面前表现出坚忍、谦卑，尽心尽力地互相帮助，互称弟兄，分享一切。"

---

① 莫莉马贵(Molly Maguires)，爱尔兰籍矿工的秘密组织，以武力反抗矿主的剥削。——编注

奇怪的是，几乎一百年来，具有这么多高尚品质的人竟像野兽似的遭到猎杀，最嗜血的世纪里最残酷的惩罚手段都用在了他们身上。

这是有原因的，要想知道为什么，你必须对宗教改革运动中的某些事心中有数。

宗教改革的确没有解决任何问题。

只不过这个世界原本有一个监狱，现在变成了两个；原本只有一个永不出错的人，现在改为只有一本永不出错的书；原本由白袍教士统治，现在则确立为（或试图确立）黑袍教士统治。

经过半个世纪的浴血奋战和牺牲就得到这么丁点儿可怜的成果，不能不叫数百万的人心寒。他们本希望能得到一个洋溢社会、宗教公义的大同世界，没想到是一个迫害加经济奴役的新地狱。

他们做好了冒险干大事业的准备。然后，意外发生了，他们不幸在城墙和船之间跌入水中，只得划呀，划呀，不让自己沉下去。

他们的处境很糟糕，离开了原来的教会，良心又不允许他们加入新信仰。因此，在官方眼里，他们已经不存在。但他们活着，呼吸着，相信自己是上帝的爱子，因而有责任继续活着，呼吸着，只有这样，他们才能把这个邪恶的世界从愚蠢中解救出来。

他们最终活了下来，但不要问是怎样活下来的！

与原来的关系一刀两断后，他们被迫组成自己的团体，寻找新的领导。

但神志健全的人怎么会愿意与这些可怜的狂热分子为伍呢？

于是，有超常目力的鞋匠、满脑子幻觉、歇斯底里的产婆就坐上了先知的位置。在破旧阴暗的聚会点里，他们祈祷、布道、口出呓语，信徒们高呼"和撒那"①，屋顶的橡木都为之震动，村里的衙役不得不注意到这种异常的滋扰。

---

① 和撒那（hosanna），赞美上帝之语。——编注

紧接着,半数男男女女被抓进了监狱,那些市镇政议员阁下便开始了美其名曰的"调查"。

　　这些人不去天主教会,也不崇拜新教教会,那请问他们能说清楚自己是谁,到底信什么吗?

　　想想这些可怜的议员的职责,他们确实也左右为难,这些囚犯是所有异教徒中最让人难受的,他们对自己的宗教信仰严肃得无以复加。大多数受人尊敬的改革家毕竟是现实主义者,如果想过愉快、体面的生活,是愿意做出十分必要的让步的。

　　真正的再洗礼派却是另类人物,他对这种折衷措施嗤之以鼻。耶稣告诫门徒说,当敌人打了你一耳光,你应把另一边脸递过去;耶稣还教导说,凡动刀的,必死在刀下。对再洗礼派来说,这是不准动用武力的绝对命令。他们不屑玩文字游戏,说什么情况有变,具体情况具体对待之类的话;不屑于狡辩说他们当然反对战争,只是这一次战争性质不同,即使扔几颗炸弹或偶尔发射一颗鱼雷的话,上帝也不会怪罪。

　　神谕就是神谕,来不得半点含糊。

　　因此,他们拒绝从军,拒绝扛枪,万一因为和平主义(这是他们的敌人对此类实用基督教的称呼)而被捕,他们引颈就戮,一边还背诵着《马太福音》第二十六章第五十二节,直到死亡结束他们的苦难。

　　但反对打仗只是他们古怪计划中的一个小细节。耶稣宣称上帝之国跟恺撒之国完全不同,不能也不应该调和。那好吧,话说得很清楚,从那以后,所有优秀的再洗礼派信徒都小心不为他们国家的政府效力,拒绝担任公职,把别人浪费在政治上的时间用来研读《圣经》。

　　耶稣告诫门徒不要陷入无谓的争吵,再洗礼派就宁可失去合法财产,也不愿意把不同意见呈交法庭。

　　还有几点使这群奇特的人显得与世界格格不入,但以上这几种怪僻行为的例子足以说明为什么他们会遭到那些脑满肠肥、快快活活的邻居怀疑和憎恶,后者全都在虔敬中掺杂了一剂宽人宽己的安慰信念。

尽管如此,假如再洗礼派能让自己不受朋友伤害,他们也会像浸礼会教友和其他持异议者一样,最终能找到一种安抚当局的路子。

毫无疑问,有许多诚实的布尔什维克对他们的无产阶级同胞充满深情,毕生致力于把这个世界改造得更美好更幸福。但普通民众一听到"布尔什维克"就会想到莫斯科,想到一群学者杀手建立起来的恐怖统治,想起塞满无辜民众的监狱,想起行刑队对要枪杀的对象冷嘲热讽。这种想象稍微有失公允,但这也不奇怪,在过去七年里俄国发生了一系列不堪言说的事情,造成了这种普遍的思维定式。

十六世纪真正优秀而爱好和平的再洗礼派也面临这种不利因素,他们这个教派被怀疑犯有许多奇怪的罪,而且说得有鼻子有眼的。首先,他们锲而不舍地阅读《圣经》,这当然不是什么犯罪,但让我说完,再洗礼派不分轻重地阅读《圣经》,对《启示录》表现出强烈的偏爱,这是一件非常危险的事。

这部不可思议的著作直到五世纪还被当成"伪作"摈弃,但对活在一个激情澎湃的时代的人来说,却颇有吸引力。拔摩岛的流放者①所说的话能得到那些被追捕的可怜人理解,当徒劳的愤怒驱使他发出绝望的、有关现代巴比伦的预言时,所有再洗礼派教徒就高呼"阿门",并为新天地的迅速到来而热切祷告。

弱者的心智屈服于巨大的情感压力,这也不是第一次了,几乎每一次对再洗礼派的迫害都会招来宗教疯狂的剧烈爆发。男人、女人在街上裸奔,宣布世界末日的到来,陶醉于莫名其妙的自虐以平息上帝的怒火;巫婆式的人物冲进其他教派的礼拜会场,扰乱聚会,尖声怪叫说恶龙要来了。

---

① 使徒约翰在拔摩岛(Patmos)受圣灵感动写下《启示录》。——编注

当然,我们身边老是断不了这类烦恼(比较温和的),读读每天的报纸,你就会看到在俄亥俄州、爱荷华州或佛罗里达州的某个边远村庄,有一个妇人用切肉刀把丈夫大卸八块,因为"她在天使的召唤下做出此事";或者,一个平时通情达理的父亲刚刚杀掉妻子和八个孩子,因为他觉得即将听到"七只号角"①的声音。这一类案子都是一些罕见的特例,当地警察就能摆平,不会给共和国的生活或安危带来巨大影响。

但 1534 年在明斯特城发生的事就显得不同寻常,因为建立在再洗礼派严格教规上的锡安山宣布降临。

整个欧洲北部的人一想到那个可怕的冬季和春季不禁要发抖。

始作俑者是一个叫扬·柏蔻生的英俊小裁缝,历史上他被称作莱顿的约翰,因为扬是那个勤劳小城的当地人,童年是在缓缓流淌的罗讷河畔度过的。和那个时代的其他学徒一样,他到过许多地方,为学会这门手艺的诀窍而走得很远。

他的读写能力仅够偶尔写个剧本,没受过正式教育。他没有那些意识到自己既无社会地位又没读过书的人所常有的谦卑,他是个漂亮的小伙子,厚脸皮,虚荣得像只孔雀。

他出游到英国和德国很久以后,回到故乡,做起了长袍、套装生意。同时,他开始研究宗教,这是他非凡事业的开端,因为他成了托马斯·闵采尔的门徒。

这个叫闵采尔的人赫赫有名,是个面包师,再洗礼派三位先知之一。1521 年,三先知突然在维滕贝格现身,要告诉路德正确的救赎之道。他们的行为虽然颇有好意,但没人领情,他们被逐出新教堡垒,并被勒令从此以后不许在萨克森公爵管辖的地盘上露面。

---

① 《启示录》中七天使吹响七只号角,一系列可怕的灾难降临到世界上。
——编注

1534 年来临了,再洗礼派四处碰壁,决定铤而走险。

不奇怪的是,他们选择了威斯特伐利亚的明斯特作为最后的实验场。该城的王公主教弗朗兹·冯·沃尔德克是个酒鬼、无赖,多年来公开与许多女人有染,从十六岁起,他触目惊心的不端行为就把体面人都得罪光了。当这个城市皈依新教时,他妥协了。但大家都知道他是个远近闻名的骗子,他的和平协议没给新教徒带来任何安全感,大家终日生活在提心吊胆中。结果是直到下一次选举开始,明斯特的居民都还处在极度不安的状况,这带来了一件令人吃惊的事,政府落入再洗礼派手中。一个名叫伯纳德·尼普多林克的人坐上了主席的位置,这人白天是布商,晚上是先知。

主教看了一眼新议员们,赶紧溜之大吉。

就在这个时候,莱顿的约翰粉墨登场。他是追随某个叫扬·马西兹的人来到明斯特的,这个人是哈勒姆的面包师,创立了他自己的新教派,被拥戴为圣人。当约翰听说为正义事业终于打出一记重拳时,他留了下来帮助庆祝胜利,清除教皇余孽。再洗礼派做得尤其彻底,他们把教堂变成采石场,没收修道院产业安置无家可归的人,除了《圣经》之外其他书籍全部当众焚烧。顺应当时气氛,那些拒绝以再洗礼派方式重新洗礼的人被赶入主教阵营,不是被杀头,就是被溺死,总的原则是这些人都是异教徒,死几个对社会没有多少损失。

序幕拉开了。

上演了一场恐怖剧。

不下五十个新教义的高级牧师从四面八方涌入这个新耶路撒冷,那些自认为受到振兴宗教召唤的人们纷纷来凑热闹,他们都是体面、真诚的人,在政治手段或权术面前天真得像婴儿。

对明斯特的围困持续了五个月,这期间,每一种革新社会和精神领域的计划、体系、方案都尝试了一遍,每个新式预言家都在议会上吹嘘了一番。

当然，一个难民遍地，瘟疫、饥饿横行的小城实在不适合做社会学实验室，不同教派之间的分歧和争执抵消了军事领导人的所有努力。裁缝约翰受命于危难之中，脱颖而出。

他那短暂的辉煌从此开始了。

在一个充满饥饿人群和受难孩子的社会里，什么事情都可能发生。约翰引进了他在《旧约》里读到的古老神权制国家的复制品，由此开始了他的统治。明斯特的自由民被划分为以色列的十二个部落，约翰自己被选为国王。他已经娶了先知尼普多林克的女儿为妻，现在又娶了另一位的遗孀，也就是他过去导师马西兹之妻，接着，他想起了所罗门，又为自己加了两个妃子。一场滑稽闹剧开演了。

约翰整天坐在市场里大卫的宝座上，人们整天在那里等着宫廷牧师颁布最新指示。这些最新指示来得又快又多，因为城市命运岌岌可危，人们迫切需要解决方案。

约翰可是个乐观主义者，相信一道道公文就可以把所有的事搞定。

人们抱怨饥饿难捱，约翰保证能处理好这件事。圣旨立即起草，国王陛下立即签发，命令城里所有财富在富人和穷人之间均分，拆除所有街道用来做菜园子，大家共同享用所有饭食。

一切顺利。但有人报告说一些富人隐藏部分财产，约翰吩咐臣民不用担心，第二道命令下达，谁违背了法律，立刻砍头。而且别忘了，这条警告不是随便说说而已，这位裁缝国王操起剑来跟使剪刀一样得心应手，常常亲自动手，让人头落地。

一个神智迷乱的时期接踵而至，老百姓陷入形形色色的宗教躁狂中无以自拔，市场上挤满了上千号男男女女，等待加百列天使的号角吹起。

接着就是恐怖时代的到来，这位先知为了鼓舞人民的士气，醉心于嗜血和割喉，竟然把他的一个王后给杀了。

接着就是报应时代。两个公民出于绝望打开城门让主教军队进来，这位先知被锁进铁笼，拉到威斯特伐利亚所有集市上示众，最后被折磨致死。

一段怪诞不经的插曲，但对许多敬畏上帝的老实人来说，其后果是可怕的。

从那时起，所有再洗礼派教徒成了通缉犯。逃过明斯特大屠杀的首领像兔子一样被人跟踪追击，无论在哪儿发现就遭到猎杀。牧师和神父在每一个讲坛上都大声斥责再洗礼派，恶语诅咒他们是共产主义者、叛国者和反动分子，说他们要颠覆现存体制，对待他们要像对待狼和疯狗一样毫不留情。

没有一支异端教派遭到如此成功的歼灭，再洗礼派作为一支教派已不复存在。但奇怪的事发生了，他们的思想不灭，被其他宗派吸取，纳入各种宗教、哲学体系，受人尊敬，成为今天每个人的精神、知识遗产的重要组成部分。

陈述事实比较简单，但要解释这种结果究竟是怎样发生的，那就是另外一回事了。

几乎无一例外的是，再洗礼派教徒属于那样一个阶层，他们把墨池看作无用的奢侈品。

因此，写再洗礼派历史的人，都是把这个教派看作恶毒的宗派极端分子的那些人。只有在现在，经过一个世纪的研究后，我们才开始了解这些卑微农民和工匠的思想在基督教朝更理性更宽容方向发展上，起到了伟大的作用。

但思想就像闪电，不知道什么时候会划过天空。当锡耶纳发生风暴时，在明斯特安避雷针又有何用？

第十七章　索齐尼家族

在意大利,宗教改革从未成功过,也不可能成功。首先,南方人对宗教问题没认真到要为此战斗的地步;其次,靠近罗马这个宗教法庭设施特别完备的中心,沉溺于个性化思想无疑是找死。

当然,成千上万的人文主义者云集这个半岛,难保出几匹黑马对亚里士多德的好感甚于对圣克里索斯托的。然而,这种人总有机会发泄过剩精力,有俱乐部、咖啡馆、规矩的沙龙可供男男女女把对知识的热情尽情挥洒,同时还不会惊动帝国,真是一个宜人而静谧的环境。再说,在过去,生活不就是一场妥协吗? 生活不就一直是一场妥协吗? 不就一直到世界末日也还有可能是一场妥协吗?

像信仰这种小事干吗搞得那么神经兮兮的?

听了这段开场白,读者们肯定不指望当我们的英雄登场亮相时会听到叫嚣或枪炮声,因为他们是说话温和的绅士,愉快而一本正经地做着自己的事。

结果是比起一个军团的唧唧喳喳的改革者,他们在颠覆世界忍耐已久的教条独裁方面做得更多。但这种事奇怪的是,没人能预见。事情就这样发生了,我们深表感激。至于如何发生的,不得而知。

这两位在理性葡萄园里默默耕耘的人叫索齐尼。

他们是叔侄俩。

不知为何，叔叔莱利奥·弗朗西斯科的姓里只有一个"z"，侄子福斯托·保罗的姓有两个"z"。但由于两人的拉丁姓 Socinius 比意大利语中的 Sozzini 更为人所知，我们还是把这个问题留给语法专家和词源专家去研究吧。

就影响力而言，叔叔不及侄子重要，因此，我们先谈叔叔，后谈侄子。

莱利奥·索齐尼是锡耶纳人，出身于银行家和法官世家，通过在博洛尼亚大学学习，注定将来也要从事法律行业。但像许多同时代人一样，他听凭自己一头扎进神学，法律书也不读了，浸淫在希腊语、希伯来语、阿拉伯语之中，最后成为一个理性的神秘主义者（这种类型的人常是如此）——成为一个能洞察世情但又不老于世故的人，这听上去有点复杂，但听得懂我的话的人，我无需做进一步解释；听不懂的，我解释也没用。

但他的父亲好像有点察觉这个儿子在文学界能混出名堂，给了他一张支票，让他走出去长长见识。于是，莱利奥离开了锡耶纳，在随后十年里，他从威尼斯走到日内瓦，从日内瓦走到苏黎世，从苏黎世走到维滕贝格，然后到伦敦、到布拉格、到维也纳、到克拉科夫，有时数月，有时数年住在一个城市或一个边远村庄里，视情况而定，就看能否如愿找到有趣的同伴，或学到有趣的新东西。在那个时代里，人们谈论宗教就像现在谈论生意一样喋喋不休。莱利奥一定是搜集了各种各样新奇的思潮，他善于聆听，很快就对地中海和波罗的海之间的异端学说了如指掌。

然而，当他带着他的知识行李来到日内瓦时，却受到了敬而远之的接待。卡尔文那双无神的眼睛十分怀疑地打量着这位意大利客人，他是一个出身世家的优秀年轻人，不是塞尔维特那种贫穷无助的流浪者，但据说他有塞尔维特倾向，这是叫人非常不安的事。卡尔文本来认为，随着那个西班牙异教徒被烧死后，是否赞成三位一体的案子就此彻底了结,谁知根本不是这么回事儿,塞尔维特的命运从马德里一直议论到斯德哥尔摩,全世界认真思考的人都开始站在反三位一体论的一边。不仅如此,他们还利用古腾堡那该死的发明来传播自己的思想,待在日内瓦够不着的地方,言辞里充满了不客气。

不久前,一本颇有学术价值的小册子冒出来,里面包括了教会长老有关迫害、惩罚异教徒的所有言论和文字。这本小册子立即非常畅销——据卡尔文说,在"仇恨上帝"的人群中畅销;据买书的人说,在"仇恨卡尔文"的人群中畅销。卡尔文公开声明愿意跟这本宝贵小书的作者私下会晤,但作者有先见之明,早把姓名从首页上隐去了。

据说他叫塞巴斯蒂尔·卡斯泰利奥,是日内瓦的一名中学教员,他对待各种不同的神学罪行所持有的温和态度引起卡尔文的仇视、蒙田的赞同。然而,无人证明这点,这只是道听途说。但只要是有人走过这条路,其他人就会跟着来。

于是,卡尔文对索齐尼敬而远之,并建议说巴塞尔的温和气候比萨伏伊的潮湿气候更适合这位锡耶纳友人居住。当听说他要去著名的老伊拉斯谟根据地时,卡尔文衷心祝他一路顺风。

值得卡尔文庆幸的是,索齐尼家的这个叫莱利奥的子弟后来遭到宗教法庭的怀疑,被剥夺了生活费,发烧病倒了,才三十七岁就死在苏黎世。

他的死令日内瓦欢心雀跃,但那也长久不了。

因为,莱利奥身后除了留下一个寡妇、几箱笔记之外,还有一个侄儿。这个侄儿不仅继承了叔父未出版的手稿,而且很快为自己赢得了比叔父还醉心于塞尔维特的名声。

福斯托·索齐尼年轻的时候像老莱利奥那样四处旅行。祖父给他留下了一小笔财产,由于他将近五十岁才结婚,他可以把所有时间都花在他喜爱的题目——神学上。

有一段较短的时期,他似乎在里昂做生意。

他会是什么样的生意人，我不知道，但他在具体商品而不是精神价值的买卖、交易方面的经验似乎更加强了他的信念，那就是杀掉竞争者或冲一个生意上占优势的人发脾气都无济于事。终其一生，他都表现出往往是账房里才有的那种清醒的常识，这在神学院的圈子里几乎看不到。

1563 年，福斯托返回意大利，在回家的路上，他访问了日内瓦。好像他并没有找到什么机会对当地牧首表示敬意。再说，卡尔文已病得奄奄一息，再接受索齐尼家族成员的拜访只会加重他的病情。

随后的十二年里，他效力于伊莎贝拉·德·美第奇，但在 1576 年，这位女士享受到几天的婚姻幸福后被丈夫保罗·奥尔西尼谋杀。索齐尼毅然辞职，义无反顾地离开了意大利，到巴塞尔把赞美诗翻译成通俗的意大利语，并着手写一部有关耶稣的书。

从福斯托的著作来看，他是一个谨慎的人。首先，他耳聋得厉害，这种人天性非常小心。

其次，他的收入来源于阿尔卑斯山另一面的地产，托斯卡纳①当局暗示凡是怀疑有"路德倾向"的人最好不要太大胆地涉足宗教法庭不喜欢的论题。于是，他用了众多假名，写的书要经过朋友传阅确保安全后才敢出版。

因此，他的书没有被列入教廷禁书目录。他的一本有关耶稣生平的书越过千山万水到达特兰西瓦尼亚，落到另一个意裔自由派手里，这人是给嫁到波兰和特兰西瓦尼亚②贵族家族的米兰、佛罗伦萨贵妇看病的私人医生。

特兰西瓦尼亚在当时是欧洲的"远东地区"，直到十二世纪早期仍然是一片蛮荒，对过剩的德国人口是个方便的安顿之地。勤劳的

---

① 托斯卡纳（Tuscan），意大利城市。——译注
② 特兰西瓦尼亚（Transylvania），历史上罗马尼亚西部的一个地区。——编注

撒克逊农民把这片富饶的土地变成一个繁荣而治理有方的小国,有城池、学校还有个别的大学。这个国家远离主要旅游、贸易线,但反而成了一些人的心爱居住地,因为这些人愿意在他们和宗教法庭的鹰爪之间保留数英里湿地和山脉的距离。

至于波兰,这个不幸的国家许多世纪以来一直跟反动和沙文主义相关联,但在十六世纪上半叶它是一个名副其实的避难所,庇护着那些因信仰而受到迫害的人,相信许多读者闻此一定会觉得是个意外之喜。

这种出人意料的事态却是用典型的波兰方式达成的。

长期以来这个共和国治理不善,当时就在欧洲大陆臭名远扬,已是众所周知的事实。但高级教士玩忽职守究竟到何等程度,人们还不是很清楚,因为在那时,纵情声色的主教和乡村神父酒鬼在所有西方国家都屡见不鲜。

可是,在十五世纪下半叶,人们注意到去德国读书的波兰学生数量开始飞速增长,引起了维滕贝格和莱比锡当局的很大关注,他们开始询问为什么。后来情形发展到这种地步:由波兰教会管理的古老的克拉科夫学院已经彻底成了一副烂摊子,可怜的波兰人只得到国外去求学,或什么都不学。不久,条顿的大学落入新教的掌控之中,从华沙、拉多姆、琴斯托霍瓦来的年轻才俊自然步其后尘。

等他们回到家乡,已经是十足的路德宗信徒。

在宗教改革早期,国王、贵族、教士能轻而易举地把错误思想的瘟疫一扫而光,但共和国的统治者要采取这一措施就必须形成明确统一的政策,这当然与这个奇怪国家的神圣传统相悖——该传统是一张反对票就能推翻一条法律,即使这条法律得到议会所有其他成员的赞同。

后来(没过多久),人们发现维滕贝格著名教授的宗教还带有一种经济性质的副产品,其中包括没收所有的教会财产。从波罗的海到黑海之间这块富饶之地上的波莱斯瓦夫家族、瓦迪斯瓦夫家族、骑士、伯爵、男爵、王公和公爵，所有这些人开始对能给他们带来财富的信仰趋之若鹜。

继这个发现后，人们开始了跟神圣无关的、对修道院地产的掠夺，由此产生了一段"过渡期"。自从有史料记载以来，波兰人就试图用这些著名的过渡期推迟算总账的时间。因为所有权力机构都停顿下来，新教徒乘虚而入，不到一年时间，这个王国的每处地方都布满了他们自己的教堂。

当然，最后新教牧师无休止的争吵迫使农民重新投入教会的怀抱，波兰又一次沦为天主教坚不可摧的堡垒之一。但在十六世纪后半叶，这个国家充分享受了一番宗教自由特权，当西欧的天主教和新教开始发动肃清再洗礼派的战争时，不出所料，再洗礼派幸存者逃往东方，最终在维斯瓦河畔落脚。就是在那时，布兰德拉塔医生得到了索齐尼有关耶稣生平的书，表达了想结识作者的愿望。

乔治·布兰德拉塔是意大利人、医生、一个多才多艺的人，毕业于蒙彼利埃大学，是很有名气的妇科大夫。总的说来他也是一个无赖，但是很聪明。像当时许多大夫（想想拉伯雷、塞尔维特）一样，他既是神学家又是神经科医师，经常交替更换这两个角色。比如，他治好了波兰太后博纳·斯福尔扎（国王西吉斯蒙德的遗孀），这位太后本来一口咬定怀疑三位一体论的人都是错的，现在却反悔了，只把那些相信三位一体论的人全部处死。

唉，这位好太后还是一命呜呼（被她的一位情人谋杀了），但她的两个女儿嫁给了当地贵族，布兰德拉塔作为她们的医疗顾问，对他寄居的国家政治发挥着很大的影响力。他知道这个国家濒临内战的边缘，如果不能阻止无休止的宗教争吵，内战就会一触即发。因此，他开始努力争取不同教派之间的休战，为了达到这个目的，他需要有个在处理错综复杂的宗教问题上比他更高明的行家里手。于是，他有了一个突发奇想，耶稣生平的作者就是他要找的人。

他写信给索齐尼，邀请他来东方。

不幸的是，等到索齐尼到达特兰西瓦尼亚时，布兰德拉塔的私生活已成为重大公众丑闻，这个意大利人被迫辞职，离开此地逃得不知所踪。但索齐尼在这遥远的国度留了下来，娶了一个波兰姑娘，于1604年在寄居的土地上辞世。

这最后二十年成为他生涯中最精彩的一段时期，因为就在此时，他具体表达了对宽容这个论题的想法。

这些想法在所谓的"拉寇问答"中可以找到，索齐尼是把这个文件作为公共章程来制定的，该章程适用于任何想建立美好世界、结束教派之争的人。

十六世纪下半叶是要理问答、信仰声明、信经、教义的时代，人们在德国、瑞士、法国、荷兰、丹麦到处发表这些东西。这些随便印发的小册子满天飞，里面表达的都是可怖的信念，那就是它们（只有它们）拥有真理，大写的真理，所有权力机构的职责就是庄严承诺要捍卫这个特殊的大写的真理，用剑、绞架和火刑柱去惩罚那些冥顽不化坚持信奉另一种真理（只能是小写的真理，其质量差多了）的人。

索齐尼的信仰声明呼出的却是另一种精神。一开始，声明就直言不讳地告诉大家，签署这个文件的目的不是为了找人吵架。

"许多虔诚的人，"声明继续道，"有足够的理由抱怨说：已发表的和不同教会正在发表的各种信仰声明和要理问答是基督徒不和的种子，因为它们都把自己的原则强加于人的良知，将持不同意见者视为异教徒。"

因此，声明正式否认索齐尼主义有任何排挤、压迫宗教信仰不同者的意图，谈到广义的人文精神，声明做了如下呼吁：

"让每个人自由地论断他自己的宗教，因为这是《新约》定下的原则，早期教会也为之做出了表率。我们这群可怜的人究竟是谁，凭什么可以去扼杀和熄灭上帝在其他人身上点燃的圣灵之火？我们又有何资格垄断《圣经》知识？为什么忘了我们唯一的主人是耶稣基督,我们之间只是弟兄姊妹,没有凌驾于其他人灵魂的权力？有可能其中一位弟兄博学一点,但就自由和与基督的关系而言,我们都是平等的。"

这篇声明讲得精彩绝伦,可惜提早了三百年。索齐尼派也罢,其他新教主义也罢,在这个动乱地区都不能长期站稳脚跟。反宗教改革势力开始全面反攻,一大群一大群的耶稣会神父在一度失去的省份到处横行霸道,他们在抢班夺权的时候,新教徒仍在争论不休,很快,东部前线又落入了罗马的掌控之中。如今,拜访这片文明欧洲边远地区的游客怎么也想不到这里一度是最先进自由思想的要塞,也想不到在那沉闷的立陶宛山脉里有一座村庄,在那里曾经出过有史以来第一部宽容实施方案。

出于好奇,我到图书馆花一个早上翻阅了我们最流行的教科书索引,这些书是给我们的年轻人了解历史用的,没有一个提到索齐尼主义或索齐尼。他们从社会民主党跳到汉诺威的索菲亚,从索别斯基跳到撒拉逊人,那些众所周知的伟大宗教革命领袖都有记载,其中包括厄柯兰姆帕狄斯和一些名气稍逊的人物。

只有一卷书涉及到这两位锡耶纳的伟大人文主义者,但只是在谈到路德和卡尔文的言行时以附录形式稍带提了一下。

预言是危险的事,但我怀疑在以后三百年的大众历史里,这一切都会有所改变,说不定两位索齐尼能享受占据一个章节的奢侈,而那些传统的宗教改革英雄则可能移到页脚。

他们的名字放在脚注里也让人印象极为深刻。

第十八章　蒙田

在中世纪,据说城市的空气促进自由。

说得没错。

躲在高墙后面的人可以安全地对贵族和教士嗤之以鼻。

随后不久,当欧洲大陆的情况有所改观,国际贸易又成为可能时,另一种历史现象开始浮出水面。

套用上面的说法来表达,那就是:"贸易促进宽容。"

你在我国任何地方的任何一天,特别是星期天,就能证实这个说法。

三K党在俄亥俄州的瓦恩堡能得到支持,但在纽约就不可能。纽约人如果要发起清除所有犹太人、所有天主教徒、所有外国人的运动,华尔街就会陷入恐慌,劳工运动就会风起云涌,城市就会毁于绝望。

中世纪下半叶也不例外。莫斯科,一个小公国的地盘,有可能对异教徒不客气,但诺夫哥罗德是一个国际贸易站,就得小心不要得罪光顾它市场的瑞典、挪威、德国、弗莱芒的商人,免得他们跑到维斯比去。

一个纯农业国家可以不受损失地用宗教裁判仪式来款待它的农民,但如果威尼斯人、热那亚人或布鲁日人在城内展开反异教徒大清洗,那些代表外国贸易商行的人就会落荒而逃,紧接着就是抽走所有资本,叫这个城市彻底破产。

有几个国家从本质上不能吸取经验教训(像西班牙、教皇管辖区、哈布斯堡王朝的某些管辖区),受一种被他们自诩为"忠于信仰"的情绪蛊惑,无情地驱逐真正信仰的敌人,它们最后不是走上亡国之路,就是沦为第七等的里特①级国家。

而商业国家和城市通常都由这样一些人统治着,他们对既成事实怀有很深的敬意,知道该在面包的哪一面涂上黄油,因此,他们在精神领域保持中立,让那些天主教徒、新教徒、犹太人和中国主顾可以正常地一边做生意,一边对自己的宗教保持忠诚。

为了保住面子,威尼斯可能通过一项反卡尔文宗的法律,但十人委员会②小心翼翼地告诫他们的宪兵,这道法令无需认真对待,除非异教徒真的占领了圣马可教堂,把它变成自己的聚会点,不然的话,就由着他们按照自己的方式做礼拜好了。

他们在阿姆斯特丹的好朋友也是如出一辙。每个星期天,牧师高声谴责"淫荡女人"(指罗马天主教)的罪行,但在另一个街区一些不起眼的房子里,可怕的天主教徒在安静地做弥撒,门外有新教的警长站岗,以防日内瓦要理问答的狂热支持者破坏这个官方禁止的会场,把一拨能带来利润的法国人、意大利人给吓跑了。

这并不意味着威尼斯和阿姆斯特丹的群众不再是各自教会的忠实子弟,他们像从前那样都是优秀的天主教徒或新教徒,但他们记得从汉堡、卢卑克或里斯本来的异教徒能带来利润,与这些人保持亲善比赢得一帮日内瓦或罗马穷酸教士的赞同要有价值得多。于是,他

---

① 里特(Ritter),德国和奥地利较低等级的贵族,相当于骑士。——译注
② 十人委员会(Council of Ten),1310—1797 年间威尼斯共和国主要执政机构之一。——编注

们就按照这个思路去做了。

蒙田的父亲和祖父都是卖鲱鱼的商人，母亲是西班牙犹太人后裔。把他的启蒙和开明观点（启蒙和开明并不总是同义词）与这些家庭背景联系起来似乎有点牵强，但在我看来，这种商人背景对他的世界观，对他极度厌恶狂热和盲从都是有不少影响的。他这种好恶感贯穿了他作为战士和政治家的一生，其来源就是波尔多主码头旁的一个小鱼铺。

假如我当面告诉蒙田我的看法，他肯定不会谢我，因为他出生时，华丽的盾形家族纹章上已经把任何"生意"的痕迹抹去了。

他父亲在蒙田地区得到一份财产，不吝金钱，一心要把儿子培养成绅士。他路还走不稳的时候，可怜的小脑瓜里就已经被家庭教师塞满拉丁语和希腊语，六岁进了中学，十三岁开始学法律，不到二十岁就已经是波尔多市政议会的正式议员。

接着就是在军队里供职，还有一段时间从事法律工作，到三十八岁他父亲死后，蒙田从追求功名利禄的活动中退下来，把他生命的最后二十年（除了几次违心地短期涉足政治外）消磨在马、狗、书籍上，而且对这些都颇有研究。

蒙田是他那个时代的人，有那个时代人的缺点，从未完全脱离某种矫情，作为鱼贩子的孙子，他总以为矫揉造作是一种绅士风度。直到死他还在抗议说自己不是真正的作家，只是一名乡绅，偶尔针对稍具哲理性的问题记下几点想法，用以打发冬日的无聊时光。这全是骗人的鬼话，如果曾有人把他的心、灵魂、品德、劣根性及所有一切都融进自己的书中，那就是不朽人物达达尼昂①的这位快活邻居。

由于这心、灵魂、品德、劣根性都来自一位本质慷慨、有教养、和

---

① 达达尼昂（D' Artagnan），十七世纪著名的皇家火枪队队官，大仲马著有以《三个火枪手》为首的达达尼昂三部曲。——编注

蔼可亲的人身上,蒙田的著作就不仅仅局限于文学范畴,它发展成一种明确的生活哲学,以常识和一种实用的日常体面准则为基础。

蒙田生是天主教徒,死也是天主教徒,年轻的时候还是天主教贵族联盟的活跃分子,这个联盟由法国贵族组成,专门把卡尔文宗从法国驱赶出去。

在1572年8月那关键的一天,消息传到他的耳朵里,教皇格列高利十三世兴高采烈地庆祝屠杀了三万法国新教徒,从那以后,他离开了教会。他没到加入另一派的地步,继续参加一些礼节性的活动以免邻居嚼舌头,但在那个圣巴塞洛缪夜晚以后,他写的文章怎么看怎么就像是马可·奥勒留或爱比克泰德或其他希腊、罗马哲学家的论著,在一篇令人难忘的、题为"论良知自由"的论文里,他的口吻俨然是伯里克利同时代人而不是卡特琳·德·美第奇陛下的臣仆,他用叛教者尤里安做例子来说真正宽容的政治家应取得的政绩。

这是一篇很短的章节,只有五页,你在第二册的第十九章里能找到。

蒙田对新教徒、天主教徒的冥顽不化看得太多,不会去提倡一个绝对自由的体制,这(在现存情形中)只会引起新的内战爆发。但条件允许的话,尤其当新教徒和天主教徒不再枕着匕首、手枪睡觉的时候,一个聪明的政府应尽可能地不去干预他人的良心问题,允许人民按能给他们灵魂带来幸福的、适合自己的方式来表示对上帝的爱。

蒙田不是唯一一个,也不是第一个法国人阐述这个观点,或胆敢公开发表这种看法。早在1560年,卡特琳·德·美第奇的原秘书大臣米歇尔·德·洛比达尔——这位六所意大利大学的毕业生(顺便说一句,被怀疑受过再洗礼派的污染)建议道,对异端思想的攻击应仅限于口诛笔伐。他这番令人震惊的言论,理由是良心按其本性是不能靠武力改变的。两年后,他在颁布皇家宽容令上发挥了作用,允许胡格诺派按他们自己的方式聚会,召开教会会议讨论自己教会的事务,俨然一副自由独立教派的模样,而不是受人施舍的小宗派。

让·博丹,巴黎律师,一位德高望重的公民(他捍卫私有财产的权利,反对托马斯·莫尔的乌托邦式共产主义倾向)发出了同样的声音,他否认主权国家有权利使用暴力把人民赶到这个教会或那个教会。

但大臣的演讲和拉丁语的政治哲学论著是很难成为畅销书的,蒙田可就不一样了,只要文明人参加知识性的聚会和对话,就会读、翻译、讨论他的著作。三百多年来,人们还在继续读、翻译、讨论他的著作。

他的非专业性,还有他坚持说是写着玩的,不带任何个人企图,所有这一切都让他得到大批人的喜爱,不然的话,谁会想到去买(或借)一本正式归类为"哲学"的书呢。

第十九章　阿明尼乌

　　为宽容而奋斗是一种旷日持久的冲突,发生在"有组织的社会"和精力旺盛、智力超群的个人之间,前者把"集体"的长治久安放在第一位,后者则认为世界的进步始终是个人的努力,而不是群体的力量造成的(群体的本性就不信任一切创新),所以,个人的权利远远高于集体的权利。

　　如果我们承认这些前提是事实,有关的国家宽容尺度就应该与大部分居民能享受到个人自由成正比。

　　在古时候,会出现一个特别开明的统治者对他的孩子们说:"我坚信宽人宽己的原则。我希望我可爱的臣民对邻居宽容,不然就得承担后果。"

　　既然如此,人民当然是迫不及待地储备官方供应的徽章,上面骄傲地刻着:"宽容第一。"

　　但这种因为害怕国王陛下的刽子手而导致的转变毕竟长久不了,而且也只有当国王能在威胁之外拿出一套聪明的教育体系,体现在日常政治实践中,才能见到成效。

　　这样各种条件集大成的幸运局面就产生在十六世纪下半叶的荷兰。

　　首先,这个国家由数千个半独立性的城镇、村庄组成,居民多半是渔民、水手、商人，这三类人都习惯于某种程度的行动自由，而且行业特点要求他们必须迅速决定，对每天工作中的意外事件，根据其实际价值做出判断。

我决不会声称他们比世界其他地区的人更聪明或更豁达，但艰苦的劳作和目标的坚定把他们变成欧洲西北部谷物和鱼的搬运夫。他们知道天主教徒的钱跟新教徒的钱一样有价值，一个付现金的土耳其人比要求赊六个月账的长老会教友更能得到他们的青睐。这是一个实施宽容实验的理想国家，在合适的地方出现了合适的人，不仅如此，这还是一个天时地利人和的难得机缘。

沉默者威廉一世是一颗体现古老格言的灿烂之星——"统治世界的人必须了解世界。"他曾担任那个时代最伟大国王的机要秘书，这是个令人称羡的职位，他年轻、时髦、富有，在晚宴、舞会上挥金如土，娶了几个当时有名的女财产继承人，过着今朝有酒今朝醉的日子。他不是那种专心致志的人，对赛马记分榜比对宗教小册子更感兴趣。

起先，他并不特别在意宗教改革引起的社会动荡，在他眼里不过又是一场劳资纠纷，使点小手腕，派几个肌肉发达的警官往那儿一站就能搞定。

然而，当他一旦了解君民之间问题的真实性质时，这位和蔼可亲的爵爷转眼间变成一位能干非凡的领袖，担负起一桩几乎在一切方面都要失败的事业。宫殿、马匹、黄金餐具和乡间产业在短期内全部卖掉（或立刻充公），这位布鲁塞尔纨绔子弟成为哈布斯堡最顽强、最成功的敌人。

但财产的变动并未影响他的个性。在过去奢靡的日子里他是一个哲学家，现在住在几间带家具的出租屋里，不知道如何付周六的洗衣费，他仍然是个哲学家。在过去，红衣主教打算建足够的绞架来对付所有新教徒时，他曾尽力阻挠，现在忠诚的卡尔文信徒意欲绞死所有的天主教徒，他又态度明确地加以抵制。

他的工作近乎绝望。

大约两三万人已经被杀，宗教法庭的监狱人满为患，全是准备赴死的人，遥远的西班牙新军已招募起来，准备在叛乱蔓延到其他地区之前给予粉碎。

提醒为求生而战的人们去爱绞死他们儿子、兄弟、叔伯、祖父的人，这根本不现实。但他以身作则，对反对他的人采取安抚态度，向他的追随者表明，一个品德高尚的人可以超脱古老的摩西律法——以眼还眼，以牙还牙。

在这场唤醒公众理性的运动中，他得到了一个杰出人物的支持。在豪达的教堂，你至今还能看到一条奇特的单音节墓志铭，上面一一枚举了一个人的品德，那人就是葬在这里的德克·科恩赫特。科恩赫特是个有趣的家伙，富家子弟，年轻的时候大部分时间都在周游列国，对德国、西班牙、法国掌握了第一手资料，回家后爱上了一个身无分文的女孩。他那生性谨慎的父亲反对这桩婚事，但他照旧娶了这个女孩，于是父亲以家长身份按祖例做出决定，既然儿子不孝，就剥夺他的继承权。

年轻的科恩赫特陷入窘迫之中，不得不自己谋生。但他是个多才多艺的人，学会了一门手艺，做了一名铜器雕刻匠。

嗨，身为荷兰人，终生脱不了当教师的脾性。一到晚上，他就匆忙扔下雕刻刀，操起鹅毛笔，奋笔疾书，针砭时事。他的风格不完全是现代概念里的"有趣"，但他的书中充满典型的伊拉斯谟式的人情味，读来很亲切。这让他交上了许多朋友，通过朋友与沉默者威廉搭上了关系，后者对他的才能十分赏识，聘他做自己的机要顾问。

威廉正好陷入一场说不清道不明的争执之中，受教皇调唆并得到教皇帮助的腓力国王想把这个人类的公敌（即他自己的敌人威廉）干掉，他许诺只要有人杀掉这位头号异教徒，就赏给两万五千金币，授予贵族称号,并赦免一切罪。威廉已经遭遇过五次谋杀未遂,决定用一系列的小册子来驳斥这位不怀好意的腓力国王,科恩赫特就成了他的助手。

这些小册子都是驳斥哈布斯堡的,哈布斯堡当然不会因此而变得宽容起来,但由于整个世界都在关注威廉和腓力之间的决斗,到处有人翻译、阅读这些小册子,引起一场健康的讨论,讨论的议题都是以前不敢大声说出来的。

可惜辩论没有持续多久。1584 年 7 月 9 日,一位年轻的法国天主教徒得到了那两万五千金币的赏钱,六年之后科恩赫特去世,还未能完成他把伊拉斯谟的著作翻译成荷兰本地语言的工作。

至于后来的二十年,战争的喧嚣声淹没了不同神学家之间的声讨。而当最后一批敌人终于被逐出新共和国的领土,再没有威廉掌管国内事务,三个宿怨极深的教派本来迫于大批西班牙外国雇佣军的威胁,还勉强维持着暂时不自然的友好关系,现在都不顾一切地扑向对方的喉咙。

当然,他们都需要一个托词,可谁听说过神学家没有一肚子怨恨的?

在莱顿大学,有两名教授发生分歧,这本来不是什么新鲜事儿,但他们的分歧在于自由意志问题上,情况就变得严重起来,很快,好凑热闹的公众也参与进来,不到一个月,整个国家分成两大敌对阵营。

一个阵营是阿明尼乌的朋友们。

另一个阵营是戈马尔的追随者。

后者虽然父母是荷兰人,但一直生活在德国,是条顿教学体系卓越成果的体现,学问博大精深,但生活常识一点没有,他的脑子精通希伯来语神秘的韵律,心跟着阿拉姆语句法规则跳动。

他的对手阿明尼乌却是另一种类型,出生在奥德沃特,一座离斯泰恩修道院不远的小城，就是在那个修道院伊拉斯谟度过了不愉快的青年时代。阿明尼乌还是孩提时期就赢得了马尔堡大学一位著名数学、天文学教授的友谊。这个叫鲁道夫·斯内利厄斯的人把阿明尼乌带回到德国接受良好教育，但当这个男孩回家度他第一个假期时，发现家乡已被西班牙人洗劫一空，他的亲戚都被杀了。

他的学习生涯眼看就这样结束了，亏得一些有钱人听到这个孤儿的不幸遭遇后慷慨解囊，把他送到莱顿去学神学。他学习非常努力，六年后把要学的都学到手了，便开始寻找新的知识牧场。

在那个时代，才华横溢的学生总能找到赞助者愿意为他们的前途投几块钱。阿明尼乌很快就手里拿着一封某阿姆斯特丹行会发给的信用证，高高兴兴到南方去寻找未来的教育机会。

对一位体面的神学候选人来说，去日内瓦是十分必要的，因而日内瓦成了他的首选。卡尔文已死，但他的得力助手——博学的西奥多·贝萨做了这个天使般羊群的牧首。这位追踪异教徒的老猎手有一个灵敏的鼻子，很快嗅到这个年轻荷兰人信念里带点拉米主义的气味，阿明尼乌的拜访就此草草结束。

现代读者对拉米主义这个词一无所知，但那些熟悉弥尔顿文集的人就会知道，三百年前，这是一个最危险的宗教新说。它是由一个叫皮埃尔·德·拉·拉米的法国人发明或开创的（随你怎么说）。做学生的时候，拉米被教授们陈腐的教学方法所激怒，一气之下，为他的博士论文议题定了一个颇叫人惊讶的内容："亚里士多德的教导都是错的。"

不用说，这个议题肯定得不到老师的好感。几年后，他又出了几本学术书籍，进一步地阐述这个观点，这下他死定了，在圣巴塞洛缪大屠杀里，他成了第一批刀下鬼。

但他的书，那些恼人的书，可没随着作者一起被杀死，不仅流传下来，而且拉米奇特的逻辑体系在欧洲北部、西部受到热捧，然而，真正虔诚的人认为拉米是去冥府的通行证。有人建议阿明尼乌去巴塞尔,这座不幸的城市自从堕入好揶揄戏弄的伊拉斯谟魔咒之中后,一直视"自由分子"(十六世纪的通俗说法,意思是"开明人士")为好样的。

阿明尼乌接受了建议,启程北行。然而,他做出了一个不同寻常的决定,大胆地闯入敌人的领地,在帕多瓦读了几个学期,又去了罗马。正因如此,等到他1587年回到祖国时,在国人眼里成了危险人物。但他既没有长角也没有长尾巴,人们又开始重新喜爱他,允许他受命去做阿姆斯特丹的牧师。

在那里,他不仅证明他有真才实干,而且在多次鼠疫爆发过程中,他赢得了英雄的称号。很快,他得到了人们真正的拥戴,受托重建这个大城市的公立学校系统。1603年,他奉命去莱顿做正式神学教授,在全城人的惋惜中离开了首都。

假如他事先知道此行在莱顿会遇见什么,我相信他准不会去。他到的时候,堕落后预定论者和堕落前预定论者①的战斗正处在高潮之中。

阿明尼乌论天性、论所受的教育都属于堕落后预定论者,他尽量对他的同事——堕落前预定论者戈马尔保持公平的态度。可是,嗨,堕落前预定论者和堕落后预定论者之间的分歧太大了,根本无法折衷妥协,阿明尼乌被迫宣布自己是彻头彻尾的堕落后预定论者。

当然,你会问我什么是堕落前预定论者,什么是堕落后预定论者,我不知道,似乎也学不来这种东西。但我所能想到的,这是一场年代久远的争执,一派人相信(正如阿明尼乌所相信的那样)人在某

---

① 堕落前预定论(Supralapsarian),认为上帝在亚当、夏娃犯罪堕落之前就已预定人类中某些人终将得救,某些人终将沉沦。堕落后预定论(Infralapsarian)与此相反。——编注

种程度上有自由意志,能塑造自己的命运;另一派人如索福克勒斯、卡尔文和戈马尔教导道,生活中的一切在我们出生前就已经注定,因此,我们的命运仰仗在被创造的那一刻里神圣的骰子掷到哪儿。

在1600年,欧洲北部大部分人都是堕落前预定论者,他们喜欢听那种让大部分邻居注定要下地狱的布道,少数几个胆敢宣讲善意仁慈福音的牧师立刻被怀疑有罪恶缺陷,就像好心的医生不忍给病人开猛药,最后用自己的善良杀死了病人一样。

莱顿的饶舌老妇发现阿明尼乌是堕落后预定论者后,他的用处就此结束。可怜的人在劈头盖脸的辱骂声中死去,这种肆无忌惮的诅咒来自他过去的朋友和支持者。在十七世纪期间,不可避免的是,堕落后预定论者和堕落前预定论者都开始涉足政治,堕落前预定论者赢得民心,宣布堕落后预定论者为公共秩序的敌人、叛国者。

在这场荒诞的争吵结束之前,奥尔登巴内费尔特承继沉默者威廉的位置成为共和国的奠基人,他死了,脑袋掉在两只脚中间。接下来是格劳秀斯,他的中庸之道使他成为国际法公平体系的第一个倡导者,其结局却是逃到瑞典女王的宫廷,过着寄人篱下的生活。沉默者威廉的事业就此彻底收场。

但卡尔文宗并未像它所希望的那样大获全胜。

荷兰共和国只是名义上的共和国,实际上是一种商人、银行家的俱乐部,由几个名门望族统治着。这些绅士对平等、博爱没有丝毫兴趣,但他们相信法律和秩序。他们承认、支持现存教会,一到星期天,就会煞有介事地到粉刷一新的礼拜堂去,那地方原来是天主教大教堂,现在是新教演讲大厅。但一到星期一,当教士带着一长串反对这个反对那个的名单求见市长和议员们时,这些贵人们总是"在开会",不便接见牧师大人。如果牧师大人不依不饶,劝诱(常有此事)几千号忠实教民到市政大厅门前"示威",这些达官贵人会亲切地收下一份牧师大人精心准备的投诉和建议,待大门在这些黑袍请愿者面前一合上,官员们便用这些文件点上烟斗。

这是因为他们认准了一条实用的格言:"一次足矣。"他们被那些可怕的堕落前预定论内战年代吓坏了,毫不妥协地压制所有狂热的宗教形式。

子孙后代对这些账本贵族颇有微词。他们显然把国家看作自己的私有财产,并不总是把国家利益与自己公司的利益严格区分开来。他们缺乏帝国的开阔视野,几乎老是捡了芝麻丢西瓜。但他们有值得我们衷心赞赏的地方,他们把国家变成了一个国际交流中心,带有各种思想的各路人马都能按自己心愿说、想、写、印,享受最大程度的思想言论自由。

我无意粉饰太平,市议会迫于来自牧师反对的压力,常会不时地镇压一个天主教秘密组织,没收一个特别嚣张的异端教派的小册子。但总的来说,只要你不在市场中心站在肥皂箱上发表演说,谴责得救预定论,或把大念珠①带到公共餐厅,或在哈勒姆南方循道宗教堂否认上帝的存在,你就能享受到个人豁免权。因而对那些因思想而在别处遭受迫害的人来说,荷兰近两个世纪以来一直是他们名副其实的避难所。

很快,有关这个"复乐园"②的消息传到了国外,在后来的两百年里,荷兰的印刷公司、咖啡馆挤满了各路积极分子,成为精神自由新军的先遣部队。

---

① 念珠(Rosary),天主教徒念《玫瑰经》时用的。——译注
② 复乐园,借用弥尔顿的书名,与"失乐园"相对。——译注

第二十章　布鲁诺

有人说(理由很充分)第一次世界大战是士官的战争。

笼罩在孤独光环里的将军、上校、三星战略家坐在某个废弃的城堡大厅里,仔细琢磨数英里的地图,直到拿出一点新的战术可以把他们的领地扩大半平方英里(同时失去三万人员)。与此同时,那些下级军官们,那些中士和下士们在聪明士兵簇拥和协助下去做所谓的"肮脏工作",最后造成德国防线的崩溃。

为争取精神独立的伟大神圣战争也顺着相似的轨迹走下去。

没有投入五十万兵力的正面进攻。

没有孤注一掷的冲锋给开心的敌人炮手提供易中的目标。

我还可以进一步说,绝大多数的人压根儿不知道有战事发生。有时出于好奇,他们会问那个早上谁被烧死了,或那个下午谁被绞死了,这时,他们才发现有几个绝望的人仍在为某种自由原则战斗着,这些思想原则是天主教徒和新教徒都打心底里极不赞成的。但我认为这一类信息除了让听者略感遗憾外,不会造成多大影响,他们最多议论几句,那家大伯死得那么惨,家里人一定伤心死了。

情况大概就是如此。烈士们为这个事业献出了自己的生命,他们所取得的成果不可能用数学公式来计算,也不可能用安培、马力来衡量。

任何谋求博士学位的勤奋青年仔细阅读乔达诺·布鲁诺文集后,如果耐心地收集所有包含这种情绪的句子:"国家没有权利告诉人民该想什么"或者"社会不可以用剑对付不同意公认信条的人",他就能写一篇大家认可的博士论文,论"乔达诺·布鲁诺(1549—1600)及宗教自由原则"。

但不再谋求那些要命头衔的我们,应当从别样的角度来看待这个问题。

因此,在我们的最后结论中可以说,有一群虔敬的人对他们那个时代的疯狂感到震惊,对所有国家的人民生活在它的奴役之下感到震惊,他们愤然而起。他们是可怜人,几乎衣不蔽体,流离失所,但他们心中燃烧着神圣之火。他们四处漂泊,宣讲、著书,把高深学府的高深教授拖进高深的学术争论中,在朴实的乡村小店跟朴实的乡巴佬朴实地争论着,不停地向他人宣传善意、理解、仁慈的福音。他们衣衫褴褛,背着一小捆书和小册子走街串巷,最后不是在波美拉尼亚腹地的荒凉村子里死于肺炎,就是在苏格兰小村庄被醉醺醺的农民处以私刑,或者在法国外省的城镇被车裂而死。

当我提到乔达诺·布鲁诺这个名字时,并不是说他这种类型独此一位,但他的生活、他的思想、他对自己认为是真实可取的东西的执着热情,这些都是那整整一群先驱者的典型特征,他可以是一个很好的例子。

布鲁诺的父母很穷,他们的儿子是个普通的意大利男孩,也没啥特别美好的前景,只能按惯例进修道院。后来,他成为一名多明我会修士。他不在这个教派里做事,因为多明我会是所有迫害形式最热烈的支持者,被当时的人们称为真正信仰的"警犬"。这些急切的侦探很聪明,无需看到印刷品就能嗅出异端思想,一个眼神、一个手势、一个耸肩的动作就足以让他们识破一个人,把他带到宗教法庭面前。

布鲁诺在这样一个绝对服从的环境里长大,却起了叛逆之心,放弃《圣经》，一头扎进芝诺和阿那克萨哥拉的作品中，这是为什么，我不得而知。但在这位古怪的新学员结束指定课程之前，他就已被逐出多明我会修道会，从此以后成了世上的漂泊者。

他越过了阿尔卑斯山，在他之前，有多少年轻人冒险穿越那些危险的古老山口，就为了在罗讷河和阿尔沃河交汇处的新教堡垒找到自由啊！

而他们又是多么心碎地离去，因为他们发现这里跟那里一样，是人的内在本性在指导着人的心，信条的改变并不能改变人的心智。

布鲁诺在日内瓦停留了不到三个月，城里到处都是意大利难民，他们给这位同胞带来了一套新衣服和一份校对的工作。一到晚上，他就开始阅读、写作，他得到一本德·拉·拉米的著作，至少还有一个人合他的心意。拉米相信除非打破中世纪教科书的独裁统治，不然的话，世界就不会进步。布鲁诺还不像他的这位法国导师那么激进，他不相信希腊人的教导都是错的，但十六世纪的人为什么要束缚在基督诞生前四世纪的词句中呢？为什么呢？

"因为向来都是如此。"正统信仰的支持者回答。

"我们跟祖先有什么关系，他们又跟我们有什么关系？让死人埋葬死人吧。"打破传统的年轻人回答。

很快，警察找上门来，建议他收拾行李到别处去碰运气吧。

布鲁诺从此开始了无休止的漫游生活，他一直在寻找一个可以相对自由安全地生活和工作的地方，但没有找到。他从日内瓦走到里昂，又到图卢兹。那时候，他已经迷上了天文学研究，成为哥白尼思想的热心支持者。他迈出的是相当危险的一步，在那样一个时代里，同时代的布赖恩都扯着粗嗓门大喊："这个世界绕着太阳转！这个世界只是绕着太阳转的不起眼的小星球！嗬嗬——嘿嘿！谁听过这种胡说八道？"

图卢兹开始变得不如人意。他横穿法国，步行到巴黎，又以法国大使的私人秘书身份去了英国。但那里等着他的还是失望,英国神学家比起欧洲大陆的神学家好不到哪里去。也许要实际一点,比如在牛津,他们不会因为一个学生跟亚里士多德学说作对就严厉惩罚他,而是会罚他十个先令。

布鲁诺变得愤世嫉俗起来,他开始写危险的、文采洋溢的散文,带宗教、哲学、政治性质的对话,现存秩序在这些对话里被掀了个底朝天,受到毫不客气的、挑剔的审查。

他就他心爱的题目——天文学作了演讲。

但学校当局很少对受学生欢迎的教授有好脸色,布鲁诺又一次被请出学校。他回到法国,接着又去了马尔堡,不久前路德和茨温利还在那里就圣餐变体论①进行过辩论,地点就在匈牙利虔诚的伊莉莎白的城堡。

唉,他那"自由分子"的名声已先他而行,他不准作演讲。维滕贝格还客气一些,但这个路德宗的堡垒已开始被卡尔文博士的门徒所掌控,此后便再也没有布鲁诺自由倾向的空间。

他往南走,打算到约翰·胡斯的地盘上去碰运气,更多的失望在等着他。布拉格已成为哈布斯堡的一个首府,只要哈布斯堡进来,自由就从城门退出去。他继续流浪,走了好长好长的路,来到了苏黎世。

在那里他收到一封信,来自一个叫乔瓦尼·莫切尼哥的年轻意大利人,他邀请布鲁诺去威尼斯。我不明白为什么布鲁诺要接受这个邀请,也许他骨子里是意大利农民,对这么一个古老贵族姓氏充满崇敬,受到邀请不免受宠若惊。

但乔瓦尼·莫切尼哥跟他的祖先不是一路人,他的祖先可以做

---

① 圣餐变体论(Transubstantiat),相信作弥撒时神父所献的面包和酒变化为耶稣的肉和血。——编注

到公开蔑视苏丹王和教皇,而他是个意志薄弱的懦夫,当宗教法庭官员出现在他门前,带走他的客人去罗马时,他连一个指头都不动一下。

按常理,威尼斯政府对自己的权力是小心看护的,如果布鲁诺是一个德国商人或荷兰船长,而外国势力又在他们的辖区抓人,他们会拼命抗议,甚至不惜发动战争,但一个给他们城市只带来思想,没带来任何东西的流浪汉——为了这么一个人去招惹教皇何必呢?

不错,这个人自称是学者,共和国感到很荣幸,但我们不缺学者。

就这样吧,布鲁诺,我们就此道别,愿圣马可怜悯他的灵魂。

布鲁诺在宗教法庭监狱关押了七年。

1600 年 2 月 17 日,他被烧死在火刑柱上,骨灰随风飘散。

他在坎波·德·菲奥利①受刑而死,那些懂意大利文的人也许能获得一点讽喻的灵感吧。

---

① Campo dei Fiori,意大利语意为百花广场。——编注

第二十一章　斯宾诺莎

历史中有些事情我总是闹不明白，其中一件就是过去岁月的艺术家和文人的作品数量。

我们现代作家协会的成员有打字机、口述录音机、秘书、自来水笔，一天能写出四五千个词，而莎士比亚呢，有半打工作分他的心，加上一个骂骂咧咧的妻子和一支不好使的鹅毛笔，怎么就能写出三十七部剧本？

无敌舰队的老兵洛佩·德·维加一生都忙忙碌碌，他从哪儿找到必不可少的墨水和纸写出一千八百部喜剧和五百篇论文的？

这位宫廷乐队指挥约翰·塞巴斯蒂安·巴赫究竟是个什么样的角色？在一所二十个孩子吵吵嚷嚷的小房子里，他竟然能找出时间写五部清唱剧、一百九十篇教堂大合唱、三篇婚礼大合唱、十二支圣歌、六支庄严弥撒曲、三部小提琴协奏曲、一部双人小提琴协奏曲（仅这一部就能让他名垂青史）、七部钢琴管弦乐队协奏曲、三部双人钢琴协奏曲、两部三人钢琴协奏曲、三十篇管弦乐谱，还为长笛、大键琴、风琴、提琴、法国号管写了曲子，够一个普通音乐学生练一辈子的。

还有，像伦勃朗、鲁本斯这样的画家几乎以每月四幅油画或蚀刻画的速度坚持了三十多年，这需要怎样的勤奋和专注呀？安东尼奥·斯特拉迪瓦里，一个普通老百姓，一生中竟制造了五百四十把小提琴，五十把大提琴，十二把中提琴，这是怎样做到的？

我不是在讨论能设计那么多情节，听那么多旋律，看那么多种颜色和线条的脑子，我是想知道身体怎么受得了。他们是怎么做到的？难道他们不睡觉吗？难道他们不偶尔花几个小时打打台球吗？他们从不知疲倦吗？他们没听说过神经衰弱这玩意儿吗？

在十七世纪和十八世纪，这种人比比皆是，他们藐视卫生原则，有什么就吃什么，就喝什么，完全不知道他们作为卓越人类中一员的崇高命运，但他们过得很快乐，他们的艺术、知识产出堪称一绝。

艺术、科学是这样，像神学这种吹毛求疵的学科也是如此。

到可追溯两百年历史的图书馆去，你会发现馆内的地窖、阁楼塞满了十二开、十八开、八开的小册子、布道书、讨论集、驳论、文摘和评论，用皮革、羊皮纸、纸张装帧，都湮没在灰尘中，但毫无例外地包括大量的（或许是无用的）知识。

他们谈论的问题和所用的许多词句对我们现代人来说已失去意义，但这些发霉的汇编在某种程度上还是非常有用的，如果说它们未取得什么成果，至少净化了空气。它们要么满足了相关人士的心愿，让讨论的问题尘埃落定，要么使读者相信这类特殊问题不能靠逻辑和辩论来解决，因此最好即刻放弃。

这听上去好像是带讽刺挖苦的恭维话，但我希望三十世纪的批评家在啃我们的文学、科学遗产时也会这样手下留情。

* * * * * *

这一章的主人翁——巴鲁赫·德·斯宾诺莎没有在产量上顺应他那个时代的潮流。他的全集包括三四小卷书和一捆书信。

但他用数学公式来解答伦理和哲学方面的抽象问题，为求得正确答案所做的研究可以让任何身体健康的人看了后头晕目眩。这位可怜的肺痨病人想通过乘法口诀表去接近上帝，终于心瘁身亡。

斯宾诺莎是犹太人，但他的家人从未遭受过犹太人隔离区的耻辱。他们的祖先在西班牙半岛落脚，当时那里还是摩尔人的一个省份。西班牙重新夺回了那块地方，实行"西班牙只属于西班牙人"的政策，最终将那个国家推向破产。但由于这个政策，斯宾诺莎家族被迫离开老家，乘船到尼德兰，在阿姆斯特丹买了一所小房子，勤奋工作，攒下了钱，很快成为从"葡萄牙殖民地"来的最体面的家族之一。

如果说他们的儿子巴鲁赫对自己的犹太血统有所知觉，那也是从他受教的塔木德经①学校来的，而不是从邻居的嘲笑中来的。因为，当时的荷兰共和国充满了阶级偏见，无暇顾及种族偏见。各个外国民族在北海和须德海岸都能找到避难所，并和当地人和睦相处，这是荷兰生活的最大特色。当时的旅游者谁都忘不了在"游记"里添上这么一笔，这样做是有充分理由的。

在大部分欧洲，即使到了近代，犹太人和非犹太人之间的关系仍然远远不如人意。这两个种族之间的矛盾为何难以调和，是因为双方都有对和错的地方，都可以称自己为对方不宽容和偏见的牺牲品。鉴于这本书的理论——不宽容只是暴民自我保护的一种形式，显然只要基督徒和犹太人都忠实于各自的宗教，他们就视对方为仇敌。首先，他们都宣称自己的上帝是唯一真神，其他的神都是假的；其次，他们在商业上是对方最大的竞争对手。犹太人来西欧时就像他们初来乍到巴勒斯坦一样，都是寻找新家的移民。当时的工会，也就是行会让他们无法进入一般行业，不得不采取经济上的权宜之计，从事典当和银行业。在中世纪，这两个行业彼此很相像，从来没被当作体面人该干的行业。为什么就是直到卡尔文时代伊始，教会仍然对钱（除了以税收的形式）深恶痛绝，把拿利息视为犯罪，我们不得而知。高

---

① 塔木德经(Tamud)，犹太人口传律法集，为犹太教仅次于《旧约》的主要经典。——译注

利贷当然是任何政府难以容忍的,早在四千年前,巴比伦人就已通过严厉的法律反对用别人的钱赚钱的兑钱人。两千年后,在《旧约》的几个章节里,我们读到摩西明确禁止他的追随者以过高的利息借钱给人,除了借给外国人外。

再晚一点,包括亚里士多德和柏拉图在内的希腊哲学家也表达了对用他人钱生钱的厌恶,教会先辈在这个问题上更是立场鲜明。整个中世纪时期,放贷者一直遭到深深的蔑视。但丁特意在他的地狱里专为银行家辟出一间单独的壁龛。

也许从理论上可以说典当商及其同僚,也就是那些"银行业"人士都是最不受欢迎的人,这个世界没这些人存在最好。然而,当这个世界不再完全是农业社会时,人们发现不使用信贷就连最简单的交易都做不成。因此,放贷者成为必不可少的魔鬼,而犹太人(在基督徒看来)反正注定要下地狱,不如鼓励他们去从事这样一个必不可少但正派人碰都不会碰的行业。

就这样,这些不幸的流放者被迫去做这个不讨喜的行当,把他们自己变成富人和穷人的天敌。然后,等他们一发迹,这些敌人便开始反攻倒算,咒骂他们,把他们锁在城市最肮脏的地区,一到群情激愤的时候,就把他们当作不信主的邪恶之人绞死,或当作变节的基督徒烧死。

就这么无聊,而且就这么愚蠢。无休止的挑衅和迫害让犹太人无法喜欢上他们的基督徒邻居,直接后果是大量出类拔萃的才智无法进入公共流通渠道,数千名青年才俊本来可以为推进商业、科学、艺术进步做出贡献的,现在却只能把脑力和精力浪费在对古书的无用的研究上,这些书满纸都是晦涩难解的谜一般的文字和充满诡辩的三段论。数以百万计的男孩、女孩不得不在气味难闻的廉租房里过着发育不良的日子,一方面听长老们说他们是上帝的选民,肯定会继承这世上的一切,包括所有的财富;另一方面被邻居的诅咒吓得半死,这些邻居们不停地告诉犹太孩子说,他们是猪,只配上绞架或车裂而死。

要求不幸生活在这种恶劣环境中的人(任何人)保持正常的人生观,简直是天方夜谭。

犹太人一次又一次地被基督徒国人逼得不顾一切地反抗,当他们忍无可忍地扑向压迫者时,基督徒就骂他们是"叛国者"、"不知感恩的恶棍",用更多的羞辱和限制来对付他们。这些限制只有一个结果,增加了苦大仇深的人,增加了患精神障碍的人,总的来说,犹太人隔离区笼罩在一片雄心受挫、仇恨被抑的恐怖氛围里。

出生在阿姆斯特丹的斯宾诺莎逃脱了他大部分亲戚一出生就面临的悲惨境地。他先是在犹太教学校(恰当地被称为"生命之树")上学,等他学会希伯来语动词变位后,就被送到弗朗西斯克斯·阿平尼厄斯·范登恩德博士那里,接受拉丁语和科学方面的训练。

弗朗西斯克斯博士像他的姓名所暗示的,带有天主教背景,传说他毕业于鲁汶大学。如果你相信城里消息灵通的助祭的说法,他是伪装起来的耶稣会会士,非常危险。但实际上这是胡说八道,范登恩德年轻的时候在一所天主教神学院读过几年书,不过,他无心学习,便离开了他的家乡城市安特卫普,到阿姆斯特丹开了一所自己的私立学校。

他对教学方法的选择颇有一套了不起的心得,可以让他的学生爱上古典知识课程,那些卡尔文宗的市民不顾他的天主教背景,乐颠颠地把孩子交托给他,得意洋洋地看到他学校的学生在做六韵步诗和记拉丁语变格方面,比当地所有学校的学生都强。

范登恩德教小巴鲁赫拉丁语,但他总是科学新发现的热心支持者,尤其欣赏乔达诺·布鲁诺,不免教了这孩子几样在正统犹太人家里决不会提及的东西。

小斯宾诺莎跟当时习俗不同,没跟其他孩子一起住校,而是住在家里。他的博学叫家人为之惊叹，所有亲戚都骄傲地把他说成小教授，大方地给他零花钱用，他不把这笔钱浪费在烟草上，而是用于买哲学书。

有一位作家特别叫他着迷。

这就是笛卡尔。

勒内·笛卡尔是法国贵族，出生在图尔和普瓦蒂耶的交界地区，一千年前那里曾是查理曼的祖父阻止穆罕默德攻占欧洲的地方。十岁前他就被送到耶稣会接受教育，随后十年里，他成了一个调皮捣蛋鬼，因为这孩子有自己的一套想法，不接受任何"看不见摸不着"的东西。耶稣会会士恐怕是世界上最知道如何对付这种问题少年的人，能在不破坏他们精神的情况下把他们训练成功。教育的布丁要吃了才知道好坏。如果我们现代教育家学学罗耀拉弟兄的方法，说不定在我们的时代能出几个笛卡尔呢。

二十岁那年，勒内开始服兵役，到了尼德兰。在那里，拿骚的莫里斯把自己的军事体系建设得完美无缺，他的军队简直成了研究生院，专门培养那些雄心勃勃想当将军的年轻人。笛卡尔前往这位拿骚王公的司令部似乎有点不合常规，一个忠实的天主教徒竟然效力于一个新教首领！不得了的叛国罪。但笛卡尔只对数学题和火炮感兴趣，跟宗教和政治不沾边。因此，当荷兰与西班牙签署停战协议后，他就退役了，去到慕尼黑，在巴伐利亚天主教公爵的麾下作战。

然而，那场战役没有持续太长时间，当时只有拉罗谢尔附近还在进行比较重要的战斗，这个城市是胡格诺派教徒抵抗黎塞留①的地方。于是，笛卡尔又回到法国去学高级围城战术。不过，军营生活对他来说开始失去吸引力，他决定放弃军旅生涯，致力于哲学、科学

---

① 黎塞留（1585—1642），法国路易十三的首相和枢机主教，擅权巩固专制统治。——编注

研究。

他有一小笔收入，不想结婚，要求不高，只想过一种安静、快乐的生活，他得到了。

他为什么选择荷兰做定居的地方，我不得而知。不过，那是个充满印刷商、出版商、书店的地方，只要你不公开攻击现存政府或既定宗教，新闻检查制度只是一纸空文。再说，他从来没学会寄居国家的语言（这种花招对一个真正的法国人来说不是一件难事）。笛卡尔可以把不受欢迎的客人拒之门外，也不必去参加无聊的社交活动，可以把所有时间（大约每天二十小时）投入工作。

这对一个当过兵的人来说是枯燥乏味的生活，但笛卡尔有生活目的，似乎在自找的流亡日子里自得其乐。在那些年月里，他开始相信这个世界仍然陷在无知的深渊中无以自拔，那被称为科学的东西跟真正的科学没有一点相似之处，除非把陈旧、错误、虚假的框架夷为平地，否则不可能取得总体进步。这决不是一个小任务，然而笛卡尔耐心无限，在三十岁那年，他着手为我们创建一个全新的哲学体系。权当热身，他在原来的计划里加入了几何学、天文学和物理学，他以高尚公正的态度对待自己的工作，以至于天主教徒谴责他是卡尔文派，而卡尔文派则骂他是无神论者。

这番叫嚣即使让他听到了，他也不为之所动，继续默默地从事他的研究，平静地死在斯德哥尔摩，当时他去那里跟瑞典女王探讨哲学。

笛卡尔哲学（他的哲学以这个名字为人所知）在十七世纪人中间造成的轰动，就像达尔文主义在维多利亚女王时代造成的轰动一样。在1680年做一个笛卡尔主义者是可怕的，几乎是不体面的，这等于宣布自己是既成社会秩序的敌人，一个索齐尼派分子，一个卑劣的家伙，自己承认跟尊敬的邻居难以为伍、格格不入。不过，这无法阻止大多数知识阶层心甘情愿、迫不及待地接受笛卡尔哲学，就像我们的祖父对达尔文主义的接受。但在阿姆斯特丹正统犹太人中间，这个学说都不曾提起过。笛卡尔哲学在《塔木德经》或《托拉》①中都未提到过，所以它不存在。然而，它居然存在于一个叫巴鲁赫·德·斯宾诺莎的人脑子里，那好吧，只要堂区当局把这事儿查查，采取官方行动，巴鲁赫·德·斯宾诺莎自己也跟着一起不存在。

阿姆斯特丹的犹太教在当时刚刚经历了一场严重危机。当小巴鲁赫才十五岁时，另一个叫乌列尔·阿科斯塔的葡萄牙流亡者来到阿姆斯特丹，他发誓放弃天主教，愿意回到祖先的宗教，天主教本是他在死亡威胁下被迫接受的。但这个阿科斯塔不是一个普通的犹太人，他是一名绅士，习惯帽子上插着羽毛，腰上配着一把剑，对他来说，那些德国、波兰学校培养出来的傲慢荷兰拉比叫他感到非常不快和吃惊，对此，他不加掩饰，他的高傲和漠然使他不屑去掩饰。

在这样一个小社会里，如此公开的蔑视是不可能容忍的，一场争斗就此开场，一边是孤独的梦幻家、半个预言家和半个贵族，另一边是无情的法律督导。

争斗以悲剧结束。

首先，阿科斯塔被告到当地警察局，说他是某些渎神小册子的作者，这些小册子否认灵魂不灭。这下给他惹上了卡尔文派牧师的麻烦，但事情得以澄清，案子也撤了。鉴于此，犹太教会把这个昂首挺胸的家伙开除了教籍，剥夺了他的谋生手段。

这以后，可怜的人数月里在阿姆斯特丹街上流浪，直到穷困潦倒和孤独把他逼回到自己的同胞中间。但他要为自己的邪恶行为公开道歉，接受鞭刑，并且在教会每个人都踹他一脚后才能重新被接纳。这种侮辱让他的心理彻底失去了平衡，他买了一把手枪，把自己的头

---

① 《托拉》(Torah)，犹太律法。希伯来文意为"教谕"。狭义专指《旧约全书》前五卷中的律法。——编注

颅打开了花。

这个自杀案在阿姆斯特丹主要居民那里引起了纷纷议论,犹太社区认为再也冒不起第二个公共丑闻的风险了。当有迹象表明"生命之树"的高才生已遭到笛卡尔哲学这一异端学说的污染时,第一个反应是不让此事张扬出去。他们把巴鲁赫叫了过去,答应每年给他一笔固定收入,只要他保证表现得好好的,继续在教堂露面,不出版也不说违法的话。

斯宾诺莎根本就不是能妥协的人,他断然拒绝做这种事,结果是,他被自己教会开除,其依据是著名古老的罚入地狱的惯例,这些惯例不留想象的余地,为了找到足够多的诅咒和叱责之辞而一直追溯到耶利哥①时代。

面对四面八方来的劈头盖脸的唾骂,他不动声色地呆在自己房间里,从报纸上了解前一天发生的事。即使有一个过分热心律法的人想取他的性命,他也拒绝离开城市。

这对拉比的威望是个巨大的打击,他们显然把约书亚到以利沙都求遍了也没用,不到六年时间,他们遭到第二次公开蔑视。在万分焦急中他们向市议会求助,请求见市长,并向他解释说这个巴鲁赫·德·斯宾诺莎刚刚被他们的教会开除,是个最危险的人物,一个拒绝相信上帝的不可知论者,像阿姆斯特丹这样受人尊敬的基督教城市决不能允许这种人存在。

那些达官贵人按照以往的好习惯,不插手此类事务,把它交给属下的牧师委员会处理。委员会调查了这个情况后,发现巴鲁赫·德·斯宾诺莎没做什么违反本城律法的事,据实汇报给长官大人。同时他们认为策略上教士们最好还是站在统一战线上,于是又向市

---

① 耶利哥(Jericho),巴勒斯坦的古城,据《圣经·旧约》所述,它被约书亚征服并毁灭。——编注

长建议,让这位看上去非常特立独行的年轻人离开城市,等事态平息了再说。

从那以后,斯宾诺莎的生活就像他从卧室窗口看到的大地一样平静,他离开了阿姆斯特丹,在莱顿附近的莱茵斯堡村租了一栋小房子。白天擦光学仪器的镜片,夜晚抽着烟斗,凭着灵感读书写作。他从未结过婚,相传他跟前拉丁老师范登恩德的女儿有一段恋情,但斯宾诺莎离开阿姆斯特丹时,那孩子才10岁,可能性不大。

他有几个忠实的好友,提出一年两次给他一笔生活费,这样他可以把所有时间花在做学问上,他回答说很感激他们的好意,但他更愿意保持独立性。除了从一位年轻的笛卡尔主义者那儿每年收下八十块钱之外,他一分钱不要,过着一个真正哲学家清贫的生活。

他有一次机会成为德国的一名教授,但他还是婉拒了。收到那个普鲁士杰出国王的话,说是愿意做他的赞助人和保护者,但他没有同意,继续过他平静安宁的放逐生活,自得其乐。

在莱茵斯堡住了几年后,他搬到了海牙。他的身体一直不太好,半成品镜片上的玻璃屑影响了他的肺。

1677年,他突然死亡,死时孤独一人。

令当地牧师极端厌恶的是,不下六辆宫廷名流的私人马车把这个"无神论者"送往墓地。两百年后,在他的雕像揭幕仪式上,不得不出动警力保护参加这一庄严仪式的人,以免他们受到嚣张的卡尔文宗狂热分子的滋扰。

有关他的生平就讲到这儿为止吧。那他的影响呢?他仅仅是一个勤奋的哲学家,用无穷无尽的理论填满无穷无尽的书吗?仅仅讲一种就连欧玛尔·海亚姆①也抓狂的语言吗?

---

① 欧玛尔·海亚姆(Omar Khayyam,1048?—1122?),波斯诗人、天文学家,著有《鲁拜集》。——译注

不，他不是。

他既不是靠机智敏锐来取得成果，也不是靠使他的理论看上去真实可信来取胜。斯宾诺莎的伟大主要来自于他勇气的力量。他的同胞们只知道一种律法，那是一套用于任何时代的严厉规则，在久远的黑暗年代里制定；那是一套实施精神独裁的体系，是为职业教士准备的，这些人认为只有他们有权解释神的话语。

在他生活的那个世界里，知识自由的想法几乎是政治混乱的代名词。

他知道他的逻辑体系既得罪了犹太人，也得罪了非犹太人。

但他毫不退缩。

他把所有问题都看作普遍问题，不加区别地归于一种无处不在的意志的体现，相信这些问题都表达了绝对现实，这种现实不论是在创世纪还是在世界末日都一直有效。

就这样，他为人类的宽容精神做出了巨大贡献。

斯宾诺莎像他前面的笛卡尔一样，摒弃了陈旧宗教形式制定的狭隘界限，在百万星辰的基石上建立了自己全新的思想体系。

依靠他的理论，他把人类恢复到古希腊、罗马时代的状况，即人是世界公民。

第二十二章　新锡安山

担心斯宾诺莎的书会畅销是没有多少道理的,这些书就跟三角学一样"赏心悦目",没几个人看完一章的头几句后还能继续读下去。

要把新思想传播给大众需要另一种类型的人。

自从法国变成君主专制国家后,人们对独立思考和研究的热情大减。

德国则在三十战争造成的贫穷和恐怖中挣扎,个人的主观能动性至少两百年都未能恢复元气。

因此,十七世纪下半叶,在欧洲大国里唯有英国在独立思考方面有进一步的发展,国王与议会之间无休止的争论增加了国家的不稳定性,这倒为个性自由打开了方便大门。

首先,我们来看看英国王权,多年来,这些不幸的国王一直在天主教魔鬼和清教徒深海之间备受煎熬。

天主教徒(包括许多秘密倾向罗马的圣公会忠实信徒)总在叫器,希望回到过去英国国王是教皇封臣的快乐时光。

清教徒则一只眼死死盯着日内瓦这个榜样,幻想某一天英国不再有国王,英国成为窝在瑞士山脉一个小角里那个快乐共和体的复制品。

可还不仅仅如此。

统治英格兰的人还是苏格兰的国王,苏格兰臣民一到宗教问题上就毫不含糊地知道他们需要什么。他们坚决反对良心自由理念的正确性,认为容忍让别的教派活着,让其在各自新教的管辖区内自由崇拜是邪恶的。他们坚信不仅所有天主教徒和再洗礼派都应该逐出不列颠群岛,而且索齐尼派、阿明尼乌派、笛卡尔主义者,这些所有跟他们观点不同的人都通通应该绞死。

然而,这种三角冲突产生了一个意料不到的结果,迫使那些要保证三个敌对方和平相处的人比以往任何时候都宽容。

如果说斯图亚特王朝和克伦威尔在各自不同的执政时期都坚持所有教派的平等权益,而且历史上看也确实这么做了,那决不是因为他们热爱长老会教友或高教会教士,也不是因为后者对他们有好感,而只是从一笔棘手的交易中谋取最大利益。马萨诸塞湾殖民地发生了可怕的事,就因为其中一个教派占了主导地位,这个教训告诉我们,如果一个教派从互相争斗的派别中脱颖而出,对整个国家实行绝对独裁统治,英国的命运将会变成什么样子。

当然,克伦威尔已经到了可以为所欲为的地步,但这位护国公是个聪明人,知道是靠他的铁军来维持统治,所以小心地避免极端的行为或极端的律法,以免让他的敌人结成统一战线。但除了这一点,他说不上有什么宽容思想。

至于那些讨厌的"无神论者"——前面提到的索齐尼派、阿明尼乌派、笛卡尔主义者和其他把个人权利视为神圣的信徒们,日子跟以前一样难过。

当然,英国的"自由分子"享有一个巨大的好处,他们离海很近,经过三十六小时的晕船旅行就能抵达安全的避难所——荷兰城市。由于这些城市的印刷作坊囊括了欧洲南部和西部的大部分文学违禁品,越过北海的旅程实际意味着去找自己的出版商,意味着这位有魄力的旅行者得到机会去收取自己的稿费,再看看最近知识界的抗议有没有添加什么新内容。

不时地有人利用这个便利条件安静地从事研究，无忧无虑地进行思考，在这群人中间最闻名遐迩的莫过于约翰·洛克。

他跟斯宾诺莎同年出生，像斯宾诺莎一样（也像大多数独立思想家一样），他在一个虔诚的家庭里长大。巴鲁赫的父母是正统的犹太教徒，而约翰的父母是正统的天主教徒。当然，他们按照各自宗教的严格教规来培养自己的孩子们是一番好意，但这种教育不是毁掉一个孩子的精神，就是把他变成一个叛逆者。巴鲁赫和约翰都是那种不轻易服输的人，所以一咬牙，离开了家，另辟蹊径。

二十岁那年，洛克去了牛津，在那儿第一次听说笛卡尔。但在圣凯瑟琳大街灰尘满布的书摊上他找到其他一些对他胃口的书，比如托马斯·霍布斯的著作。

霍布斯是一个有趣的人物，曾是抹大拉学院的学生，一个不安分的人，去过意大利，跟伽利略谈过话，与伟大的笛卡尔本人通过信，大部分时间住在欧洲大陆上，借以逃避清教徒的愤怒。他断断续续地写成了一本大部头书，在所有可以想象得到的问题上发表个人见解，并给这本书起了一个颇有吸引力的名字《利维坦：神权和世俗共和体的实质、形式和权力》。

洛克大学二年级时这本博大精深的书问世，这本书对王公的本质特征、他们的权利，特别是他们的职责直言不讳，他的坦率就连彻头彻尾的克伦威尔派也不得不对这本书表示赞同，许多克伦威尔党徒倾向于宽恕这位怀疑派托马斯·霍布斯，他是一个十足的保皇党，但用了不下五磅重的一卷书来揭露王室的虚伪做作。当然，霍布斯是那种很难界定的人，他同时代人称他为能容纳不同意见者，这意味着他对基督教伦理体系比对基督教会的律法和教条更感兴趣，坚持认为应允许人们在对待非基本原则问题的态度上有一定的"回旋余地"。

洛克跟霍布斯趣味相投,他直到去世也一直未脱离教会,但他真心喜欢对生活和信仰有更宽宏大量的解释。洛克和朋友辩论道,把一个暴君(戴王冠的)从这个国家赶走究竟有多少用处,如果这只是造成另一个暴君(戴黑礼帽的)滥用职权?为什么今天宣布放弃对一伙教士的效忠,明天又去接受另一群牧师定的规矩,而后一群人就跟前面那群人一样盛气凌人、傲慢专横?逻辑上显然说不通,但如果这种"自由分子"成功了,并把一个刻板的社会制度改变成伦理上百家争鸣的社会,有些人就会为之而失去饭碗。那些人难道会欢迎这个观点吗?

洛克虽然是一个具有个人魅力的人,有一些有势力的朋友,可以保护他不受地方行政长官好奇心的干扰,但终究有一天他逃不掉无神论者的嫌疑。

这事发生在 1683 年秋季,为此,洛克去了阿姆斯特丹。当时,斯宾诺莎已死了六年,不过,这座荷兰首都的文化氛围仍然非常宽松,洛克得到一个机会可以不受当局任何干扰地研究、写作。他是一个勤奋的人,在四年的放逐生活中写出了著名的"论宽容书简",这使得他成为我们这本小历史书的主人公。在这封信中(在反对者的批评声中变成三封信),他断然否认国家有权干涉宗教事务。在洛克眼里(另一个叫皮埃尔·贝勒①的法国人证实了他的这个看法,当时此人正在鹿特丹编撰他那本不可思议的、独立完成的百科全书),国家只是一种由某些人成立,为他们相互之间的利益和安全而维持下去的保护组织。这样一个组织为什么就该规定人们必须信什么和不信什么——这是洛克和他的追随者想不通的地方。国家没有叫人该吃什么,该喝什么,那它为什么要强迫人们拜访这个教会,不拜访那个教

----

① 皮埃尔·贝勒(Pierre Bayle,1647—1706),法国哲学家和评论家,被认为是十八世纪理性主义的先驱,他编辑了著名的《历史与批判辞典》。——编注

会呢？

由于新教取得一半胜利的结果，十七世纪是一个充满各种奇怪宗教妥协的时代。

人们认为威斯特伐利亚的和平协议终止了所有宗教战争，它的原则是"所有臣民应顺从各自统治者的宗教"。于是，在一个小小公国，所有人都是路德教徒（因为当地大公是路德教徒），在另一个公国，所有人又都是天主教徒（因为当地的爵爷碰巧是天主教徒）。

所以，洛克推论道，"如果国家对人民灵魂的未来幸福有权指手画脚的话，那么，一半人口注定要下地狱，因为，两个宗教不可能都是正确的（根据他们各自的要理问答第一条），势必造成出生在边界这一边的人肯定上天堂，另一边的人肯定下地狱。这样的话，出生的地理位置决定你将来是否得救。"

遗憾的是洛克没有在他的宽容计划里包括天主教徒，但这也很好理解。对十七世纪普通英国人来说，天主教不是宗教信仰形式，而是一个政党，从未停止过阴谋破坏英国安全的活动，他们制造无敌舰队，买成桶的火药准备炸掉一个友好国家的议会。

因此，洛克拒绝给天主教那些他愿意给殖民地其他兄弟的权利，并要求把天主教徒逐出国王陛下的领地，这样做倒不是因为他们的信仰不同，而仅仅是因为他们从事危险的政治活动。

一个人要倒退到一千六百年前才能听到类似的观点。当时，一位罗马皇帝制定这样一条著名的原则，那就是宗教是个人与他的上帝之间的私事，当上帝觉得自己的尊严受到侵犯，他会知道如何处理的。

英国人在不到六十年里经历了四次政府变更，还繁荣昌盛起来，他们根据常识多半看到了这种宽容理念的基本实质。

1688 年，奥兰治的威廉渡过北海，洛克随同下一趟带回英国新女王的航船回国。从那以后，他过着平静如水的生活，以七十二岁的高寿辞世,那时他已是鼎鼎有名的作家,而不是令人害怕的异教徒。

内战是可怕的,但它有一个好处,那就是净化了环境。

十七世纪的政治纠纷彻底消耗掉英国剩余的精力,当别的国家还在为三位一体说和原罪说打得你死我活的时候,宗教迫害在大不列颠已经终止。不时地,会有像丹尼尔·笛福这样不知好歹的人跳出来批评现存教会,跟法律较劲儿,但这位《鲁滨逊漂流记》的作者被枷示众不是因为他是一个业余神学家,而是因为他是一个幽默家,盎格鲁—撒克逊民族有史以来对讽刺天生有一种反感,假如笛福写的是严肃的捍卫宽容的文章,恐怕倒只会被批评两句罢了。他用题名为"异端者最短的路"的半幽默性小册子来攻击教会的专制时,显示出他是一个完全没有分寸感、毫无优雅感的粗俗之人,只能跟纽盖特监狱的小偷小摸者为伍。

即使是这样,笛福没有走出英伦三岛的范围还属幸运,因为,被逐出本土的不宽容在大洋彼岸某些殖民地找到了沃土。这不是由于人的性格——不是由于那些迁入新近发现的土地的人,而是因为新天地相比于老国家来说,提供了无限增大的经济机会。

在英国本土,一个人口稠密的小岛国,能给大部分人提供立足之地也就不错了,如果大家不愿意实行古老而体面的规则:"平等互换",那就什么生意都做不了。可是在美洲,那是一片一望无际、富饶无比的土地,只住着一小群农夫和工人,人与人之间不需要这种妥协。

于是,在马萨诸塞湾岸边出现了一个小小的共产定居点,最后发展成自以为公义的正统宗教堡垒,这种类型只有卡尔文在瑞士西部行使警察局长权力并充当刽子手大人的快乐时光里才出现过。

第一个在查尔斯河畔寒冷地区定居的那一小群人被称做"清教徒朝圣前辈"。"朝圣",顾名思义,应是"一种拜谒圣地的宗教奉献行为"。"五月花号"的乘客决不是那种意义上的朝圣者,他们是英国的泥瓦匠、裁缝、制靴工、铁匠、修车工，他们离开自己的祖国，是为了逃避可恨的"罗马天主教习俗"，这些习俗在他们周围大部分教堂里继续影响礼拜。

首先，他们渡过北海去了荷兰，当时这地方正处在经济萧条期。我们的教科书一味地把他们继续旅行的愿望归结于不愿让孩子们学荷兰语，不愿看到孩子们融入寄居的国家文化中。其实他们都是一些纯朴的人，不大可能会这样忘恩负义，故意走上很应受指摘的保守族裔特征之路。事实是大部分时间他们被迫住在贫民窟里，发现在一个人口已经过多的国度里谋生很难，希望到美洲去种烟草，获取比在莱顿梳理羊毛更高的收入。于是，他们乘船去弗吉尼亚，但在路上遭到逆流阻挡，再加上驾船技术不高，碰巧靠上了马萨诸塞的海岸，他们决定留下来，想想乘漏船的恐怖，不愿冒继续旅行的风险。

可是，他们虽然避开了溺死和晕船的危险，但仍然朝不保夕。大多数人来自英国腹地的小城，没有拓荒生活的才能。他们的共产主义思想被寒冷击碎，公民热情被无休止的狂风吹寒，妻子、孩子死于缺乏足够的食物，最后，寥寥数人从头三个冬天幸存下来，这是一群习惯于家乡那种粗鲁而约定俗成的宽容的好人，谁知成千上万后来的人把他们湮没。这些后来者无一例外地属于清教信仰里较为严厉、难以妥协的那一派，他们连续几个世纪把马萨诸塞变成一座查尔斯河上的日内瓦。

他们在那一小块地方艰苦求生，危在旦夕，所以越发觉得要从《旧约》的章节中给自己的一切所思所行找理由。远离文明社会和书本，他们开始形成一种奇特的宗教心理，在他们眼中，自己俨然是摩西和基甸①传统的继承人，对于西部的印第安邻居，他们很快摇身一

---

① 基甸(Gideon)，《圣经》故事人物，以色列的法官和英雄。——译注

变成为十足的马迦比家族①成员。面对艰难和苦役，除了相信自己是为了一个真正的信仰受苦外，再没有别的能让他们随遇而安。因此，他们得出的结论(轻易得出的)是其他人都是错的；因此，那些执不同观点者，那些暗示清教徒式的思维、行动方式不一定是唯一正确的人，通通得受到严厉制裁；因此，所有那些无害的异端分子都要从他们的国家彻底清除，这些人要么被毫不留情地鞭打并驱赶到荒野中去，要么被割掉耳朵和舌头，除非他们能幸运地找到瑞典和荷兰殖民地作为庇护所。

在宗教自由或宽容事业上，这个殖民地毫无建树，如果说有任何进步，那也是以一种迂回而非自愿的方式，这在人类历史发展的过程中屡见不鲜。宗教专制的暴力色彩反而产生向往更开明政策的倾向。经过几乎两个世纪的神权独裁，新生代人开始成为所有神权统治形式的头号公敌，这一代人深深相信政教分家的好处，对古老的政教合一的混合体制很不以为然。

有那么一点幸运的是，这个进步来得很慢，直到大不列颠和美洲殖民地之间的仇恨爆发前夕，这场危机才开始产生。因此，美利坚合众国的宪法是由自由思想家或对陈腐的卡尔文宗反感的人起草，这些人把某些高度现代化的原则纳入宪法里，结果为我们共和国的和平稳定带来了巨大好处。

但在这件事发生之前，新世界在宽容领域经历了一次意料之外的发展，奇怪的是，这个发展出现在天主教社会，就是现在美国的自由之州——马里兰所处的位置。

卡尔弗特家族是这场实验的始作俑者，他们是弗莱芒人，但父亲移居英国，为斯图亚特王朝做出了卓越的贡献。他们原来是新教徒，

---

① 马迦比家族(Maccabees)，公元前二世纪起领导犹太人反对叙利亚统治，重建犹太国。——译注

乔治·卡尔弗特是国王詹姆斯一世的私人秘书和总管,但他厌恶同时代人在神学问题上毫无意义地争吵,又回到老的信仰。无论好、坏还是不好不坏,老的信仰黑是黑,白是白,不把每一点教义的决定权交到半文盲的小教士手里。

这位乔治·卡尔弗特看上去像个多面手,他倒退到老的宗教(在当时是重罪)没让他失去国王的宠爱,相反,他被封为巴尔的摩男爵,当他计划建立一个自己的小殖民地来保障受迫害的天主教徒的权益时,还得到各种支持的许诺。首先,他在纽芬兰试自己的运气,谁知他的殖民者一离开家就会冻僵,男爵大人只得讨要弗吉尼亚的几千平方英里的土地,可是,弗吉尼亚人都是坚定不移的圣公会教徒,决不能容忍这么一个危险的邻居。于是,巴尔的摩男爵又请求赐予位于弗吉尼亚和北部荷兰、瑞典管辖区之间的一片荒野,在接到特许状之前,他已撒手人寰。不过,他的儿子塞西尔继承了这一伟大工作,在1633—1634年间的冬天,两只名叫"方舟"和"和平鸽"的小船在乔治的兄弟,伦纳德·卡尔弗特的指挥下扬帆出海,于1634年3月安全地把乘客送到切萨皮克湾海岸。新国家被称为马里兰,为了纪念玛丽——法国国王亨利四世的女儿。她的父亲曾想建立欧洲诸国联盟,但这计划却在一个手握匕首的疯子僧侣刀下破产。玛丽做了英国王后,可她的丈夫不久就在清教徒臣民手里掉了脑袋。

这个别具一格的殖民地一是没有驱逐印第安邻居,二是给天主教徒和新教徒提供平等机会,它熬过了许多困难年代。先是圣公会教徒占领了这块土地,他们是为了逃避马萨诸塞清教徒的极端专横;后是清教徒侵入这块土地,他们是为了逃避弗吉尼亚圣公会教徒的极端专横。这两派逃亡者都是通常那种极其蛮横的人,竭力向这个给他们提供庇护的共和体引进他们自己的"正确的崇拜形式"。由于"所有可能引发宗教情绪的争论"在马里兰领土上都被明令禁止,老殖民者完全有权要求圣公会教徒和清教徒和平相处。但不久,英国本土的保王党和圆颅党之间的战争爆发,马里兰人害怕无论谁赢,他们都会失去过去的自由。因此,1649 年 4 月,查理一世被处死的消息刚刚传来不久,在塞西尔·卡尔弗特的直接建议下,他们通过了闻名于世的《宽容法》,其中就有这么一段出色文章:

"由于在社区实施压制宗教良知的做法常常产生十分有害的结果,为了该省有一个安宁和平的政府,为了该省居民之间的相互友爱和团结,兹决定任何信仰耶稣基督者在以自己的方式进行宗教崇拜时不得受到干扰、妨碍和迫害。"

这样的法令能在耶稣会会士掌权的国家通过,这说明巴尔的摩家族具有卓越的政治才能和超出常人的勇气。这种慷慨仁慈的精神究竟有没有得到某些客人们的赏识,从下面情况可窥一斑:同年,一群新教徒流亡者推翻了马里兰政府,废除了《宽容法》,以他们自己的《宗教相关法》取而代之,规定所有自称是基督徒的人都享有充分的宗教自由,"除了天主教徒和圣公会教徒"。

所幸的是,这场反动派运动持续时间不长,在 1660 年,斯图亚特王朝东山再起,巴尔的摩家族又重新统治马里兰。

对他们政策的第二次攻击来自另一方,圣公会教徒在英国本土大获全胜,坚决要求他们的教会成为所有殖民地的官方教会,卡尔弗特家族坚持斗争,但发现已无法吸引新的殖民者,于是,在经历了下一代的努力失败后,实验终于停下来。

新教独领风骚。

不宽容也乘势招摇。

第二十三章　太阳王

十八世纪一般被看作君主专制时代,在一个奉民主为至宝的时代,专制时代不论如何开明,也不能视为理想的政府形式。

对人类颇怀好意的历史学家很可能讥讽地指点着路易十四,等着我们自己得出结论。当这位聪敏伶俐的君主登基时,他承继的国家恰好处在天主教和新教力量势均力敌的态势,这两派经过一个世纪的相互残杀(多是天主教徒占优势),终于达成明确的和平协议,承诺接纳对方为不受欢迎但又不能避免的邻居和同胞。1598年颁布的"永久的和不可撤销的"《南特令》包括双方协议的条款,即:天主教是官方承认的国教,但新教享有完全的良心自由,不因他们的信仰而受到任何迫害。他们可以建造自己的教堂并担任公职,为了证明诚意,在法国境内允许新教徒拥有两百个筑有防御工事的城市和村庄。

这种安排当然不可能,胡格诺派教徒也不是天使,把两百个最富裕的城镇和村庄交到是政府公敌的另一个政党手里,无疑就像让我们把芝加哥、旧金山、费城交给民主党,以期他们接受共和党政府(或让民主党做出类似的交易)一样荒唐。

黎塞留是个聪明的国家统治者,看穿了这点。经过长期艰苦的斗争,他剥夺了新教徒的政治权力,不过,他虽然是职业红衣主教,但从不干预新教徒的宗教自由。胡格诺派教徒不能再跟自己国家的敌人进行独立的外交谈判,但在其他方面继续享受以前有的特权,可以按照自己的心愿唱赞美诗、听布道。

马萨林,下一位法国实际掌权人采取了相似政策,可是他死于1661 年。这时候,年轻的路易十四独立承担起统治国家的大任,从此,充满好意的时代就此结束。

这位国王聪明伶俐,但也名声不佳,最不幸的是,他一生中好不容易有一次不得不与正派人为伍时偏偏又落入一个好女人的掌控之中,这女人是个宗教狂。弗朗索瓦·多比涅是雇佣文人斯卡龙的遗孀,她一开始只是路易十四的七个私生子和蒙特斯庞侯爵夫人的家庭教师,当侯爵夫人的春药开始失效,国王开始偶尔流露厌倦之意时,这位女家庭教师立刻鸠占鹊巢。只是她与前任们都有所不同,在她同意迁往国王的寝宫之前,巴黎大主教为她和圣路易后裔的婚礼举行了恰如其分的宗教仪式。

随后二十年里,王权旁落到一个女人手里,而这个女人完全听命于她的忏悔神父。法国教士从未原谅黎塞留和马萨林对新教徒采取的绥靖态度,现在他们终于有机会毁掉这两位精明政治家的工作了,便毫不迟疑地干起来。因为他们不仅是王后的顾问,而且还是国王的银行家。

这又是一个很奇特的现象。

在上八个世纪中,法国大部分财富积攒在修道院里,由于他们在一个长期国库空虚的国家不必缴税,这过剩的财富就显得十分重要。而国王陛下的荣光高于他的信誉,颇为庆幸可以利用这个机会充实自己的国库,他的那些神职支持者为得到某种特惠条件,作为交换,允许他爱借多少就借多少。

就这样,"不可撤销的"《南特令》中的各种约定——被废除。一开始,新教确实没有被禁止,但胡格诺派忠实教徒的日子难过到要令人发狂,整团整团的龙骑兵在地方上撒野,这些地方都是所谓虚假教义根深蒂固的省份。那些安排在居民家中住宿的士兵接到命令,要他们胡作非为,有意惹人生厌。于是,他们吃饱喝足后还要偷人家的叉、勺,毁人家的家具,调戏好人家的妻子和女儿,整个一副占领者的表现。那些绝望的东道主跑到法庭上去要求赔偿和保护,却为他们的劳神费事遭到一通嘲笑,被告知这是自作自受,他们该知道如何摆脱那些不受欢迎的客人,如何重新得到政府的支持。

有为数非常少的人听了这个建议,让附近村庄的神父为他们主持了洗礼仪式,可大部分朴实的人们忠实于他们孩童时期的教义。然而,他们的教堂最终一个接着一个地被关闭,牧师一个接着一个地进了监狱,他们开始明白这下完了。但他们决不投降,而是打算踏上流亡之路。可是,等他们抵达边境,却得知谁也不准离开这个国家,一旦给抓到就处以绞刑,为逃亡者提供帮助的人将在监狱里度过余生。

显然,有些东西这个世界永远也学不会。

从法老时代到列宁时代,所有政府在某个时期都试过"关闭边境"的政策,都以失败而告终。

那些迫不及待要出去的人,那些甘冒一切风险的人总能找到出路。成千上万的法国新教徒通过"地下通道"离开,很快就出现在伦敦、阿姆斯特丹、柏林或巴塞尔。当然,这种流亡者带的钱不多,但那些地方的人都知道他们是诚实、勤奋的商人和工匠。他们的信誉很好,精力旺盛,几年后通常又重新赢得过去在祖国曾有的兴旺发达,而祖国的政府却失去了一种价值巨大的富有活力的经济资产。

的确,不夸张地说,《南特令》的撤销是法国革命的前奏。

法国曾经是,现在还是很富裕的国家,不过,商业和教权主义从未携手共进。

从法国政府拜倒在石榴裙和法衣下那一刻起,她的命运就注定了。签署驱逐胡格诺派令的同一支笔也签署了路易十六的死亡令。

第二十四章　腓特烈大帝

霍亨索伦王室从未因喜欢平民化政府而出过名,但在巴伐利亚维特尔斯巴赫家族的疯狂品性玷污了这个由头脑清醒的会计和包工头组成的王室之前,这个王族为宽容事业付出过十分有益的努力。

有一部分原因也是不得已而为之,霍亨索伦家族接手的是欧洲最贫穷的地区,一片由沙地和森林组成的人口匮乏的荒野,而且,他们在三十年战争里已经破产,急需人员和经费帮助来东山再起,为了得到这些,他们才不管来的人出自哪个种族、哪种教义、以前的身份如何卑贱。

腓特烈大帝的父亲是个大俗人,那做派就像运煤工人,个人品味就像酒保。然而,要他接见外国流亡者代表团,他却会换上一副和蔼可亲的模样。一涉及到与王国的重要统计数据有关的事务,他的名言就是"越多越开心",他搜罗所有国家被剥夺特权的人就跟搜罗6.3英尺高的彪形大汉做他的保镖一样耐心细致。

他的儿子跟他的气质截然不同,是一个修养很高的人。父亲禁止他学拉丁语和法语,他却成了这两种语言的专家。他特别欣赏蒙田的散文,而不是路德的诗;欣赏爱比克泰德的睿智,而不是《旧约》里那些小先知的才智。父亲那种旧约式严厉(父亲曾命令把儿子最好的朋友拉到他窗前砍头,好让他学会服从)没能让他倾心于犹太式的正直操行,这种品德是当时路德宗和卡尔文宗牧师极力推崇的。他把所有宗教看作是史前的恐惧和无知的残余,是一种顺从的情绪在作怪,一些狡诈而无所顾忌的人拼命鼓励这种情绪,因为他们知道可以充分利用自己的显赫地位在其他人头上作威作福。他对基督教感兴趣,更对基督本人感兴趣,不过却是按照洛克和索齐尼的思路来考虑这个问题,所以,至少在宗教事务上,他是一个心胸开阔的人,可以有理地自夸说,在他的国家"每个人都能按照自己的方式得救"。

这个聪明的说法成为他后来沿宽容路线进行的一切实验的基础。比如,他颁布法令说所有宗教都是正确的,只要信教的人是过着体面而遵纪守法生活的正直之人。因此,所有教派都应该享受平等权益,国家不得干涉宗教问题,只应满足于扮演警察角色,维持各教派之间的和平。正因为他深信这点,他对臣民的要求只是顺从、忠诚,让"人的良心的唯一知情者——上帝"来对他们的思想行为作最后判决,而他(国王)不敢有任何非分之想,不敢以为上帝竟然需要人力帮助他采用暴力和残酷手段来推行神的目的。

腓特烈的这些思想远远超前了好几个世纪,因此,当这个国王赐给天主教臣民一块地,让他们在他首都的正中心建教堂时,同时代的人直摇头;当他成为耶稣会的保护者——尤其是在耶稣会会士已从大部分天主教国家逐出时,同时代人低声嘀咕着不祥的警告;当他宣称伦理和宗教毫无关系,每个人只要缴税和服兵役,爱信什么就可以信什么时,同时代人已不把他看作基督徒。

那时候这些批评家都住在普鲁士境内,不敢轻举妄动,因为国王陛下精通警句隽语,只要在王令上加注一条精辟评语,那些以某种原因失宠的人就会面临着事业的困境。

事实是这个拥有无限权力的君主制的首领,这位执政长达三十年的独裁者让欧洲第一次尝到了什么是近乎彻底的宗教自由。

在欧洲这个遥远的角落,新教徒、天主教徒、犹太教徒、伊斯兰教徒、不可知论者生平第一次享有平等权利和职权。那些喜欢穿红外套的人不能对喜欢穿绿外套的人逞威风，反之亦然。

那些回到尼西亚去寻找精神慰藉的人被迫跟既能与魔鬼又能与罗马主教共进晚餐的人保持平静和睦的关系。

腓特烈是否对他努力的成果沾沾自喜，我可不敢说。当他感觉自己不久于人世时，他唤来的是他忠实的狗，在这重要的时刻，它们似乎比"所谓的人类"成员更合适伴他度过残生。（国王陛下是一位才华横溢的专栏作家。）

就这样，他走了——又是一个生在错误时代的马可·奥勒留，像他伟大的先辈一样，为后人留下了一份过于珍贵的遗产。

第二十五章　伏尔泰

当今世界我们听到许多议论，都是关于广告人士的邪恶努力，许多人谴责"宣传广告"是成功的现代魔鬼的发明，一种新款而颇有争议的吸引眼球的方法。但这种抱怨其实跟山脉一样古老，如果不带偏见地审视过去的事件，你会发现宣传广告起源于现代这一种普遍观念完全不符合事实。

《旧约》里的大先知也罢，小先知也罢，都是吸引大众的高手，希腊和罗马历史是由一长串我们当今新闻界人士所谓的"广告噱头"组成的，其中有些是摆得上台面的，而大部分却是就连百老汇都不会感兴趣的赤裸裸的东西。

事先精心准备的宣传具有巨大价值，像路德和卡尔文这样的改革家就深谙此道。我们不能责怪他们，这些人不是生长在路边的羞答答的雏菊，他们做事非常认真，希望自己的思想在人们身上得以体现，如果不能吸引众多信徒，又怎么能成功呢？

肯皮斯的托马斯可以花八十年时间躲在隐修院的角落里，最后成为巨大的道德力量，因为这么长时间的自我放逐如果适时宣传一下（也正是这样做了），本身就是一个极好的卖点，人们都会想看看这本用终生的祈祷和冥想写成的小书。但圣方济各或罗耀拉就不同了，他们希望在有生之年看到自己的工作有实质性的成果，因此，不管愿意不愿意,他们不得不采取在现代人看来是马戏团或电影明星的手段来达到目的。

基督教着重强调谦卑,赞扬那些具有谦卑精神的人,但赞美这种品质的布道却因其特定条件而直到今日仍是人们的话题。

难怪在开始与束缚西方世界的精神暴君进行斗争时,被谴责成教会公敌的男男女女要学《圣经》的样子,用某种显然是做广告的手段。

我对此稍加解释,是因为伏尔泰就是做免费广告的行家里手,常因弄点哗众取宠的东西而遭到指责。他也许不总是表现得趣味高雅,但被他挽救了生命的人却不这么看。

再说,要知道布丁的好坏,非得尝尝不可,像伏尔泰这种人的成败应该以他为同胞做出了多大贡献来衡量,而不是以他对哪种晚礼服、哪种玩笑和哪种墙纸的偏爱来决定。

这位奇人曾经有一次出于可以理解的骄傲冲动说道:"我没有权柄又有什么关系? 我手里有笔。"他说得没错,他有许多笔,是鹅的天敌,比几十个普通作家用的笔都多。他属于文学巨人行列,独自一人在恶劣条件下写出的作品跟一个体育记者集团写出的一样多。他在肮脏的乡村酒馆桌子上涂写,在孤寂乡村小屋阴冷的客房里创作无穷无尽的六韵步诗行。他潦草的笔迹布满格林威治寄宿房黯淡的地板,他的墨汁溅到普鲁士王宫的地毯上,大量用过印有巴士底狱典狱长花押字标记的私人专用纸张。在他玩滚铁环和弹子球的年龄,妮农·德·朗克洛①就已经给他一大笔零花钱去"买一些书",八年后,在同一座城市巴黎,我们又听到他向人要大页书写纸和喝不够的咖啡,以便在进入不可避免的黑暗长眠之前完成另一卷书。

---

① 妮农·朗克洛(Ninon de Lanclos,1620—1705)法国名妓,其沙龙是许多文学界和政界名人的聚会场所。——译注

然而,他的悲剧、他的生平、他的诗和他在哲学、物理方面的论著都不足以让他在这本书里占据一章,他写的诗不比那个时代十四行诗的诗人强,作为历史学家,他既不可靠也不有趣,他在科学领域的探索不比我们在周日报上找到的玩意儿好到哪里去。

　　但是,作为一切愚蠢、狭隘、偏执、残酷者的勇敢而不屈的天敌,他的影响一直持续到 1914 年世界大战开始时。

　　他生活在一个极端的时代,一方面是一个陈旧腐败、极端自私的宗教、社会、经济体系;另一方面,一群青年男女迫不及待、过于热心地想建立一个太平盛世,但他们除了有一番好意外,没有任何实质性的思想和行动来担当此任。这个病歪歪的苍白孩子来自一个不起眼的法律公证人家庭,诙谐的命运把他抛到这个鲨鱼和蝌蚪的漩涡里,不是沉下去就是游出来。他选择游出来,朝岸边奋进。由于在恶劣环境中长期拼搏,他所采取的方法往往是有问题的,他哀求、拍马屁、充当着小丑的角色。但那个时代没有版税制,没有负责联系出版事务的文稿代理人,让从未出过粗制滥造作品的作家投第一块石头!

　　倒不是伏尔泰特别担心几块额外的砖头,他漫长的生涯都在忙于向愚蠢开战,在这个过程中,他经历了太多的失败,无暇顾忌一场公开挨揍,或几块一发即中的香蕉皮这类小事。他是一个不屈不挠的乐天派,即使今天他还在国王的监狱里消磨时光,明天说不定又会从禁止他出入的宫廷获得高官头衔;即使一生中他一直在听愤怒的乡村教士谴责他是基督教的敌人,橱柜里那一堆老情书中不是还躺着一枚教皇赐予的美丽勋章,证明他能得到圣座的赞同,就像他也会招致圣座的不悦一样?

　　这一切只需一天的劳作就能搞定。

　　同时,他尽情地享受生活,用各种色彩斑斓的奇特经历充实自己的每一天、每一月、每一年。

　　伏尔泰出身于中产阶级上层。

他父亲没有一个合适的称呼,姑且可以叫做私人信托公司老板,是富裕贵族不公开的多面手管家,照料他们的法律、财务上的利益,因此,年轻的阿鲁埃(这是他家的姓氏)习惯混迹于比他这类人要高级一些的社交圈,这在日后使得他胜多数文学对手一筹。他母亲是德·奥玛德小姐,一个穷姑娘,没给丈夫带来一分钱的嫁妆,但她名字中有一个小小的"德",让所有法国人(和所有欧洲人,特别是几个美国人)肃然起敬,她丈夫因得到这个奖品而颇感幸运。至于儿子,也是在外祖的贵族荣光里颇为自得,他一开始写作,便把平民化的弗朗索瓦·马里·阿鲁埃改成更贵族化的弗朗索瓦·马里·德·伏尔泰,但他如何想到用这个姓氏的倒还是一个谜。他有一个哥哥、一个姐姐,姐姐在他母亲死后一直照顾他的生活,他深深爱着她。但哥哥是詹森教派的忠实教士,操行端正而充满宗教热情,无趣得叫他心烦,他之所以在父亲家中待的时间屈指可数,这也是一个原因。

老阿鲁埃不是呆子,很快发现他的小"佐佐"将来会是一个惹是生非的家伙。因此,他把儿子送到耶稣会会士那里,让他学做拉丁六韵步诗并学习斯巴达式的纪律。用心良苦的神父们尽力而为,让这位细长腿的学生在流行的语言和已死亡的语言方面都得到了良好的基础训练,但他们无法消除这孩子一开始就有别于其他学者的"古怪"才气。

十七岁那年,他们巴不得他离开,年轻的弗朗索瓦为让父亲高兴,选了法律专业。不幸的是,一个人不能整天埋头苦读,夜晚的时光漫长而无所事事,弗朗索瓦就为当地报纸写一些滑稽小品文,或给好友在附近的咖啡馆朗读他最新的文学作品,借以打发这段时光。两个世纪前,这种生活被看作是要直接下地狱的。老阿鲁埃充分意识到他儿子所冒的风险,便去找了他众多有影响力的朋友中的一个,为马里·阿鲁埃谋得法国驻海牙公使馆秘书一职。当时的荷兰首都像现在一样乏味到令人恼火的程度,百无聊赖之中,伏尔泰跟一位并不特别美丽动人的女孩谈起了恋爱。女孩的妈妈是一个可怕的女人，是社交界的记者，一心想把女儿嫁给更有前途的年轻人。她跑去找法国公使，求他在全城人知道这个丑闻之前把危险的罗密欧调走。这位阁下大人烦自己的事还烦不过来呢，不想乱上添乱，二话没说，把他的秘书塞进下一辆去巴黎的公共马车。就这样，弗朗索瓦失业了，又得听凭父亲的摆布。

情急之下，梅特·阿鲁埃想出一个权宜之计，在宫廷里有朋友的法国人经常这么干。他搞到一封"秘密逮捕令"，把两条路摆在儿子面前，要么到监狱里被迫打发无聊时光，要么到法律学校去努力实习。儿子说他愿意走第二条路，并保证做个勤奋努力的好榜样。他倒是没有食言，勤奋努力地过着自由撰稿人的快乐生活，为小册子写文章，以至于全城人都在谈论他。这有悖于他跟老爸达成的协议，老爸理直气壮地剥夺了他在塞纳河上的奢侈生活，把他赶到乡村的一个朋友那里，这位年轻人不得不在乡村呆上整整一年。

在那里每天（包括星期天）有二十四小时的闲工夫要打发，伏尔泰开始郑重其事地研究文学并创作了他的第一部剧作。享受了十二个月的新鲜空气和有益身心的单调生活后，父亲允许他回到首都香气缭绕的氛围，他立刻用一系列讽刺挖苦摄政王的文章来弥补失去的时光。这位摄政王是一个惹人厌的老家伙，骂他的那些话一点也不为过，他自然对这种宣传深恶痛绝。于是，就出现了第二次国内放逐，却又招来伏尔泰更多的口不择言的时文，这下他就只能到巴士底狱去作一次短暂拜访了。但当时的监狱，也就是说为有伏尔泰这种社会地位的年轻人准备的监狱，可不是一个坏去处，你不能离开监狱，但爱干什么就可以干什么。这正是伏尔泰所需要的，在巴黎中心的一个单独囚室里，他有机会从事严肃工作。释放后，他已完成好几部剧作。演出取得了巨大成功，其中一部居然连续上演四十五夜，破了十八世纪的所有纪录。

由此,他挣了些钱(他急需钱),还树立了他妙趣横生的名声,这对准备成家立业的年轻人来说是最不幸的事,因为,从此以后,凡在林荫道上、咖啡馆里博得大家几小时欢声笑语的笑料都成了他所为,顺便说一句,这也就是他要去伦敦学开明政治学的原由。

这是 1725 年的事,伏尔泰拿古老而一无是处的德·罗昂家族开涮(也许不是他所为),德·罗昂爵士觉得名誉受到了侵犯,必须采取一些行动。当然,历史悠久的布列塔尼统治者的后裔是不可能跟一个公证人的儿子决斗的,于是,他把实施报复的行动交给那些拍马溜须的势利小人。

一天晚上,伏尔泰与苏利公爵(他父亲的一个客户)共进晚餐,听说外面有人想跟他说句话,他走到门外,德·罗昂爵士的走狗一拥而上,把他狠狠揍了一顿。这件事第二天传遍了整座城市。伏尔泰即使好好打扮了一番看上去还像个丑陋小猴的漫画像,他那副黑眼圈、头上裹着绷带的模样成了半打流行评论再合适不过的话题,只有采取某种激烈的行为才可避免他的名声夭亡在那些搞笑报纸的手里。一块生牛排下肚后,马里·德·伏尔泰派他的决斗证人去找德·罗昂爵士先生,并开始上剑术强化训练课程,为生死决斗做准备。

唉,等到了决斗那天早上,伏尔泰发现自己又一次被送进监狱。原来那个彻头彻尾的无赖德·罗昂把决斗一事透露给警察,这位决斗的作家就只能蹲监狱了。亏得有了一张去英格兰的票,他被打发往西北方向走,不准再回法国,除非得到国王陛下宪兵的批准。

伏尔泰在伦敦和附近地区整整呆了四年,不列颠王国不是天堂,但相比法国,真有点天堂的味儿。

这片土地蒙上了弑君的阴影,1649 年 1 月 13 日是所有高高在上的人们永远不会忘记的日子,发生在圣查理国王身上的事也可能(以一种稍有不同的情形)发生在任何把自己凌驾于法律之上的人身上。至于这个国家的宗教,官方教会当然享受有利可赚并令人愉快的好处,但愿意采取其他崇拜形式的人也相安无事,与法国相比,神权对国务的直接干预几乎可以忽略不计。公然承认的无神论者和惹是生非的不信奉国教者偶尔会成功地把自己送进监狱,但对路易十五的臣民来说,英国的整体生活状况几近完美。

1729年,伏尔泰回到法国,虽然得到允许可以住在巴黎,但他很少利用这个权利。他像一头受惊的动物,愿意从朋友手中接过几块糖,但始终惊恐不安,稍有风吹草动就准备逃之夭夭。他工作特别努力,写了大量作品,根本不管日期和事实,选题范围从秘鲁的利马一直到俄国的莫斯科。他创作了一系列雅俗共赏的历史、悲剧、喜剧,到四十岁那年,他已成为那个时代最成功的文学家。

另一段插曲把他带入另一种文明。

在遥远的普鲁士,好国王腓特烈在他那土里土气的宫廷乡巴佬中间哈欠连天,可怜巴巴地苦苦盼望有几个有趣的人相伴。他特别赏识伏尔泰,多年来一直想把伏尔泰请到柏林。但对1750年的法国人来说,移居普鲁士就像移居弗吉尼亚的蛮荒之地一样,直到腓特烈一再提高待遇,伏尔泰才终于屈尊接受邀请。

他一去柏林,争吵就开始了。一个普鲁士国王,一个法国剧作家,这两个不可救药的自我中心者住在一个屋檐下不可能不恨对方,经过两年的闹腾,一场不为什么特别理由的剧烈争吵把伏尔泰赶回了他愿称为"文明"的世界。

但他也接受了另一个有用的教训。也许他是对的,普鲁士国王的法国诗是写得很糟糕,但国王陛下在宗教自由上的态度无可挑剔,比欧洲任何一个君王都值得称颂。

将近六十岁时,伏尔泰回到家乡,没有心情去接受残酷的刑法,法国法庭靠它来维持秩序,人们敢怒不敢言。他一生中最感到愤怒的是人们不愿使用神圣的智慧火花,那是上帝在第六天赐给自己的杰作(人类)的。他(伏尔泰)仇恨各种形式、各种方式的愚蠢,他把大部分愤怒发泄到一个"臭名昭著的敌人"身上,就像加图①那样,他一直威胁要摧毁它。这个"臭名昭著的敌人"就是大众的思维惰性和愚蠢,这些人只要有吃有喝有地方睡就不想自己动脑筋思考。

从孩提时候起,他就觉得被一部巨大的机器追逐着,这部机器似乎纯粹由惰性驱使着,结合了战神的残酷和巨轮的无情。摧毁或至少掀翻这部机器成了他晚年执迷的念头,而法国政府对这个特殊的魔鬼倒是投其所好,为世界提供了应有尽有的法律丑闻,颇有成效地助他一臂之力。

第一件丑闻发生在 1761 年。

在法国南部地区的图卢兹城住着某个叫让·卡拉的店主,是个新教徒。图卢兹一向是个虔诚的城市,新教徒不能担任官职,不能做医生,不能做律师,不能开书店,或不能做接生婆。天主教徒不得雇新教徒做仆人,每年八月二十三、二十四日,整座城市为庆祝圣巴塞洛缪大屠杀周年纪念开设隆重的盛宴,以示赞美和感恩。

尽管有这些不利因素,卡拉跟邻里保持着和睦的关系,他有一个儿子皈依了天主教,但父亲仍然善待这个孩子,明确表示他的孩子们可自由选择自己的宗教。

但卡拉也有不可外扬的家丑,那就是长子马克·安东尼。马克是一个不幸的人,他想做律师,但这个职业不对新教徒开放,他是一个虔诚的卡尔文宗教徒,拒绝改换门庭,这种心理冲突导致忧郁症发作,似乎完全控制了这位年轻人的心智,他开始长时间地背诵哈姆雷特著名的独白来款待自己的父母,独自一人长时间地在外散步,跟朋友在一起时常常谈到自杀的好处。

这种情况持续了一段时间,一天晚上,当一家人在招待朋友时,

---

① 加图(Cato,公元前 95—前 46),罗马政治家,老加图的曾孙,斯多葛派哲学信徒。他支持元老院的共和派,在内战中反对恺撒。——译注

这个可怜的孩子溜进父亲的储藏室，拿了一根捆扎行李的绳子，把自己吊死在门框上。

几小时后父亲发现他时，他的大衣和背心整整齐齐地叠放在柜台上。

整个家陷入绝望之中。在那时，一个自杀的人的尸体要面朝下赤裸着被拖过所有街道，然后吊在城门外的绞架上让鸟啄食他的肉。

卡拉一家是体面人，不能忍受这种耻辱，他们聚在一起商量该做什么，怎么做，一个邻居听到喧闹声，报告了警察，丑闻迅速传开，整条街布满了愤怒的人群，叫嚣要老卡拉去死，"因为他谋杀了儿子，不让他皈依天主教"。

在一座小城，什么事情都可能发生，在十八世纪法国的偏狭渊薮里，无聊就像黑色墓布沉沉地盖在整座城池上，最愚蠢疯狂的奇谈怪论都会有人相信，伴随着如释重负地松一口气。

最高行政官在这种怀疑的气氛中深知自己的职责，立刻逮捕了全家人、他们的客人、仆人和最近到过他家的所有人。把一干犯人拖到市议政大厅，给他们戴上镣铐，扔进地牢受恶囚的待遇。第二天开始审讯，他们说的情况完全一样，马克如何以往常的精神状态走进房子，然后离开房间，他们都以为他又去独自散步了，等等，等等。

这时候，图卢兹的神父开始插手此事，在他们的帮助下，事情变成这个嗜血的胡格诺派教徒杀了自己的孩子，因为儿子要皈依真正的信仰。这个可怕的消息传遍整个朗格多克。

熟悉现代刑侦方法者可能认为当局会花一天工夫查看谋杀现场，大家都知道马克·安东尼有一副运动员的好身体，他二十八岁，父亲六十三岁。父亲不经搏斗就能把儿子吊到门框上的可能性微乎其微。但没有一个市议员理睬这种细枝末节，他们忙着安排受害者的尸体。这位自杀者马克·安东尼已经获得殉教者的尊严，尸体在市政大厅存放了三星期，然后由白衣互诚苦修会隆重安葬。出于莫名其妙的理由,互诫苦修会把这位已故的卡尔文宗教徒当作自己修道会的当然成员,把他经过防腐处理的尸体送到大教堂,那阵势和盛况就跟为大主教或赞助当地长方形教堂的富翁送葬一样。

在这三个星期里,图卢兹的良民受到城里每个讲坛的敦促,要求他们为反对让·卡拉和他一家人做任何形式的见证,最后,等公共舆论把这个案子鞭挞够了后,也就是自杀事件发生五个月后,审判开始了。

其中一个头脑十分清楚的法官建议道,到老人的店里去看看是否真可能是像他所描述的自杀,他被驳回了,以十二比一的票数通过对卡拉的判决,把他放在轮式刑车上施以酷刑。

他被带到行刑室,吊住腕关节,使他的脚离地一米高,然后拉扯他的身体直到四肢"脱臼"(我是引述官方报告)。他不承认犯了罪,就被灌下大量的水,他的身体很快肿胀到"比平时大了一倍"。他仍然恶魔般地拒绝承认有罪,就把他放在死囚押送车上,拖到刑场,由刽子手把他的胳膊和腿弄断。随后两小时里,他躺在铁砧上完全动弹不得,行政长官和教士还在喋喋不休地盘问他,老人以超凡的勇气继续宣称自己无罪,主审官被这个一口咬定的谎言搞得恼怒异常,无可奈何,只得判他绞刑。

直到这时,老百姓的愤怒才平息下来,其他家庭成员没有被杀,寡妇被剥夺了一切财产,允许她隐居起来,在一个忠心耿耿的女仆的陪伴下挨饿受苦。至于孩子们,都被送到各个隐修院,只有最小的儿子是个例外,哥哥自杀时他恰巧在尼姆的学校读书,非常明智地逃到了自治城市日内瓦境内。

这个案子引起广泛的注意,伏尔泰当时在他的费内城堡(很方便地建在瑞士边境附近,几分钟的步行就可以到达外国领土)里听到此事,一开始并没有表示兴趣。他跟日内瓦卡尔文宗的牧师们不和,他的私人小剧院在该城市视线之内,被他们看作直接的挑衅和撒旦的作品。因此,伏尔泰以他有时那种目空一切的态度写道,他提不起精神为这个所谓的新教徒殉道者说话,因为,如果说天主教徒不好,那些可怕的、傲慢的胡格诺派教徒抵制他的戏剧不是更坏吗! 再说,在他看来(许多人也这样认为),十二位德高望重的法官不可能平白无故判一个无辜的人死得这么惨吧。

这位费内的圣贤对所有人都来者不拒,而且从不问东问西。几天后,一位马赛的诚实商人来拜访他,在那个案子审讯期间,这位商人恰巧在图卢兹,可以给伏尔泰带来第一手信息。他这才终于了解了这桩罪行的恐怖。从那以后,他再也不能坐视不管。

世上有许多种勇气,但特殊奖赏只属于少数几位,他们敢于单枪匹马面对整个现存社会体制,他们敢在高等法院的判决书已经下来,整个社会都承认判决的公正合理性时仍然高声呼唤正义。

伏尔泰深知如果他胆敢起诉图卢兹法庭司法谋杀罪,一场风暴就会爆发,所以他像一个职业律师那样精心准备这个案子。他采访了逃往日内瓦的那个卡拉家的孩子,他给每个有可能知道内情的人写信,他雇法律顾问审案,可能的话,纠正他自己的结论,唯恐怒火和义愤会让他失之偏颇。当他认为一切都准备就绪后,他开始战斗。

首先,他劝导法国境内他认识的(他认识他们中大部分人)每个具有影响力的人给大法官写信,要求修正卡拉一案。然后,他开始寻找卡拉的遗孀,一找到就叫人带她来巴黎,费用由他来出,他还为她雇了最好的律师看顾她。这位女人的精神完全垮了,她虚弱地祈祷在她死之前能把女儿弄出隐修院,除此之外,没有别的企望。

接着,他跟那个天主教儿子联系上,制造机会让后者逃出学校,到日内瓦来碰头。最后,他把所有事实都公布在一本小册子上,小册子题名为"关于卡拉一家的原始文件",里面包括所有这场灾难幸存者写的信,对伏尔泰本人只字不提。

后来即使在这个案子修正过程中,他仍旧躲在幕后。他的宣传造势工作做得如此出色,卡拉一家的事成了欧洲所有国家的所有家庭的事,各地成千上万的人(包括英国国王和俄国女皇)都纷纷解囊,募捐得来的钱用来为这个案子辩护。

伏尔泰终于取得了胜利,但这是经过他一生中最绝望的战斗后取得的。

当时的法国王位由令人厌恶的路易十五把持着,幸运的是,他的情妇讨厌耶稣会会士,发自内心地讨厌他们的所作所为(包括他们的教会),因此,她站在伏尔泰一边。但国王把自己的安适生活看得比任何事情都重,一个名不见经传的死鬼新教徒弄出这么多事情来,叫他厌烦透顶。他不批准重新开庭,大法官自然就无法采取行动,大法官不有所动作,图卢兹法庭就安然无恙,他们觉得自己坚不可摧,用弹压的方式公开蔑视公共舆论,拒绝伏尔泰和他的律师接触定罪时依据的原始文件。

在可怕的九个月里,伏尔泰积极踊跃地做着鼓动工作,终于在1765年3月,大法官命令图卢兹法庭交出所有卡拉案的记录,并要求重新开庭。当这个决定公布于世时,让·卡拉的遗孀和终于回到她身边的两个女儿一起来到凡尔赛。一年后,特别法庭开庭,查实卡拉为没有犯过的罪而冤死。经过艰苦卓绝的努力,国王同意给卡拉的遗孀和孩子们一小笔抚恤金。另外,处理卡拉案件的行政官员被革除公职,图卢兹公民被礼貌地告知,这类事不允许再发生。

虽然法国政府对这件事的态度不温不火,但法国民众灵魂深处的义愤被搅动出来,伏尔泰突然意识到这不是唯一记录在案的误判,还有许多像卡拉这样无辜的人在受苦受难。

1760年,图卢兹附近一位新教徒乡绅在家招待了一位来访的卡尔文宗的牧师,为了这桩可怕的罪恶,他被剥夺财产,判处终身监禁。他大概是一位了不起的坚强的人,熬了十三年还活着。伏尔泰知道了他的境况,又开始活动,把这位不幸的人救出监狱,带到瑞士,他的妻儿一直在那儿靠公共慈善过活。伏尔泰照料着这一家人，直到劝服国王交出一部分没收的财产，批准这一家人回到废弃的家宅。

接着就是肖蒙一案，一个在新教徒户外团契上遭到逮捕的可怜人，为了这一桩罪恶，他被判无期徒刑，但在伏尔泰的斡旋下，他得到释放。

这些案子跟下面那个相比，仅仅是小菜一碟。

事情又发生在朗格多克，法国这个饱经沧桑的地方，自彻底消灭了阿尔比派和瓦尔多派异教势力以后，这里成了一片无知和盲从的荒原。

在图卢兹附近的一座村庄住着一个叫西尔旺的老新教徒，一个非常体面的公民，靠研究中世纪法律谋生，这在当时是一个赚钱的营生，因为封建司法制度已经繁琐复杂到连租约看上去都像所得税报表似的。

西尔旺有三个女儿，最小的是个无伤大雅的傻瓜，沉溺于深思冥想。1764 年 3 月，她离家出走，父母找遍了所有地方还是一无所获。几天后，当地主教通知父亲，这个女孩拜访了他，表达了想做修女的愿望，现住在隐修院里。

数世纪的迫害成功地摧毁了法国那个地区新教徒的精神，西尔旺谦卑地回答，只好在这最坏的世界中争取最好的结果，并温顺地接受了这一无法改变的事实。可是，可怜的孩子不习惯修道院的环境，丧失了最后一点理智，胡搅蛮缠，叫人不得安宁，修道院让她回到自家人身边。她处在极度精神崩溃的状态，怕声音、怕鬼怪，父母为她的生命忧心忡忡。不久，她又失踪了，两星期后，在一口老井里打捞出她的尸体。

当时，让·卡拉已经受到审判，人们对所有反对新教徒的话都深信不疑。西尔旺一家想起无辜的让·卡拉的种种遭遇，决定不步他的后尘。他们逃了，越过阿尔卑斯山，历经艰险，在一个孙儿冻死的情况下终于抵达瑞士。他们逃得很及时,几个月后,父母被定为谋杀女儿罪(缺席审判),判处绞刑。女儿们被判目睹父母处死,并终身流放。

卢梭的一位朋友把案子带给了伏尔泰,卡拉的案子一结束,伏尔泰就把精力转到西尔旺案上。当时,妻子已死,剩下的就是为丈夫平反。花了整整七年的时间做这件事。图卢兹法庭又一次拒绝提供资料,拒绝交出任何文件。伏尔泰不得不又一次敲起公共舆论的大鼓,向普鲁士的腓特烈、俄罗斯的叶卡捷琳娜和波兰的波尼亚托夫斯基乞求经济援助,这才迫使国王发生兴趣。终于在伏尔泰七十八岁的高龄,在这个冗长案件持续了八年后,西尔旺一家被宣布无罪,幸存者获准回到自己的家园。

第二个案子尘埃落定。

第三个案子接踵而至。

1765 年 8 月,在离亚眠不远的阿布维尔城,路边的两个十字架被无名氏捣毁,三个年轻人被怀疑犯了这件渎圣罪,遭到通缉。其中一个溜之大吉,逃到普鲁士去了,另外两个给抓了起来。其中一个年龄稍大的叫德拉巴尔爵士,被怀疑是无神论者,因为在他的书堆里发现了一本《哲学辞典》,这是一本有名的著作,所有开明主义的领袖都对此书有所贡献。这一切都令人起疑,法官决定查查这个年轻人的过去。当然,他跟阿布维尔案没有瓜葛,但上一次他不是在宗教游行队伍经过时没有跪下来脱帽致敬吗?

德拉巴尔说,是的,但他当时急于赶驿站马车,没有冒犯的意思。

他遭到严刑拷打,由于年轻,不像老卡拉那样熬得住疼痛,马上承认自己毁掉了其中一个十字架,被判死刑,理由是"刻意不虔诚地走在圣体面前而不下跪、不脱帽,唱亵渎神明的歌,对渎神的书有倾慕的表示",还有诸如此类对教会缺乏敬意的罪恶。

行刑过程将会惨不忍睹——他的舌头要用烙铁烫撕下来,右手要被剁掉,然后用文火慢慢烧死,所有这一切仅仅是在一个半世纪以前!公众开始骚动,各种非议闻风而起,即使他犯了起诉书上列举的种种罪行,你也不能为酒醉之后的恶作剧而屠宰一个男孩!请愿书呈送到国王手里,大臣们被缓刑的呼声搅得不得安宁,但国家已是危机四伏,必须杀一儆百,德拉巴尔受过与卡拉类似的折磨后,被拖到行刑台上,被斩首(作为特例开恩),他的尸首连同他的《哲学辞典》当众被刽子手付之一炬。

对那些害怕索齐尼派、斯宾诺莎派和笛卡尔主义日益强大影响力的人来说,这是一个欢欣雀跃的日子。这明确表明那些受到误导的年轻人会是什么下场,这些年轻人偏离了对错之间的狭窄小径,去追随一帮激进的哲学家。

伏尔泰听说此事后,决定接受挑战。他已快到八十岁生日,但老当益壮,满怀清明义愤之火,义无反顾地投入该案。

德拉巴尔因"亵渎罪"而被处死,首先,伏尔泰去寻找是否存在一条法律规定犯有此罪的人要判处死刑,结果什么也没找到。于是,他向法律界朋友求教,他们也找不到。大家逐步意识到这些法官以毫无神圣感可言的急迫心情"发明了"这个虚构的司法事件,为的是摆脱他们的犯人。

在德拉巴尔被处死时已有不中听的传言,现在掀起的风暴迫使法官变得非常小心谨慎,所以,有关第三名年轻犯人的审讯一直未结案。至于德拉巴尔,他一直未能平反昭雪。对这个案子的复审拖了许多年,到伏尔泰死时结论还未出来。但他击出的那些重拳——即使不是捍卫宽容的,至少也是反对不宽容的重拳,开始发挥作用。

由说三道四的老妇和年老昏聩的法官发起的官方恐怖行为即将终结。

怀有宗教私心的法庭只有暗箱操作、鬼祟从事时才会成功,伏尔泰采取的攻击手段是这种法庭无法抵御的。

伏尔泰打开所有的灯,雇了一个庞大的乐队,邀请公众参与,逼着他的敌人做出最恶劣的表演。

结果他们什么也没做出来。

第二十六章　百科全书

世上的治国之道有三种流派。第一种流派主张的信条近乎于："我们的星球住着可怜而不明是非的人，没有独立思考能力，如果被迫要独立做出决策，他们就会痛苦不堪。因此，只要一遇到选区头儿的走卒，他们就会被那些人牵着鼻子跑。对整个世界来说，这帮'跟风的人群'最好由一个头脑清醒的人来统治。而且，如果这些人不用为议会、选票事宜操心，可以把全部时间花在工作、孩子、廉价小汽车、自家菜园子上，他们自己也会幸福得多。"

信奉这一流派的人成了皇帝、苏丹、酋长、教长、大主教，他们几乎不把工会当作文明必不可少的组成部分，他们努力工作，修筑道路、兵营、大教堂和监狱。

第二种政治学流派的支持者看法如下："普通人是上帝最高贵的创造物，他凭本身的权利就是君王，有着无与伦比的智慧、审慎和高尚的动机，完全有能力照看好自己的利益。但当涉及到处理敏感复杂的国务时，人借以统治世界的委员会办事效率低却是出了名的。因此，民众应把执政工作交给几个信得过的朋友，这些人不为谋生所迫，可以把全部时间用于造福人类。"

不用说，这个辉煌理想的信徒顺理成章地成为寡头政治家、独裁者、第一执政官、护国公的候选人。

他们努力工作,修筑道路、兵营,但把大教堂变成监狱。

还有第三批人,他们目光如炬,科学地看待人类,以人类的本来面目来接纳人类。他们赏识人类的良好品质,理解人类的局限性。他们从对历史事件的长期观察中确信普通人如果不受到情绪或私利的影响,是会努力去做正确的事的。但他们不抱幻想,知道自然生长过程是极其缓慢的,加快人类智力发展的进程就跟加快潮汐或季节到来一样徒劳无益。很少有人邀请他们担任公职,但一有把这些想法付诸实践的机会,他们就修筑道路、改善监狱,把可用的余款用于建设学校和大学。他们都是坚定不移的乐观主义者,相信适当的教育能逐步让这个世界摆脱大多数根深蒂固的邪恶势力,所以是值得不遗余力加以提倡鼓励的。

他们通常撰写百科全书,作为实现这一理想的决定性步骤。

像其他许多展示伟大智慧和巨大耐心的东西一样,百科全书习俗起源于中国。中国的康熙皇帝以洋洋五千零二十卷的百科全书叫臣民们皆大欢喜。

普林尼把百科全书引进西方,出版了三十七卷的一套已颇为知足。

基督教时代的头一千五百年没有在启蒙这条路线上做出任何有价值的贡献。圣奥古斯丁的同乡,一个叫费利克斯·卡佩拉的非洲人浪费了一生中大量时间撰写一部他坚信是真正杂学宝库的书,为了便于人们记忆那些他罗列的有趣事实,他用诗体来表述。中世纪连续十八代人把这些可怕的错误信息牢记在心,并坚信这是文学、音乐、科学领域的终极权威。

两百年后,一个叫伊西多尔的塞维利亚主教写了一部全新的百科全书,从那以后,百科全书作品以每一百年两部问世的速度开始增长。这些书的结局如何,我不得而知。书虫(家畜里最有用的)可能担当了我们的解放者。如果这些卷帙浩繁的书还被允许存留在地球上，地球上就不会有存放其他东西的地方了。

终于在十八世纪上半叶，巨大的求知欲在欧洲爆发，百科全书的供应者迎来了名副其实的天堂。当时这种书就像在现在一样，通常都由穷学者编纂而成，他们每周靠八块钱过活，个人劳动所得都不够买纸张、墨水的。英国是出产这类文学作品的伟大国家，所以，一个住在巴黎、名叫约翰·米尔斯的英国人自然会想到把热销的伊弗雷姆·钱伯斯的"通用辞典"翻译成法文，以便到国王路易的臣民那里去兜售，发财致富。出于这种目的，他与一位德国教授建立伙伴关系，又联系上国王的印刷商勒布雷顿，希望后者负责出版事宜。还是长话短说吧，勒布雷顿看到这是一个小赚一笔的机会，有意耍了他的合伙人一把，把米尔斯和条顿博士逼出这个项目，自己继续出版发行盗版本。他给即将面世的著作取名为"百科全书，或科学、艺术或工艺详解辞典"，并发行了一系列漂亮的内容简介，勾起了人们强烈的购买欲，很快，他就得到一份密密麻麻的订购人名单。

接着，他雇了一位法兰西学院的哲学教授做主编，买了大量的纸张，准备坐享其成。

不幸的是，撰写百科全书不是勒布雷顿想象的那么简单，这位教授只拿出了笔记而不是一篇篇文章，订购人纷纷叫嚷着要求看到第一卷，局面很快失控。

情急之下，勒布雷顿突然想起几个月前面世的"通用医药辞典"大受欢迎这一事，立即把这个医药手册的编辑叫来，当场雇用了他。于是，本来只是一部百科全书而已，现在却成了"大百科全书"，因为新编辑不是别人，正是丹尼斯·狄德罗，这份雇佣文人的活儿结果成为十八世纪为人类启蒙所做的最重要的贡献。

当时的狄德罗三十八岁，日子过得既不轻松也不幸福。他拒绝去做所有法国有志青年应该做的事情——上大学。相反，他一旦可以脱离耶稣会教师的掌控，就跑到巴黎做起了文人墨客。经过一段短时间的忍饥挨饿后(遵守这样一条原则:两人挨饿跟一人挨饿一样不花钱),他娶了一位女士,结果是一位既非常虔诚又不依不饶的悍妇,这两种品质的结合不像人们想象的那么稀罕。由于不得不供养她,他被迫打各式各样的零工,编各式各样的书籍,从《美德与品德探究》到把薄伽丘的《十日谈》改头换面这类不甚光彩的事他都干过。然而,在他内心深处,这位贝勒的学生始终忠实于他的开明理想,很快,政府(遵循局势紧张时期政府的做法)发现这位表面看上去不像捣乱分子的年轻人对《圣经》第一章"创世纪"里的造物主故事深表怀疑,足以视为异教徒,结果狄德罗进了温森监狱,几乎被关了三个月。

他是走出监狱后效力于勒布雷顿的。狄德罗是那个时代最能言善辩的人,在这个由他负责的项目里看到了终生难遇的机会。仅仅把钱伯斯的旧材料修修改改拿去出版未免太掉价了,这是一个精神世界异常活跃的时代,那好吧,就让勒布雷顿的百科全书在每个科目上都收录最新词汇,让所有文章都出自每一项人类活动的最杰出权威之手吧。

狄德罗豪情万丈,竟然做通了勒布雷顿的工作,放手让他统管并不加以时间限制。然后,他列举了一个意向性合作者的名单,抽出一张大纸,开始写道,"A:字母表的第一个字母,等等,等等"。

二十年后,他写到了字母"Z",终于大功告成。然而,没有一个人像他那样在如此不利的条件下工作。勒布雷顿提高了他刚雇狄德罗时所投入的原始资本,但付给主编的年薪从未超过五百元。至于说其他应该伸以援手的人,是啊,我们都知道会出现什么情况,他们不是太忙就是推说下个月再开始写,或者推说要去乡村看他们的祖母。结果是狄德罗不得不亲自承担大部分工作,同时还得忍受来自教会和政府官员的辱骂。

今天,他的百科全书已踪迹难觅,不是因为许多人想要这套书,而是因为许多人乐得摆脱它。一个半世纪以前被大声斥为激进主义的这套毒书，今天读起来就像关于给婴儿喂食的小册子，枯燥而无害。但在十八世纪保守教士的眼中，这套书就像吹起了毁灭、无政府主义、无神论和混乱的战斗号角。

当然，通常的做法就是谴责主编是社会、宗教的敌人，一个无恶不作，不信上帝、家园和神圣家庭纽带的恶棍。但 1770 年的巴黎仍然是一个发展过快的村庄而已，人人都互相认识。狄德罗不仅宣称生活的目的就是"做好事，寻求真理"，而且确确实实做到身体力行，对所有饥饿的人都敞开大门，为人类利益每天工作二十个小时，并除了一张床、一个写字台、一卷纸之外别无它求。这位质朴勤奋的家伙集所有这些美德于一身，是那些显然缺乏它们的高级教士、君王的光辉榜样，要从这个角度找他的碴儿实在不容易。于是，当局就启动间谍系统，对他的办公室周围无休止地进行刺探，突袭他的家，没收他的笔记，间或查禁他的全部工作，以滋扰他的生活、叫他不得安宁来聊以自慰。

然而，这重重障碍并未减弱他的满腔热情，等大功告成后，这本《百科全书》完全遂了狄德罗的心愿——它把那些或多或少感受到新时代精神、知道世界亟待进行大检修的人凝聚起来。

读者或许会觉得我把这个编辑形象扯得稍稍偏离了真实的比例。

那么，这个丹尼斯·狄德罗究竟是谁？一个衣衫褴褛的家伙，满足于他那才华横溢的富有朋友霍尔巴赫男爵每周请他吃一顿大餐；一个为他的书卖了四千套而得意洋洋的家伙，他仅仅就是这样一个人吗？他与卢梭、达兰贝尔①、杜尔哥②、爱尔维修③、沃尔内④、孔多塞⑤等其他许多人同处一个时代，这些人的声望都比他高，但如果没有《百科全书》，这些杰出人物根本就不可能施展他们的影响力。这已经不只是一本书了，而是一个社会、经济纲领，展示了那个时代杰出头脑的真实思想，包含了那些即将横扫整个世界的思想理论。这是人类历史的一个决定性时刻。

　　法国已经到了这样一个阶段，一些能看能听的人知道必须采取一些严厉措施才能避免即将到来的灾难，而另一些能看能听的人则拒绝使用自己的眼睛和耳朵，顽固不化地认为只有强制性地严格执行还是墨洛温王朝⑥时代的过时法律，才能保持和平与秩序。有一段时间，两派势均力敌，事态平静如水，一种奇特的矛盾现象由此而生。同样一个法国，在大洋此岸扮演着自由主义捍卫者的炫目角色，给乔治·华盛顿先生（他是共济会成员）寄去充满深情的信，为本杰明·富兰克林公使先生举行周末晚会，而这位公使通常被邻居们称为"怀疑论者"，在我们眼里则是十足的无神论者；但在大西洋广阔洋面的彼岸，这个国家却成了与所有精神进步为敌的凶神恶煞。如果说法国还残存那么一点民主意识，只不过体现在它把哲学家和农民通通逼入辛苦而食不果腹的生活境地时，绝对保证不偏不倚。

---

　　①　达兰贝尔（D'Alembert，1717—1783），法国数学家及哲学家，定义了保持均衡和离心力的力学定律，曾向狄德罗的《百科全书》供稿。——编注
　　②　杜尔哥（Turgot，1727—1781），法国经济学家，曾任路易十八的财政大臣（1774年）。——编注
　　③　爱尔维修（Helvétius，1715—1771），法国唯物主义者，主张感觉是一切知识的来源。——编注
　　④　沃尔内（Volney，1757—1820），法国哲学家，历史学家。——编注
　　⑤　孔多塞（Condorcet，1743—1794），法国数学家和物理学家，以其概率论和哲学研究成果《人类精神进步史表纲要》而著名。——编注
　　⑥　墨洛温王朝（Merovingians），统治法兰克王国的第一个王朝（公元450—751年）。——编注

终于，天翻地覆的变化到来了。

但变化的方式是谁都未曾预见的。为庶民破除精神、社会桎梏的战斗并不是由奴隶本人而是由一小群公正无私的人开展起来的，这些人在新教徒心里就跟在新教徒的迫害者——天主教徒心里一样，被恨之入骨。他们唯一能指望的就只有传说中天国给正直诚实之人所备的奖赏，世俗的力量一样也靠不上。

十八世纪为捍卫宽容事业而奋斗的人很少属于某个教派，他们有时为了个人行事方便，会表面上装出顺从宗教的样子，省得招来宪兵骚扰他们的写字台。但就内心世界而言，他们是生活在公元前四世纪雅典或中国孔夫子时代的人。

非常遗憾的是，他们对同时代人顶礼膜拜的东西颇为不屑，认为那些东西虽没有害处，但都是过去岁月里一些孩子气的东西。

他们不太关心某个古代民族历史，尽管西方世界出于某种难以名状的理由把这段历史从所有巴比伦人、亚述人、埃及人、赫梯人、迦勒底人的记录中挑选出来，作为伦理习俗的指南来接受。他们是伟大导师苏格拉底的真正弟子，只会听从内心良知的声音，不计后果，在一个早已拜倒在懦夫脚下的世界里无所畏惧地活着。

第二十七章　革命的不宽容

在 1789 年 8 月一个值得纪念的夜晚,法兰西王国这个表面风光、内部凄惶的古老大厦轰然坍塌。

在那个闷热的夜晚,经过一星期愈演愈烈的群情激愤之后,国民议会陷入一种真正充满兄弟般情谊的狂欢中。直到人们的情绪达到高潮,上层阶级同意放弃所有古老的特权,而这是他们经过三个世纪的努力获得的。他们以普通公民的身份宣称支持人权理论,从那以后,任何想建立平民自治政府的打算都要把这些理论当作立国之本。

就法国而言,这意味着封建制度的结束。如果贵族真正是"aristoi",即社会中最富有进取心的精英分子,勇于承担领导人职责并左右着这个大众国家的命运,那这个阶层还有存在下去的机会。而一个自愿退出积极事业,满足于在政府各部门担任华而不实闲职的贵族只配在第五大街上喝喝茶,或在第二大街上经营餐馆。

因此,老法兰西已经死亡。

是好事,还是坏事,我无从知晓。

但法兰西死了,随它一起死亡的还有隐形政府里最肆无忌惮的形式——自黎塞留时代以来,教会就一直能够把受膏的圣路易后裔玩弄于股掌之中。

现在人类真正有了一个前所未有的机会。

不用说,那个时代诚实正直的男女心里充满了热情。

大同世界已经近在眼前,是的,已经到来。

不宽容随同专制政府本身固有的种种弊端都将从这个公正的地球上涤荡干净。

前进吧,祖国的孩子们,专制时代一去不复返了!

诸如此类的话语不胜枚举。

然后,帷幕落下,社会的许多不公正现象被清除干净,重新洗牌改组。等这一切都准备就绪后,看啊,我们的老朋友不宽容又回来了,穿着无产阶级的马裤,梳着罗伯斯比尔的头,跟公诉人肩并肩地坐在一起,享受它邪恶的晚年生活。

十年前,不宽容把人送上行刑台,因为这些人宣称只靠上帝恩典支撑起来的权力机构也有错的时候。

现在不宽容又把人推向死亡,因为这些人认为人民的意志并不一定总是上帝的意志。

多可怕的玩笑!

但这个玩笑(跟这一类公众幻想如出一辙)却是以上百万无辜旁观者的鲜血来做代价的。

不幸的是,我要说的话并不是我的原创,人们可以在许多古典著作的优雅而风格迥异的文字中找到同样的思想。

在与人类内心世界有关的事务中,存在着两种完全不同的人类,现在如此,过去似乎也一直如此,将来很可能还是如此。

有少数人借助于坚持不懈的研究、思考和对自己不灭灵魂的认真探索,终于能够得出中庸的哲学结论,使他们超然于红尘纷扰之上。

但大部分人不满足于温和的精神"低度酒",他们需要更刺激的东西,能在舌头上产生灼烧感的东西,能刺痛食道的东西,能让他们日夜保持警觉、毫不松懈的东西。至于那是个什么玩意儿,无关紧要,只要能起到上述作用,只要能轻而易举地搞到,多多益善。

这个事实没有得到历史学家的理解,而且还导致了许多严重的失望。愤怒的群众一捣毁过去的壁垒(当地的希罗多德们和塔西佗们适时而积极地报道了此事),就变成了泥瓦匠,把原先堡垒的废墟用大车拉到城市的另一头,重建了一座跟老监狱一模一样的地牢,一样暴虐,一样用于迫害和实行恐怖的目的。

许多自豪的民族终于成功地摆脱掉"永无过失的人"强加在他们身上的枷锁,可惜就在这一时刻,他们却接受了"永无过失的书"发出的指令。

是啊,当伪装成仆役的当局疯狂逃往边境时,自由女神踏入空无一人的宫殿,披上被人丢弃的龙袍,毫不迟疑地犯下同样的大错,采取同样残酷的手段,而正是这些错误和残忍把她的前任流放到异地。

这听上去真叫人灰心丧气,但这是我们历史的真相,必须广而告之。

毫无疑问,那些对法国动乱负有直接责任的人都有着良好的愿望,《人权宣言》制定下来这样的原则,任何公民不能因为个人见解不同而在和平追求自己生活方式时受到干扰,"哪怕是宗教见解不同"——只要他的思想不干扰各种律法规定的公共秩序。

然而这并不意味着所有教派享受同等权利。自那以后,人们对新教信仰开始持宽容态度,不能因为新教徒采取不同于天主教徒的崇拜方式去惹怒他们,但天主教仍然是官方教派,是占"统治地位"的国教。

米拉波①凭着他对政治本质特征的可靠本能知道这个远近闻名的让步仅仅是个折衷方案,他竭力想把一场社会大灾难转变成一场

---

① 米拉波(Mirabeau,1749—1791),法国革命家。国民议会的代表,试图建立君主立宪制。——编注

个人革命,殚精竭虑,最后力尽而死。而那些贵族和主教呢,他们中的许多人后悔八月四日那晚做出的慷慨举动,开始百般阻挠,给他们的国王主子带来了致命的后果。直到两年后,也就是1791年(任何切实可行的目的都因耽搁了这两年而泡汤),所有宗教,包括新教和犹太教在内才获得完全平等的地位,公开宣布可以享受法律面前的同等自由。

从那以后,角色开始转换,法国人民代表最终交给拭目以待的国人的那部宪法坚持认为,所有牧师,不论属于哪个教派,都必须对新政府宣誓效忠,都必须严格地把自己视为国家的仆人,就跟他们的同胞——教师、邮政人员、灯塔看守人、海关官员等一样。

教皇庇护六世坚决反对,新宪法对神职人员的规定直接违反了自1516年以来法国与教皇之间签订的所有神圣条约。但国民议会懒得再操心惯例、约定这类小事,教士要么宣誓遵守这条政令,要么卷铺盖滚蛋,等着去饿死吧。有少数几个主教和牧师无可奈何地接受这个条件,他们交叉手指,履行了宣誓仪式。但大部分教士都是诚实无欺的人,拒绝发假誓,转而效仿起被他们迫害多年的胡格诺派,在废弃的马厩里做弥撒,在猪圈里给圣餐,在乡村树篱后面布道,深夜偷偷摸摸地到过去堂区教民的家去家访。

一般来说,他们比在相似情形下的新教徒日子要好过得多,因为法国已毫无希望地陷入一片混乱,对于违反宪法的人只能采取一些敷衍了事的措施。由于那些杰出的教士似乎都没有蹲监狱的风险,他们不久就壮着胆子请求官方承认这些不宣誓效忠、被公众称为倔强分子的人为"能够容许的教派",请求给予三个世纪以来他们一直拒绝给卡尔文宗同胞的特权。

在1925年的我们隔了这么远的安全距离看来,当时的局面不乏黑色幽默。但官方没有做出任何明确的决定,因为国民议会很快完全落入激进分子的手中,而宫廷的变节、国王的外国盟军采取的愚蠢行为引起了一片恐慌,从比利时沿岸一直扩散到地中海海岸,造成1792年9月2日到17日期间一系列的大屠杀。

从那一时刻起,革命注定沦落为恐怖统治。

当饥饿的人群开始怀疑他们自己的领导在策划出卖国家的巨大阴谋时,哲学家们循序渐进、逐步变革的努力化为乌有,而接踵而至的大动荡也就成了普通的历史。重大危机中的事务处理权很有可能被肆无忌惮、残酷无情的领导者掌控,这个事实对每个正直的历史学生来说是再熟悉不过的。但是,剧中的主角居然是道学者、模范公民、百分之百的杰出道德典范,这一点是人们始料未及的。

当法兰西开始理解新主子的天性时,为时已晚,那些在协和广场断头台上徒劳发出过时警告之辞的人便是证明。

到目前为止,我们从政治、经济、社会组织的角度研究了所有的革命,但直到历史学家变成心理学家,或心理学家变成历史学家,我们才真正能够解释和懂得那些在国家危难时刻操纵国家命运的黑暗势力。

有人认为世界应由甜蜜和光明来统治,有人认为人类只尊重一件东西——暴力。从现在再过数百年,我或许可以做出选择。但这一点对我们来说是十分肯定的:法国大革命,这个社会学实验室里最伟大的实验是暴力的完美典范。

那些试图靠理性来预备更人性化世界的人不是死了,就是被人处死了,而处死他们的人恰恰就是他们助其一举成名的人。随着伏尔泰派、狄德罗派、杜尔哥派、孔多塞派通通扫地出门,新完美论的无知信徒成为国家命运当仁不让的主人,而他们的高尚使命造就了多可怕的一个烂摊子啊!

在他们统治初期,胜利属于彻头彻尾的反宗教人士,他们中一些人有特别的理由反感基督教的象征;另一些人以沉默和隐性的方式在教士权倾一时的旧时代受了不少苦,一见到法袍就痛恨不已,一闻到熏香就会想起久已忘却的愤怒;还有一些人相信他们可以用数学、化学来证明上帝的存在是假的。这些人一块着手捣毁教会及一切工作,这是一项毫无希望的,充其量只是忘恩负义的任务,但这就是革命心理的典型特征,正常人变得不正常,不可思议的事变成日常小事。于是,就有了议会的一纸公文,废除基督教旧历,废除所有圣人节,废除圣诞节和复活节,废除星期和月份,把一年分成十天为一周期,第十天定为新的异教安息日。而且,又有了另一纸公文宣布废除崇拜上帝,让这个世界没有救世主存在。

但这持续不了多长时间。

无论雅各宾派如何在简陋的房间里滔滔不绝地辩解,数星期后,大多数公民已无法忍受无休无止的真空状态,过去的神已不能满足大众的需要,为什么不效仿摩西和穆罕默德,发明一个能满足时代需要的新神呢?

于是,就有了理性女神!

她的真实地位以后再来确定,当时她是一个标致秀丽的演员,得体地穿着希腊长袍,完全符合节目单的需要。在前国王的芭蕾舞团演员中能找到这位女士的身影,她在恰当的时刻被庄严地领到巴黎圣母院的高高圣坛上,这个地方早已被旧信仰的忠实信徒放弃了。

至于说受祝福的圣母玛利亚塑像,她数世纪以来一直温柔地注视那些倾诉心灵伤痛的人们,耐心地、理解地注视着他们,但她也走了,在还没给拖到石灰窑化为灰浆之前,被那些爱她的人们匆忙藏了起来。她的位置被自由女神的雕像取代,那是一个业余雕塑家的得意之作,一尊用白石膏塑成的稚拙作品。但这还没完,巴黎圣母院还做了其他革新。在唱诗班所处位置的中部,竖起了四根立柱和一个屋顶,象征"哲学圣殿",在国事活动中用来作为新舞神的宝座。当这位可怜的女孩没有临朝听政,没有接受忠实信徒的崇拜时,哲学圣殿就会燃起"真理之炬",把世界启蒙之烈焰高高举起,直到最后的时刻。

这个"最后的时刻"又过了六个月后来了。

1794 年 5 月 7 日早晨,法国人民得到官方通知,上帝重新得到承认,灵魂的不朽又一次成为公认的信条。6 月 8 日,新上帝(用已故的让·雅克·卢梭扔下的二手材料匆忙建成的)正式呈交给迫不及待的信徒。

身着崭新蓝马甲的罗伯斯比尔致欢迎辞,他达到了事业的顶峰。这位名不见经传的、三流乡镇出身的法律职员成为革命的最高祭司。更有甚者,一个叫凯瑟琳·西奥特的疯修女被成千上万的人推崇为真正的上帝之母,她刚刚宣布弥赛亚将重新降临,并公布了他的姓名,这就是马克西米连·罗伯斯比尔。就是这个马克西米连穿着自己设计的奇形怪状的制服口若悬河地四处演说,向上帝保证说,主的那个小小的世界从此将一切太平。

为了双重保险,两天后,他通过一项律法,所有被怀疑犯有叛国罪的人和异教徒(二者被等同起来,又一次跟过去的宗教法庭如出一辙)都将被剥夺所有形式的辩护权。这项措施十分得力,在接着的六个月内,一千四百多人在断头台的铡刀下掉了脑袋。

有关他故事的其余部分已是众所周知的事。

由于罗伯斯比尔是他认为一切正确(正确必须用大写来表示)事物的完美化身,以他疯狂的逻辑推理,他无法容忍其他不太完美的人跟他共存于这个星球上。随着时间的推移,他对邪恶(也要用大写来表示)的仇恨达到如此地步,以至于法国濒临人口灭绝的边缘。

最后出于对性命难保的恐惧,道德的敌人反戈一击,在一场短暂而绝望的战斗中,终于打倒了这位信奉正义的可怕门徒。

很快,革命力量消弭于无形,法国民众所采纳的宪法承认所有宗教的存在,给予这些宗教同等权利和特权。共和国终于正式金盆洗手,不再干预宗教事务。那些想建立教堂、堂区、协会的人可以自由地做这些事,但他们得自己供养牧师和教士,承认国家拥有最高权力,个人拥有完全自由的选择权。

从此以后,法国的天主教徒和新教徒终于可以和平相处、相安无事。

确实,天主教会绝对不会服输,继续否认政教分家的原则(看看1864年12月8日的教皇庇护九世的法令就知道了),支持那些想推翻共和国政体、恢复帝制的政党,屡次试图以此东山再起,但这些战斗通常只在某个大臣夫人的起居室里进行,或是在退休将军的猎兔小屋里进行,跟着起哄的也不过是将军野心勃勃的岳母。

他们为滑稽画报提供了极好的素材,只是无可奈何地发现自己大势已去。

第二十八章　莱辛

1792 年 9 月 12 日,法国革命军队和君主国联军之间发生了一场战斗,君主国联军着手要消灭恶魔般可怕的造反运动。

这是一场辉煌的胜利,但不属于联军,他们的步兵团在瓦尔米村滑溜溜的山坡上派不上用场,因此战役是一系列庄严的炮轰。革命军队对保皇派发起的是更为猛烈的轰击,后者只能是节节败退。到了晚上,联军朝北面溃退,参加这场战斗的有一个叫约翰·沃尔夫冈·冯·歌德的人,是世袭魏玛公爵的助手。

几年后,这位年轻人发表了他描述当时的回忆录。站在洛林齐膝深泥泞中的时候,他一下子变成了一个预言家,他预言这次炮轰事件后,世界再也不会恢复原样。他是对的,在那个值得纪念的日子,靠上帝恩典维持的君主制被炸开了花,就差没到灰飞烟灭的地步。人权的卫士没有像人们预料的那样抱头鼠窜,他们紧握钢枪,用枪杆子打通谷地、山脉,直到把"自由、平等、博爱"的理想带到欧洲最遥远的角落,把他们的马匹带到整个欧洲大陆每一个城堡和教堂里。

由我们来写这种话是很容易的,革命领袖都死了一百五十年了,我们可以尽情地拿他们开涮,甚至可以感谢他们为这个世界带来了诸多好事。

但活在当时的男女头一天还在绕着自由之树跳舞,接下来的三个月里却像老鼠似的被人追到他们自己城市的下水道里躲藏，这些人是不可能用事不关己的态度来看待城市剧变问题的。他们一旦从地窖和阁楼里钻出来，挥去粘在假发上的蜘蛛网，就开始采取措施避免这种灾难卷土重来。

可是，为了成为成功的反动派，他们必须埋葬过去，不是宏观世界历史意义上的模糊的过去，而是他们个人的"过去"，也就是他们偷偷摸摸地阅读伏尔泰先生文集、公开赞扬《百科全书》的过去。现在，伏尔泰先生的全集已束之高阁，狄德罗先生的书卖给了收垃圾的人，那些被当作理性光辉受人推崇的小册子丢到了煤箱里，为掩盖自己曾在自由主义领域驻足片刻的痕迹，他们可以说是费尽心机。

当所有这些文字材料遭到仔细销毁后，往往会出现这种情形，这些幡然悔悟、同仇敌忾的人们忽略了一个更为重要的可以暴露公众思想的东西，那就是舞台。这一代人将大把大把的花束抛向《费加罗的婚礼》，却宣称他们决不相信人人平等的可能性，这未免也太孩子气了吧。为《智者纳坦》抹眼泪的人根本无法证明他们始终认为宗教宽容是政府软弱错误的表现。

这出戏和它的演出成功说明他们所想的正好相反。

这出著名的、反映十八世纪后期公众情感的重头戏是一个德国人写的，一个叫戈特霍尔德·埃弗拉伊姆·莱辛的人。他是路德宗牧师的儿子，在莱比锡大学读神学，但他对宗教事业缺乏兴趣，常常逃学。父亲听说此事后把他召回家，把两个选择摆在他面前，要么立刻退学，要么积极攻读医学系。戈特霍尔德寻思做医生不比做牧师好到哪里去，但还是满口答应下来，回到莱比锡，又为他心爱的演员朋友做经济担保，可随着他们一个接一个地从城里消失，他不得不匆忙逃到维滕贝格，以免因负债而被捕。

他的逃亡生活意味着漫长的徒步旅行和忍饥挨饿的开始。首先，他去了柏林，花了几年时间为一些剧评报纸写收入微薄的文章。

随后,他给一个富翁朋友当私人秘书,这位朋友准备周游世界,但他们刚动身就爆发了"七年战争",朋友不得不归队,乘第一班驿递马车回家去了。莱辛又一次失了业,在莱比锡过着无依无靠的生活。

不过,他天性好交际,很快交上一个叫爱德华·克里斯蒂安·冯·克莱斯特的朋友,一个白天做官、晚上写诗的人。那是一颗敏感的心灵,让这位饥肠辘辘的前神学家看到了一种正在慢慢影响这个世界的新精神。然而,冯·克莱斯特在库讷斯多夫战役中阵亡,莱辛落入饥寒交迫的可怕境地,不得不做了一名专栏作家。

随后这段时间他做了布雷斯劳要塞司令的私人秘书,一头扎进对斯宾诺莎文集的深入研究,借以打发枯燥的驻地生活。斯宾诺莎的作品在这位哲学家死后一百年终于开始流入其他国家。

然而,这毕竟不能解决安身立命的问题,莱辛已经四十岁了,需要有个自己的家。他的朋友提议任命他为皇家图书馆管理员,但数年前发生过一件事,把他变成了一个不受普鲁士宫廷欢迎的人。他第一次去柏林的时候结识了伏尔泰,这位法国哲学家特别慷慨好客,又是一个对"井然有序"毫无概念的人,他把准备出版的《路易十四的世纪》手稿借给年轻的莱辛一阅,不幸的是,莱辛匆忙离开柏林时,把这份手稿(完全是不小心)塞进了他自己的行李。伏尔泰本来就对手头拮据的普鲁士宫廷提供的劣质咖啡和硬床感到很恼火,立刻嚷嚷起来,说他遭到了盗窃,那位年轻的德国人偷了他最重要的手稿,警察必须封锁边境等等。可以想象一个客居他乡的法国人激动起来会是什么样子。几天后,邮递员送来丢失的文稿,附带了莱辛的一封信,在信中,这位率直的条顿青年把胆敢怀疑他诚实的人狠狠地数落了一通。

这场咖啡壶里发生的风波照理说很快就会被人遗忘,但在十八世纪,咖啡壶在男女生活中起着重要的作用,腓特烈过了二十年还对他那位惹人生厌的法国朋友念念不忘,让莱辛进入他的宫廷他听都不要听。

所以,只得跟柏林告别,动身去汉堡,因为据说那里将建成一个国家剧院。谁知根本没有这回事儿,绝望中的莱辛硬着头皮接受了世袭不伦瑞克大公爵的图书馆管理员的职位。这座让莱辛安家的沃尔芬比特尔城算不上是大都市,但大公爵的图书馆是德国一流的,馆藏上万部手稿,其中包括宗教改革历史上最重要的手稿。

枯燥乏味的生活是散布谣言和丑闻的主要动因,在沃尔芬比特尔,一个原艺术评论家、专栏作家、戏剧理论家的身份本身就足以引起人们的猜疑,莱辛很快又陷入麻烦。倒不是他真做了什么,而是人们认为他可能会做的事,例如发表攻击老派路德宗神学正统思想的系列文章。

这些布道辞(它们用于布道)实际上是一位原汉堡牧师写的,但不伦瑞克大公爵对会在他的领地里发生宗教战争的前景感到惊恐不安,命令他的图书馆管理员谨慎行事,不要掺和到各种争议中去,莱辛遵从了雇主的愿望,但没人说不能用戏剧的形式探讨这个问题,于是,莱辛着手以舞台形式来重新评价他的观点。

这出诞生于喧闹小城的戏叫《智者纳坦》,用的是古老的主题,在书中我已提起过。在文学领域具有怀古之幽情的人会发现(如果萨姆纳先生①允许的话)薄迦丘《十日谈》的影子。在《十日谈》里,它被称为"三个指环的悲惨故事",其中是这样叙述的:

从前,有一个伊斯兰教的国君想从他的犹太教臣民那里榨取一大笔钱,但他没有正当理由剥夺这个可怜家伙的财产,便想出了一条诡计。他叫来这个倒霉的人,得体地赞扬对方的学识和智慧,问对方流传最广的三大宗教——伊斯兰教、犹太教、基督教中哪一种是真

---

① 萨姆纳(Charles Sumner,1851—1874),美国政治家,毫不妥协地反对奴隶制,曾到欧洲游历,熟悉意大利文学。——编注

理。这位可敬的教长没有正面回答苏丹,而是说:"伟大的苏丹,请允许我讲一个小故事。从前有一个富人,拥有一枚非常漂亮的戒指,立下遗嘱无论是他哪个儿子,只要在富人死时手上戴着这枚戒指就是他所有财产的继承人。他的儿子也立下同样的遗嘱,孙子也不例外。这枚戒指若干世纪以来数次易手,一切都很正常。但后来,戒指的主人有三个儿子,他每一个都喜欢,根本无法决定哪个儿子该得这笔宝贵的财产。于是,他去找金匠,要求金匠打两枚跟他那枚一模一样的戒指。在临死前,他唤来他的孩子们,把他的祝福给每个人,并给每个人一枚他们认为是唯一的戒指。当然,父亲一死,三个儿子都声称自己是他的继承人,因为他们都拥有这枚独一无二的戒指。纷争由此而起,最后,他们把这个问题摆在卡迪①的面前。但因为戒指都一模一样,就连法官也难以断定哪一个是正宗的。于是,这个案子就拖了下来,拖啊,拖啊,一直拖到世界末日。阿门。"

莱辛用这个古老传说来证明他的信仰,也就是没有一个宗教对真理拥有垄断权,对某种规定的仪式和教条表面顺从并不重要,重要的是人的内在精神;因此,人们的职责是用爱和友善去容忍对方,任何人都没有权利居高临下,自以为是完美的化身,说:"我比其他人强,因为只有我拥有真理。"

不过,这种在1778年还大受欢迎的思想到小诸侯国那里却吃瘪了,这些小诸侯三十年后才回来挽救在革命洪水中劫后余生的物资。为了挽回失去的声望,他们可怜巴巴地把领地交给警官们打理,并指望依赖他们谋生的教士充当精神国民军,帮助警察重新建立法律和秩序。

虽然纯粹的政治反动大获成功,但想把人们的思想拉回到五十年前的模式这种做法却失败了,不可能会有别的结果。事实是,所有

---

① 卡迪(cadi),根据伊斯兰教法进行宗教审判的法官。——译注

国家的大多数人厌倦了革命和动乱，厌倦了议会、徒劳无益的演说、毁灭工商业的税收形式。他们需要和平，不惜代价的和平。他们要做生意，要坐在自己的客厅里喝咖啡，而不是遭到被派送到他们家中吃喝的士兵骚扰，被迫喝令人作呕的橡树叶榨汁。只要能过上悠闲自在的生活，他们愿意忍受一些小小的不适，比如向穿戴上有黄铜纽扣的人敬礼，在每个皇家信箱面前深深鞠躬，把官方扫烟囱工的助手称为"先生"。

不过，这种低眉顺眼的态度纯粹是出于需要，在经历了长期动乱后需要喘口气。那些动乱的年代里，每天早晨都能看到新的制服、新的政治纲领、新的警方规定和新的统治者——不管是世俗的还是神授的。如果看到这种普遍的恭顺态度，看到人们对天赐的主子欢呼雀跃，就断定人们在内心深处已经忘了被伟大士官的欢快鼓声敲入脑海和心灵的新理念，那就大错特错了。

那些反动独裁者从骨子里对道德持怀疑态度，所以，他们的政府主要坚持外表的体面、秩序，一点不关心人们的内心世界。正因如此，普通老百姓还能享受到相当大的自由独立。礼拜天，普通老百姓夹着一本大部头《圣经》去教堂，但这星期的其余时间他爱想什么就可以想什么，只是他必须管住自己的舌头，不发表个人意见，只在确保沙发底下或瓷砖砌的炉子底下没有猫着一个秘密警察后才可以畅所欲言。然后他才可以津津有味地讨论时事；然后当经过仔细审查、彻底消毒的报纸告诉他，他的主子为了确保领地的和平，为了恢复1600 年的状况而采取一些愚蠢措施时，他才可以悲哀地摇摇头。

他的主子所做的一切正是公元一年以来相似地位的人在不完全了解人类天性的历史时，在相似情况下所做的一切。他们以为命令挪走饼干桶就等于消灭了言论自由，因为人们在这些饼干桶上发表严厉批评政府的演说。只要可能，他们就把咄咄逼人的演说家处以重刑（刑期达到四十年、五十年、一百年），不料却成就了这些可怜家伙烈士的名声。其实在大多数情况下,这些家伙不过是读了几本他们无法理解的书和小册子的弱智。

受到这类事例的警告,许多人有意回避公园,到昏暗的酒馆或过分拥挤的城市的客栈去发牢骚,因为他们能确保那里的听众是谨慎的,他们的影响力比在公共讲台上发表演说更具破坏性。

神以其智慧赐给人一点点权力,从此,这个人就整日生活在害怕失去官方声望的恐惧中,世上没有比这更悲惨的事了。国王失去王位后可以对这个不幸遭遇一笑了之,因为这不过是乏味成规生活中的一个有趣插曲。他毕竟是国王,无论他戴着男仆的棕色圆帽还是祖父的王冠。但一个三流市镇的市长一旦失去小木槌和官衔徽章,就只是一个普通的比尔·史密斯,一个装腔作势,如今落得被人嘲笑的怪人。因此,你要是不对这么一个临时的当权者表示出该对高高在上之人表示的尊敬和崇拜,你就等着倒霉吧。

那些不仅止于对市长的态度的人,那些用地质学、人类学、经济学手册和学术巨著来公开质疑现行秩序的人,他们的日子就更惨。

他们会立即被不光彩地剥夺掉谋生手段,从他们教导这些有害思想的城市里驱逐出去,跟妻儿只得靠邻居的怜悯施舍度日。

这种反动精神的爆发,给认真探索我们许多社会弊端之根由的诚实人带来了巨大的不便。然而,时间是最好的洗衣妇,无论当地警察在那些和蔼可亲的学者的学术大衣上发现了什么污点,都被时间洗涤干净。今天,人们记起普鲁士国王腓特烈·威廉,主要因为他对伊曼纽尔·康德的教诲横加干预(康德这位危险的激进分子教导人们,我们自己的行为准则必须值得被转变成普遍规律。这些教义据警察记录,只吸引了一些"嘴上无毛的年轻人和无所事事的胡侃者")。坎伯兰公爵遗臭万年,因为作为汉诺威的国王,他驱逐了某个叫雅各布·格林①的人，这个人签名抗议"国王陛下违法取消国家宪法"。梅特涅在某种程度上臭名昭著，因为他疑心病太重，就连音乐领域也不放过，一度还审查过舒伯特的音乐。

可怜的奥地利！

现在，这一切都一去不复返了，整个世界都喜欢这个"欢快的帝国"，忘了从前这是一个有自己智性生活的国度，不只是现在这样：一个欢快、文明的乡村集市，有廉价好酒、劣质雪茄和最诱人的华尔兹，作曲家和指挥家不是别人，正是约翰·斯特劳斯本人。

我们甚至可以进一步说在十八世纪，奥地利在宗教宽容理念的发展上起到过非常重要的作用。宗教改革发生后不久，新教徒就在多瑙河和喀尔巴阡山之间富饶的省份找到了用武之地，但等到鲁道夫二世成为皇帝后，一切都改变了。

这个鲁道夫是西班牙腓力国王的德国翻版，一个对异教徒出尔反尔的统治者。不过，他虽然受教于耶稣会会士，却懒惰成性，这倒是让他的国家躲过了政策剧变的劫难。

到费迪南二世被选为皇帝时就在劫难逃了，这位君王主要任职资格是在所有哈布斯堡王子中就他拥有几个儿子。在他早年统治时期，他拜谒过著名的天使传报宫，这栋建筑被一群天使于 1291 年整个从拿撒勒移到达尔马提亚，随后又移到意大利中部。费迪南二世在此宫中迸发出狂热的宗教情绪，发了一个毒誓，要把他的国家变成百分之百的天主教国家。

他没有食言，1629 年，天主教又一次被宣布为奥地利、施蒂里亚、波西米亚、西里西亚的唯一官方宗教。

匈牙利也嫁入这个奇怪的家庭里来，这个家每娶一名新妇都能

---

① 雅各布·格林（Jacob Grimm，1785—1863），德国语言学家和民间文学家，与其弟一起收集德国民间童话并出版了《格林童话》。——编注

把欧洲大量的财产占为己有,于是,费迪南开始努力把新教徒逐出他们的匈牙利堡垒。可是,匈牙利人有来自信仰一神论的特兰西瓦尼亚人支持,有异教徒土耳其人做靠山,直到十八世纪下半叶还能保持宗教信仰的独立性,而到那时,奥地利本土已发生剧变。

哈布斯堡家族是罗马教会的忠实信徒,然而,即便他们的头脑再迟钝,也终于无法忍受教皇对他们事务的不断干预,也乐得冒险一试,实施有悖于罗马教会愿望的政策。

在本书的前部我曾提到过,许多中世纪天主教徒认为天主教会组织是大错而特错的,这些批评家们认为,在殉道者时代教会是真正的民主组织,由长老和所有教民推举出来的主教来领导。他们认可罗马主教的地位,因为他声称是彼得使徒的直接继承人,在宗教会议享有特权,但他们坚持认为这个权力只是名誉性的,教皇不应该认为自己比其他主教优越,不应该将其影响扩大到自己领地之外的地方。

教皇们站在自己立场上用教皇诏书、强烈谴责和革出教门来予以反击,数名勇敢的宗教改革者付出了生命,因为他们为教会的权力下放而战斗。

这个问题一直悬而未决,于是,在十八世纪中叶,一个特里尔有钱有势的大主教的代理人把这套理论重新提出来,这个人叫约翰·冯·洪特海姆,但他的拉丁笔名费布罗尼乌斯更为人所知。洪特海姆得益于非常自由的教育,在鲁汶大学呆了几年后,他暂时离开国人,去了莱顿大学。他到那里的时候正值这个卡尔文宗的坚固堡垒开始被怀疑出现自由主义倾向,当法学系教员杰勒德·努特教授获准进入神学领域并发表颂扬宗教宽容的讲演时,这种怀疑得到公开证实。

至少可以说,他的推理方式很讨巧。

"上帝是万能的,"他如是说,"上帝能制定某些适用于所有人、所有时代、所有情况的科学原理。这意味着,如果他愿意,就能在宗教问题上轻易地把所有人的思想统一起来。我们知道他没这么做，因此，假如我们想胁迫他人相信我们认为是真理的东西，就是在做违背上帝明确意愿的事。"

至于说洪特海姆直接受到努特的影响与否，不得而知。但在洪特海姆的著作里能找到相似的伊拉斯谟式的唯理主义，在后来这些著作里，他发展了自己在主教权限和教皇权力下放方面的理论。

他的书立刻遭到罗马的谴责（1764 年 2 月），这一点不足为奇。但支持洪特海姆恰巧符合玛丽亚·特雷莎①的利益，所以费布罗尼乌斯主义或主教制（即他发起的那项运动）继续在奥地利蓬勃发展起来，最后成形为《宽容令》，由玛丽亚·特雷莎的儿子约瑟夫二世于 1781 年 10 月 13 日颁发给他的臣民。

约瑟夫是他母亲的头号敌人——普鲁士腓特烈的拙劣化身，在选择错误的时机做正确的事这方面可谓天赋很高。在过去的两百年里，奥地利的小孩一直受到恐吓说，如果不立刻睡觉就会被新教徒捉走。这些孩子长大后，一定要他们视新教徒邻居（他们都知道这些人长着角，拖着一条长长的黑尾巴）为亲爱的弟兄姊妹，根本就不可能。不过，可怜的、诚实的、勤奋的、笨拙的约瑟夫被一群当主教、红衣主教和女执事，享受优厚待遇的叔伯姨姑和堂表兄弟姊妹包围着，能突然爆发出勇气做这件事，应当说是精神可嘉。以天主教统治者的身份胆敢倡导宽容，并视其为合理的、切实可行的治国之道，他可谓是第一人。

三个月后，他做了一件更加惊世骇俗的事，1782 年 2 月 2 日，他颁布了著名的有关犹太人的法令，把当时只有天主教徒和新教徒可以享受的自由赐给犹太人，本来，这些人能被允许跟天主教徒呼吸同

---

① 玛利亚·特雷莎（Maria Theresa，1717—1780），奥地利女大公、波希米亚女王、匈牙利女王、神圣罗马帝国皇后。——编注

272

样的空气就已经觉得够幸运的啦。

　　说到这儿，我们应该停一下笔，让读者相信与人为善的工作还在继续，相信对那些想秉着良心做事的人来说，奥地利已变成一个天堂。

　　我希望真是这么回事儿，约瑟夫和他几位大臣的境界突然提升到通情达理的高度。可是，奥地利农民有史以来一直接受的教育都认定犹太人是他们的天敌，新教徒是叛逆分子和变节者。他们根本不可能消除陈旧的、根深蒂固的偏见，那就是，犹太人也罢，新教徒也罢，都是他们的世仇。

　　这些杰出的《宽容令》颁布一个半世纪以后，那些不属于天主教会的人的情况跟十六世纪时一样糟糕。理论上，犹太人、新教徒有指望当上首相，或任命为总司令，但实际上，就连皇室的擦鞋匠也不会跟他们共进晚餐。

　　有关这一纸空文就讲到这儿吧。

第二十九章　潘恩

在某个地方流传着一首诗,大意是这样的,上帝以神秘的方式活动,创造着奇迹。

那些研究大西洋海岸的人们对这句话的真实性了然于胸。

十七世纪上半叶,定居在美洲大陆北部的人完全依从《旧约》的思想,不知内情的访客会以为他们是摩西的追随者,而不是基督的信徒。这些拓荒者由于与欧洲隔着一片寒冷、暴戾的宽阔海洋,因而能建立一个精神恐怖王国,这个王国在马瑟父子①疯狂的宗教迫害中达到顶峰。

美国宪法气势恢弘地表明了一种宽容倾向,乍一看,没有觉得那两位可敬的绅士为这种倾向做出过任何贡献,在英格兰与她的原殖民地之间爆发仇恨的前夕产生过许多带有这种倾向的文件,似乎也与他们无关。然而,事情往往是这样,十七世纪的压迫是那样可怕,人们必定会做出的激烈反应,有利于自由思想的发展。

这并不意味着所有殖民者突然开始向往索齐尼的文集,不再用

---

① 马瑟(Mather)父子是新英格兰清教徒牧师、作家,他们的大量文章对马萨诸塞殖民地神学和政治产生了极大的影响。——译注

所多玛和蛾摩拉①的故事来吓唬小孩子,但那儿的领袖几乎无一例外都是新思潮的代表,娴熟能干地把他们的理念注入"羊皮纸构筑的平台",确保他们崭新的独立国家巍然耸立在这个平台上。

如果这些人针对的是一个统一的国家,此事也不会成功,但北美的殖民情况向来很复杂,瑞典的路德宗开发了部分地区,法国移民了一些胡格诺教徒,荷兰的阿明尼乌派占据了大片土地,英国的各教派不时地拥入哈得逊湾与墨西哥湾之间的荒野,建立起自己的乐园。

这就形成了各种宗教形式并存的格局,在一些殖民地,各教派之间取得了良好的平衡,那里的人们不得不接受一种尚未成熟的、初步的相互宽容模式。这要是在一般情况下,他们早就已经扑向对方的喉咙。

对那些从别人争吵中坐收渔翁之利的体面绅士来说,这种发展极不受欢迎,在新仁慈精神出现多年后,他们仍然在拼命维持陈旧的操行观,收效甚微,只是做到成功地导致许多年轻人远离某一种信条——这种信条中的仁慈理念像是从一些比较野蛮的印第安邻居那里借来的。

对我们国家来说幸运的是,那些长期为自由而战、承受主要战斗冲击的人就属于这一小部分勇敢的异端分子。

思想总是传播很快,一艘吃水八十吨的小二桅纵帆船就能够带上足以颠覆整个大陆的新理念。十八世纪的北美殖民者没有雕像和豪华钢琴,但他们不缺书籍。十三个殖民地里的有识之士开始意识到这个大世界已出现动荡,这在星期日的布道里是听不到的,于是,书贩子成为他们的预言家。虽然还没有正式脱离现存教会,没有改变生活方式,但时机一到,这些人就会表示他们是特兰西瓦尼亚老国

① 所多玛(Sodom)和蛾摩拉(Gomorrah),巴勒斯坦古代城市。据《旧约》记载,这两座城市因其居民罪恶深重而被毁灭。——编注

王的忠实信徒,这位国王拒绝迫害一神论派臣民,他的理由是上帝为自己明确保留了三项权力:"能够从无到有地进行创造,预知未来,支配人的良知。"

当有必要为他们国家未来行为准则拟就政治、社会方案时,这些勇敢的爱国者就把自己的思想写入文件,摆在公共舆论高级法庭面前。

假如弗吉尼亚的良民知道自己满怀敬意听取的某些演说竟是直接受到头号敌人——持自由思想者的启发,他们一定会吓坏了。但他们最成功的政治家,托马斯·杰斐逊本人就是思想非常开明的人,当他说宗教只能靠理性和信仰来约束,而不能靠武力和暴力来约束的时候,或当他说所有人都有平等权利根据自己的良知来信仰宗教时,他只是在重复过去伏尔泰、贝勒、斯宾诺莎、伊拉斯谟所想所写的东西。

随后就能听到以下异端学说:"在美利坚合众国,不能把对信仰的宣告作为获取公职的条件。"或者,"国会不能制定涉及到建立宗教的法律,不能制定涉及到禁止自由崇拜的法律。"美国的反叛者默许接受了这种说法。

就这样,美国成为第一个明确政教分离的国家,第一个在公职候选人接受提名前无需出示主日学校证明的国家,第一个就法律而言人们可以自由敬拜或不敬拜任何神灵的国家。

可是,在美国,如同在奥地利(在这个问题上,其他地方都一样),老百姓总是滞后于他们的领袖,领袖稍微偏离常轨,他们就跟不上趟。不仅许多州把一些限制性规定强加于不信奉主导宗教的人身上,而且以纽约人、波士顿人或费城人自居的公民还继续对不同意见者表现出不容忍的态度,好像身为公民却从未读过一行他们自己的宪法。这一切在后来的托马斯·潘恩这件事情上充分反映出来。

托马斯·潘恩对美国人民的独立事业做出过伟大的贡献。

他是美国独立战争的宣传员。

论出身，他是英国人；论职业，他是水手；论本能和受训情况，他是一个反叛者。他去殖民地时已经四十岁了，在一次去伦敦的时候，他遇见了本杰明·富兰克林，接受了"去西部"的好建议。1774 年，怀揣着本杰明的亲笔推荐信，他坐船到了费城，帮助富兰克林的女婿理查德·贝奇创办名叫《宾夕法尼亚公报》的杂志。

托马斯骨子里是一个业余政客，很快便发现自己陷入一系列考验灵魂的事件中。他拥有非凡的井井有条的头脑，可以把美国人凌乱的不满情绪加以整理，写入一本小册子，精简而赏心悦目。在这本小册子里，他充分运用"常识"说服人们美国的事业是正义的事业，值得所有爱国者为此精诚合作。

这本小册子很快流入英国和欧洲大陆，让那里的人第一次了解到还有"美国"这样一个东西存在，了解到这个国家完全有权利——有神圣的义务对宗主国发动战争。

独立战争一结束，潘恩就回到欧洲，向英国人展示他们政府的荒诞不经，偏偏这时候塞纳河岸发生了可怕的事情，英国人正忧心忡忡地注视着英吉利海峡对岸的事态发展。

某个埃德蒙·伯克刚刚发表了吓破胆的《法国革命回顾》，潘恩用《人权》一书对他进行了激烈驳斥，结果，英国政府以最高叛国罪起诉他。

同时，他的法国崇拜者选他做国民议会成员，一句法语不懂的潘恩乐颠颠地接受了这个荣誉，跑到法国去了。他住下来，直到罗伯斯比尔对他起了疑心。知道自己随时都会被投进监狱，遭到砍头厄运，他急忙写完一本包括他人生哲学的书，名叫《理性时代》。在他被投入监狱之前，书的第一部分出版了，第二部分是在十个月的刑期里完成的。

潘恩认为，真正的宗教，就是他所称的"人道主义宗教"有两个敌人，一个是无神论，另一个是宗教狂热。然而，他发表这种想法后，就成了众矢之的。1802 年他回到美国，遭到人们无情的白眼，仇恨之深，他死后一百多年里还被人称为"肮脏的无神论者"。

实话说，他倒是没遭遇什么不幸，没有被绞死、被烧死或车裂而死。只是所有的邻居都对他避而远之，他要是冒险出门，小孩子就会在大人的鼓励下对他吐舌头。他死时已是一个愤懑难当、被人遗忘的角色，纯粹靠写愚蠢的攻击其他独立革命英雄的政治短文聊以自慰。

这似乎是一个辉煌开端的不幸续集。

这不过是两千年来人类历史中屡屡发生的一类事例而已。

公众的不宽容情绪发泄完毕后，个人的不宽容又登堂入室。

官方终止死刑后，私刑又开始泛滥。

第三十章　最近一百年

十二年前,写这本书并不难,"不宽容"这个词在大部分人的脑海里几乎完全跟"宗教不宽容"等同起来,当历史学家写道"某某人是宽容的捍卫者",普遍看法是某某人用生命与教会的弊端和职业教士的暴虐战斗。

然后发生了战争。

这个世界起了翻天覆地的变化。

我们不是只有一种不宽容体制,而是有一打不宽容体制。

不是只有一种人类自相残杀的残酷制度,而是有一百种。

国家刚刚摆脱宗教偏见带来的恐怖,却不得不忍受更叫人痛苦的现象:低劣的种族不宽容、社会不宽容和诸多较小形式的不宽容,这在十年前还未曾料想到。

* * * * * *

对许多善良的人来说,这是件恐怖的事,因为他们一直生活在幸福的幻觉中,认为进步就像一个不用上弦,只需偶尔赞许一下的永动时钟。

他们悲哀地摇摇头,低声说道:"虚荣啊,虚荣啊,一切都是虚荣!"他们咕哝着诅咒人类乖僻的天性,一代接一代地接受教育,但总是什么都没学会。

最后,纯粹因为绝望,他们加入到人数激增的精神失败主义者行列,不是跟这个宗教机构就是跟那个宗教机构拉上关系,以便把自己的负担卸到别人身上,并悲伤忧郁地承认自己的失败,拒绝参与任何社会活动。

我不喜欢这种人。

他们不仅仅是胆小鬼。

他们是人类未来的叛徒。

* * * * * *

话说到这里,究竟出路在哪里,如果真有这么一条出路的话?

我们还是不要欺骗自己吧。

根本没有出路。

出路至少不在世人眼里,因为人们急功近利,想用数学公式、药方或议会决案来迅速而轻松地解决所有困难。但是,如果我们习惯于用永恒历史观来看待问题,知道文明不是从二十世纪开始和结束,我们就会感到些许希望。

我们现在听到的那种绝望的恶性循环("人类从来就是这样","人类会一直这样下去","世界永远不会改变","现在跟四千年前几乎没有区别")都不存在。

这只是视觉上的幻象。

进步的进程被时常打断,但如果我们摒弃感情用事的偏见,对近两千年(因为只有这段时间我们多少拥有一些较为详细的资料)做一个清醒的论断,我们会注意到一种尽管缓慢但不容置疑的升华——从不堪言表的血腥残酷状况上升到有望比过去所发生的一切更高尚、更美好的状况,就是世界大战这种可怕错误也不能动摇这一坚定信念。

* * * * * *

人类充满了难以置信的生命力。

人类的寿命比神学思想长。

时机一到，人类的寿命还能超过工业时代。

人类没有在霍乱、鼠疫、高跟鞋和蓝色法规①中灭绝，一定能学会克服困扰当今世界的精神弊病。

* * * * * *

迄今为止，一向吝于袒露秘密的历史给我们上了一堂很重要的课。

人类亲手做出的一切，人类也能够亲手解除。

问题是需要勇气，然后是教育。

* * * * * *

当然，这听上去像是陈词滥调，一百年来，我们不乏"教育"对耳朵一味灌输，直到我们厌倦了这个词，开始向往文盲时代，向往在那个时代，人们可以时常把自己的剩余智力花在独立思考上。

然而，我所说的"教育"不是指知识的积累，虽然知识的积累一向被视作现代青年必需有的精神压舱物。我所考虑的是对现状的真正理解，这种理解来源于慷慨仁慈地认识历史。

在这本书里，我想证明不宽容是集体防御本能的体现。

一群狼不能容忍与族群不同的狼（或许它太强或太弱），肯定要想法摆脱掉这头不受欢迎的同伴。

食人生番的部落不能容忍某个人，因为其癖性可能会惹怒神，给整个村子带来灾难，他们会野蛮地把他或她赶进荒野。

敢于对共同体兴旺发达的基础提出质疑的人，古希腊共和国在它的神圣城墙内是容不下的。随着不宽容情绪的突然爆发，这位冒犯众怒的哲学家被仁慈地判处饮鸩而死。

---

① 蓝色法规，殖民地时期清教徒社团颁行的法规，禁止星期日营业、饮酒、娱乐等世俗活动。——译注

如果一小群满怀好意的热心者不把某些法律当回事儿，而这些法律又是自罗穆卢斯以来被认为是不可缺少的，那么罗马帝国断断不会生存下来。帝国只能违背本意做出不宽容的事情来，而这恰恰与其高姿态的开明政策传统背道而驰。

这个古老帝国世俗领地的精神继承人——教会为了持续生存，必须要求哪怕最卑贱的公民都得无条件地绝对服从，不然的话，教会就得采取极端残忍的压制手段，以至于叫许多人感到宁可接受伊斯兰教的无情，也不愿生活在基督教的仁慈下。

那些反抗教会暴政的起义者受到重重阻碍，他们要维持生存，就必须对所有精神创新活动和科学实验表示不宽容。他们以"宗教改革"的名义犯下了（或试图犯下）跟敌人同样的错误，尽管正是这种错误让他们的敌人失去了大部分原有的权力和影响力。

本来生活是一段辉煌的历程，但当这种状况持续许多世纪后，生活变成了一段不堪回首的经历，这种变味的生活起因于人类的生存一直笼罩在恐惧之中。

* * * * * *

我重复一句，恐惧是不宽容的根源。

不论采取什么形式的迫害，都是恐惧造成的，迫害的激烈程度反映了那些竖立绞架、往火刑柴堆扔木头的人的焦虑程度。

* * * * * *

一旦认识到这个事实，解决困难的办法不言自明。

人类只要不受恐惧的影响，就会强烈倾向于公义和公正。

但迄今为止，人类很少有机会实践这两种美德。

不过，我并不认为这是什么大不了的事，这是人类发展的必经之道。人类这个种族很年轻，几乎年轻得不可思议，年轻得不可救药。一种哺乳动物的独立生涯才持续数千年，就要求它拥有那些靠时间和经历来沉淀的美德，似乎是强人所难。

再说,这会扭曲我们的世界观。

该耐心等待的时候我们却变得急功近利。

该表示怜悯的时候我们却恶语相加。

* * * * * *

在这类书的最后一章里,很难抵御扮演悲哀预言家角色的诱惑,很难不发表一些不入流的说教。

千万不要这样!

人生苦短,说教总是很长。

百来字说不清楚的事最好就不要说。

* * * * * *

我们的历史学家往往犯下一个大错,他们谈论史前时代,给我们讲希腊、罗马的黄金时期,胡乱评价所谓的黑暗时期,把摩登时代吹得天花乱坠。

如果这些饱学之士感知到某些特点不符合他们描绘的美丽图景,他们只是小声地道个歉,嘟哝着提到某些不尽人意的特性传承于过去不幸而野蛮的时代,到一定的时间就会消失,就像公共马车会在火车头之前让位一样。

说得很好听,但不是真话。自认为是悠久历史的继承人,或许可以满足我们的虚荣心。但如果知道真实的自己,却更有利于我们的心理健康。我们不过是洞穴人的同辈,新石器时代人的同辈,只是多了雪茄和福特汽车而已;我们跟栖息在崖壁上的人也没啥两样,不过回家的时候可以乘电梯而已。

只有在这时候,也只有在这时候,我们才能够朝那个目标迈出第一步,而那个目标还一直隐匿在未来之崇山峻岭中呢。

* * * * * *

只要这个世界还笼罩在恐惧中,谈论黄金时代也罢,摩登时代和进步也罢,都是浪费时间。

只要不宽容还是自我保存法则必不可少的一部分,要求宽容就差不多跟犯罪无异。

有一天宽容将成为常规,不宽容将像屠杀无辜战俘、焚烧寡妇、盲目崇拜印刷品那样成为神话。

也许要等上一万年,也许要等上十万年。

但是,这一天会来的,紧跟在载入史册的第一场真正的胜仗——人类战胜恐惧的胜仗后到来。

韦斯特波特

康涅狄格

1925 年 7 月 19 日